LETTRES INÉDITES

DE MADEMOISELLE

DE LESPINASSE

A CONDORCET, A D'ALEMBERT, A GUIBERT
AU COMTE DE CRILLON

PUBLIÉES

AVEC DES LETTRES DE SES AMIS, DES DOCUMENTS NOUVEAUX
ET UNE ÉTUDE

Par M. CHARLES HENRY

DEUXIÈME ÉDITION

PARIS

E. DENTU, ÉDITEUR

LIBRAIRE DE LA SOCIÉTÉ DES GENS DE LETTRES

PALAIS-ROYAL, 15-17-19, GALERIE D'ORLÉANS

1887

Droits de traduction et de reproduction réservés.

LETTRES INÉDITES

DE

MADEMOISELLE DE LESPINASSE

PRINCIPALES PUBLICATIONS DE M. CHARLES HENRY

Sur l'origine de la convention dite de Descartes. 1878.
Sur une première rédaction inédite du Traité de la Connaissance de Dieu et de soi-même *de Bossuet.* 1878.
Sur l'origine de quelques notations mathématiques. 1879.
Opusculum de multiplicatione et divisione sexagesimalibus Diophanto vel Pappo attribuendum. 1879
Sur une valeur approchée de $\sqrt{2}$ et sur deux approximations de $\sqrt{3}$. 1879.
Un Érudit, homme du monde, homme d'église, homme de cour. Lettres inédites à Huet. 1880.
Huygens et Roberval. Documents nouveaux. 1879.
Recherches sur les manuscrits de Fermat. 1879-1880.
Sur divers points de la Théorie des Nombres. 1880.
Mémoires inédits de Ch.-Nic. Cochin. 1880.
Galilée, Torricelli, Cavalieri, Castelli. Documents nouveaux. 1880.
Sur un procédé de division rapide. 1881.
Étude sur le Triangle harmonique. 1881.
Supplément à la Bibliographie de Gergonne. 1882.
Notice sur un manuscrit inédit de Mydorge. 1882.
Mémoires de Calcul Intégral de Joachim Gomes de Souza, publiés avec additions et notices. 1882.
Les deux plus anciens Traités français d'Algorisme et de Géométrie publiés pour la première fois. 1882.
Correspondance inédite de Condorcet et de Turgot. 1883.
Les Connaissances mathématiques de Jacques Casanova de Seingalt. 1883.
Problèmes inédits de Géométrie pratique de Mydorge. 1884.
Sur les méthodes d'approximation pour les équations différentielles, mémoire inédit de Condorcet. 1884.
L'Encaustique et autres procédés de peinture chez les anciens. 1884 *(en société avec M. Henry Cros).*
Les Manuscrits de Léonard de Vinci : Manuscrits A et B de l'Institut. 1885.
Pierre de Carcavy. 1885.
Introduction à une Esthétique scientifique. 1885.
Loi d'évolution de la sensation musicale. 1886.
Opuscules philosophiques et littéraires inédits de d'Alembert. 1886.
Correspondance inédite de d'Alembert avec Cramer, Lesage, Clairaut, Turgot, Castillon, Béguelin etc. 1886.
Voltaire et le cardinal Quirini. Documents nouveaux. 1886.
Introduction à la Chymie. Ms. inédit de Denis Diderot. 1886.
Vie d'Antoine Watteau, d'après le manuscrit autographe de Caylus. 1886.
Les Voyages de Balthazar de Monconys. 1886.

Prochainement :

Rapporteur esthétique permettant l'analyse rigoureuse de toutes formes, avec notices et tables. (G. Seguin).
Cercle chromatique présentant toutes les harmonies possibles de couleurs, avec une théorie générale du contraste, du rythme et de la mesure (Ch. Verdin).

LETTRES INÉDITES

DE MADEMOISELLE

DE LESPINASSE

A CONDORCET, A D'ALEMBERT, A GUIBERT
AU COMTE DE CRILLON

PUBLIÉES

AVEC DES LETTRES DE SES AMIS, DES DOCUMENTS NOUVEAUX
ET UNE ÉTUDE

Par M. CHARLES HENRY.

PARIS
E. DENTU, ÉDITEUR
LIBRAIRE DE LA SOCIÉTÉ DES GENS DE LETTRES
PALAIS-ROYAL, 15, 17 ET 19, GALERIE D'ORLÉANS
1887
—
Droits de traduction et de reproduction réservés.

A

M. GUILLAUME GUIZOT

AVERTISSEMENT

L'âme de mademoiselle de Lespinasse ne fut qu'amour et amitié. On connaissait l'amoureuse. Voici en ces lettres à Condorcet et à d'Alembert l'amie.

Les documents complémentaires I et II précisent la collaboration du grand géomètre au Portrait du marquis de Condorcet *et à la* Suite du Voyage Sentimental de Sterne.

Le document III restitue à mademoiselle de Lespinasse le Portrait de Caraccioli *attribué à d'Alembert.*

Les lettres du Marquis de Mora sont les premiers écrits que l'on connaisse du jeune philosophe et les documents sur la succession de son amie, indispensables à l'histoire encore si insuffisante du Bibelot et du Chiffon de l'autre siècle, sont les plus complets qui aient été donnés.

Mademoiselle de Lespinasse au Châtelet suggérera plus d'une réflexion sur l'état de la société d'alors : omnipotence de la finance, influence de Rousseau opposée au débordement de l'arbitraire, etc.

Entièrement inédit, le Portefeuille littéraire *apporte nombre de documents nouveaux à la critique et à la bibliographie et le lecteur pieux pourra reprendre à plus d'un siècle de distance les sentiers frayés par la curiosité d'une morte aimée et admirée.*

Les Nouvelles Lettres de mademoiselle de Lespinasse *publiées en 1820 sont-elles authentiques? Dans quelle mesure sont-elles apocryphes? Le problème est définitivement résolu dans le chapitre* « Bibliographie ».

L'étude placée en tête de ces lettres a été écrite il y a plusieurs années : c'est dire qu'aujourd'hui l'auteur emploierait peut-être d'autres nuances.

Le présent volume doit être considéré comme le complément de ces trois publications : la Correspondance de Condorcet et de Turgot, *les* Opuscules philosophiques et littéraires, *la* Correspondance de d'Alembert.

1er octobre 1886.

ÉTUDE

SUR

MADEMOISELLE DE LESPINASSE

D'autres femmes ont remué le monde par leur beauté, d'autres par leur esprit, d'autres par leur naissance et leurs richesses ; mademoiselle de Lespinasse a conquis la postérité par son âme, par les intensités de sa souffrance, les élans de son désir, la force de sa raison. Elle dut la vie à l'amour : elle en vécut; elle en mourut.

Tristes jours que ceux qui précédèrent sa naissance ! Sa mère, princesse d'Yvetot, marquise de Saint-Forgeux, comtesse d'Albon, vivait séparée de son mari : un enfant ne pouvait être qu'un témoignage accablant. Mademoiselle de Lespinasse naquit chez un chirurgien de Lyon, le 9 novembre 1732 [1]. Elle était baptisée le lendemain comme fille illégitime du sieur Claude Lespinasse, bourgeois de Lyon, et de dame Julie Navarre : le parrain était le chirurgien, le sieur Louis Basiliac ; la marraine, la dame

---

[1]. Copie authentique de l'acte de baptême publiée pour la première fois par M. Eugène Asse (*Revue de France*, tome XVIII, page 858. — *Mademoiselle de Lespinasse et la marquise du Deffand*, Charpentier, 1877, pages 88-89).

Julie Lechot, représentée par la dame Madeleine Ganinet, épouse du sieur Basiliac; le père ne put signer l'acte : Lespinasse est le nom d'une des terres de la famille d'Albon.

Jeanne-Julie-Éléonore grandit, baignée par les larmes d'une mère qui gémissait de ne pouvoir la reconnaître, enveloppée des défiances d'une famille, mêlée à des récriminations et à des scènes violentes qu'on entrevoit sans pouvoir les préciser : pauvre enfant, sur laquelle le chagrin pleuvait de toutes parts et qui connut la terreur avant d'avoir pu penser et juger. Plus tard, ses souvenirs lui arracheront ce cri : « Ah ! combien les hommes sont cruels ! les tigres sont encore bons auprès d'eux ! »

Sa mère lui donna une belle éducation : elle apprit des langues et parcourut des littératures. Mais n'était-ce pas lui donner le don de vivre plusieurs fois sa vie ? Cette âme si souffreteuse s'affina encore ; exaltée, son imagination pourra multiplier ses souffrances au point de s'y abîmer, ses joies au point d'en mourir ; elle dira : j'ai cent ans, — et elle invoquera la mort.

Les moments de désespérance ne tardèrent pas. Madame d'Albon mourut en 1748 [1]. Mademoiselle de Lespinasse avait seize ans ; elle restait sans autre ressource qu'une rente viagère de cent écus. En mourant, sa mère

---

[1]. Cette date repose sur ce fait que le testament de la comtesse d'Albon (3 août 1746), fut déposé chez Vernon, notaire à Lyon, le 16 avril 1748, quelques jours sans doute après la mort de la testatrice. (Eug. Asse, *Revue de France*, tome XVIII, page 864. — *Mademoiselle de Lespinasse et la marquise du Deffand*, page 10.)

lui avait confié la clef d'un bureau où était une somme d'argent considérable, lui ordonnant de la garder pour elle ; mais la jeune fille remit la clef à son frère, le vicomte d'Albon, de huit ans plus âgé. Ce désintéressement aurait dû rassurer la famille : il n'en fut rien. Sa sœur aînée, la marquise de Vichy, belle-sœur de la marquise du Deffand, l'emmena au château de Chamrond. Il y avait trois enfants : deux fils et une fille. D'enfant chérie, mademoiselle de Lespinasse devint gouvernante : de ces gouvernantes qu'on ne paye pas, qu'on ne saurait remplacer et que la fatalité a rivées à leurs persécuteurs. Elle résume sa vie d'alors en un mot qui dit beaucoup : *des atrocités*. Elle n'aspira bientôt plus qu'au cloître, comme à la délivrance.

C'est dans ces dispositions que madame du Deffand la rencontra chez son frère, en 1752. Elle confessa la jeune fille, essaya de la dissuader du départ, mais en vain. A la fin d'octobre, mademoiselle de Lespinasse entrait dans un couvent de Lyon, malheureuse de quitter madame du Deffand, en qui elle croyait pressentir comme une libératrice, malheureuse d'aller habiter une ville où sa triste histoire était de notoriété publique, regrettée des parents, pleurée des enfants et de toute la maison.

Le couvent ne fut qu'un provisoire. Madame du Deffand avait cinquante ans. La haie de ses amis s'éclaircissait ; l'astre d'Horace Walpole était encore à naître au ciel de la marquise ; elle était presque aveugle ; elle aspirait à une compagnie. Dès les premières entrevues, elle songea à s'attacher cette jeune fille si douce et si forte. Peu de jours avant le départ, elle lui en dit un mot. Mademoiselle de Lespinasse accueillit l'ouverture avec transport. Au mois d'avril 1753, madame du Deffand vint la trouver à Lyon, y demeura dix jours, la vit chaque jour de onze heures à six heures, lui acquit la protection du cardinal-archevêque de Tencin, lui fit obtenir une chambre séparée dans le couvent et manifesta publiquement l'intention de se l'attacher. M. de Vichy s'y opposa formellement ; M. d'Albon refusa, en même temps que son consentement, la rente viagère de quatre cents livres désirée par madame du Deffand. Mais mademoiselle de Lespinasse ne dépendait ni de l'un ni de l'autre : il ne pouvait y avoir dans cette opposition que de la mauvaise humeur. La marquise passa outre après avoir demandé conseil à sa très respectable tante, la duchesse de Luynes. Le 8 avril 1754, elle mandait à mademoiselle de Lespinasse sa résolution prise, espérant bien qu'elle n'aurait pas à se repentir de sa bonne action. Elle lui renouvelait ses volontés ; elle lui rappelait la promesse de ne jamais faire aucune tentative contre la maison d'Albon.

Mademoiselle de Lespinasse avait vingt-deux ans lorsqu'elle entra dans ce salon d'aristocratie parlementaire, d'exquise littérature, de religion tolérante, de science encyclopédique. Elle ne fut pas dépaysée. Le monde de la marquise fut séduit. Les Boufflers et les Luxembourg se la disputèrent. Elle avait deviné le langage de la bonne compagnie. Le président Hénault, l'abbé Bon, le chevalier d'Aydie, le futur archevêque de Toulouse Loménie de Brienne, le futur archevêque d'Aix Cucé de Boisgelin, Turgot, d'Alembert devinrent ses amis, et des meilleurs.

Elle inspira des passions ; les papiers de madame du Deffand nous ont conservé le nom d'un noble irlandais fort épris, M. Taaffe.

Le premier succès de mademoiselle de Lespinasse fut le premier germe de discorde entre la marquise et elle : en pouvait-il être autrement ? Il eût fallu ne pas être femme pour ne point concevoir de jalousie. Et l'on sait les hautaines susceptibilités de la marquise, sa méchanceté froide, sa logique intraitable. D'autre part mademoiselle de Lespinasse dut puiser dans l'estime du monde, dans les adulations de l'amour, un sentiment de sa valeur, une confiance en sa force qui la rendirent encore plus sensible aux mouvements d'humeur de la marquise. Il n'y eut plus ni protectrice, ni protégée : ce furent deux puissances rivales en esprit, dont l'une, écrasée par les bienfaits de l'autre, n'eut plus qu'à se réfugier dans l'artifice.

L'artifice fut découvert : en se levant vers six heures du soir, la marquise surprit, réunis dans la chambre de derrière, ses plus illustres amis : Turgot, Marmontel, d'Alembert. Sa demoiselle de compagnie tenait donc salon pendant qu'elle dormait encore ! Ce furent de hauts cris, de sanglants reproches : « c'est ainsi qu'on la trahissait, qu'on lui enlevait ses amis ; elle nourrissait donc un serpent dans son sein ! » Mademoiselle de Lespinasse s'excusa, puis se plaignit à son tour ; elle se dit détestée, abhorrée ; elle rappela les humiliations, les écrasements de son amour-propre ; à l'appui de ces dires, elle invoqua des autorités. Bref une scène, qui provoqua immédiatement une séparation à terme, que mademoiselle de Lespinasse demanda à abréger, mais que la réponse sévère de la marquise rendit définitive (9 mai 1764).

Le monde donna tort à madame du Deffand : d'Alembert, qu'on avait mis en demeure d'opter, ne reparut plus dans le salon de Saint-Joseph ; le président Hénault se déclara pour mademoiselle de Lespinasse ; la duchesse de Luxembourg lui fit présent d'un meuble complet ; Turgot, le chevalier de Chastellux, Marmontel, le comte d'Anlezy, la duchesse de Châtillon, sans rompre avec la tradition, suivirent la jeune puissance. Madame Geoffrin, avec cette délicatesse qui double le bienfait, lui assura une pension de mille écus, et mademoiselle de Lespinasse put aller se loger rue Saint-Dominique, près de la rue et du couvent de Bellechasse, non loin de Saint-Joseph. Ce jour-là, le salon philosophique était fondé : de graves lectures vont remplacer les soupers délicieux ; des discussions économiques et politiques vont empiéter sur les divertissements : ici particulièrement on fera des académiciens, comme ailleurs on fait des nouvelles.

En juillet 1765, d'Alembert tombait gravement malade d'une fièvre putride ; le grand homme habitait une petite chambre mal éclairée, mal aérée, rue Michel-le-Comte, chez sa vitrière. Watelet lui offrit un logement dans son hôtel ; et mademoiselle de Lespinasse vint s'établir sa garde-malade. D'Alembert revint à la santé. Par reconnaissance et par amour il alla se loger dans la maison de son amie, au troisième étage. Mademoiselle de Lespinasse avait : au second le salon précédé d'une antichambre, sa chambre à coucher avec un cabinet de toilette, une chambre pour un domestique ; au troisième, la cuisine, une pièce pour la femme de chambre, un cabinet de décharge et l'appartement de d'Alembert. Ils vécurent côte à côte ; de faux bruits de mariage coururent, répandus par madame du Deffand. La société accueillit cette association avec le tendre respect qu'elle avait pour les *cœurs sensibles* et les exigences de *l'amitié*.

Révolutionnaire d'esprit, le nouveau salon était, pour l'ameublement, de la mode la plus récente et la plus exquise : boiseries blanches, rideaux de taffetas cramoisi, chandeliers de cuivre doré ou argenté, toilette d'acajou, table de bois de rose, table d'acajou et table revêtue de velours vert, secrétaire à cylindre de bois satiné, pendule de cheminée par Masson, secrétaire en armoire de bois de rose, armoire de bois de placage, chiffonnière de merisier, petit coffre de bois de rose, petit écran à coulisse revêtu de taffetas vert, petit coffre et pot-pourri de laque, bergères couvertes de damas vert ou de dauphine fond blanc, fauteuils tapissés de damas cramoisi, ottomane couverte de velours d'Utrecht cramoisi. Parmi les objets d'art : les bustes de d'Alembert et de Voltaire, une statue de Voltaire, des estampes représentant, dans leurs bordures de bois doré, d'Alembert, Turgot, *la Lecture* et *la Conversation espagnole* de Beauvarlet, les *Ruines romaines* d'après Dietrich, *le Paralytique* et *l'Accordée de village*, *l'Enfant au chien*, *la Petite fille pleurant la mort de son oiseau* par Greuze, *le chevalier Bayard*, *le Siège de Calais*, *Bélisaire*. Et ce n'était pas un des moindres ornements du nouveau salon que cette gloire rayonnante de d'Alembert. Fondateur de l'Encyclopédie, chef du parti philosophique, géomètre de génie, ami de Voltaire et du roi de Prusse, littérateur élégant, il était encore un charmeur d'une mimique inoubliable, d'une causerie preste au trait, étincelante de verve ; d'Alembert attirait, mademoiselle de Lespinasse fixait, et les absents n'aspiraient qu'à revenir goûter le charme.

Comment dire tous ceux qui, dans les douze années de son existence, vinrent prendre place au petit coin de la rue Saint-Dominique ? C'était le grand Turgot, Loménie de Brienne, si charitable et si doux, le chevalier de Chastellux, un lettré philanthrope qui aidait les hommes mieux que par des théories, le *bon* Condorcet, Suard, Morellet, Malesherbes, l'endiablé Galiani, qui soufflait des horreurs au perroquet et taquinait la chienne, Caraccioli, le jeune marquis de Mora, Grimm, Laharpe, Marmontel, Saint-Lambert, le consciencieux de Vaines, l'abbé Arnaud, le gluckiste enragé, Condillac, le comte de Schomberg, le comte de Crillon, le duc de La Rochefoucauld, le comte de Guibert et le chevalier d'Aguesseau, son collaborateur et son ami, le comte de Broglie, le comte d'Angevilliers, le comte Shelburne, qui rappelait à l'hôtesse les deux hommes qu'elle aima le plus au monde, Mably, Diderot, Thomas, Duclos, Chamfort, Bernardin de Saint-Pierre, Chabanon, Gaillard, Roucher, Grétry, le vicomte de Castellane, qui présenta Malouet, Cucé de Boisgelin, l'abbé de Véry, l'abbé de Boismont, le comte d'Aranda, le comte de Fuentès, le chevalier de Magallon, le comte de Creutz, le comte d'Argental, le baron de Gleichen, le financier Boutin et combien d'autres ! C'était la duchesse d'Anville, l'amie des encyclopédistes et des économistes, madame Geoffrin, la très tendre madame Suard, la marquise de Saint-Chamans, mesdames de Meulan, la duchesse de Châtillon passionnément éprise de la maîtresse du lieu, l'étincelante comtesse de Boufflers, dont le cœur un jour se rencontrera avec celui de mademoiselle de Lespinasse.

Et tout ce monde était comme un orchestre dont la *Muse*, chaque mercredi, excellait à tirer un concert délicieux. Personne ne fut plus sincèrement femme du monde, personne ne sut, avec un tact plus merveilleux, faire valoir les agréments de sa compagnie et forcer les autres à s'aimer en elle-même. Sa conversation entraînait ; elle avait le mot fort et juste : elle était vraie.

Et cet éloignement de l'artificiel la suivait dans son esthétique. Jamais elle ne put s'habituer aux vers du cardinal de Bernis et de Dorat. Celui-ci le lui rendra en la moquant dans deux comédies. La manière de Crébillon fils lui déplaisait. Elle s'était nourrie de Racine, de Voltaire, de La Fontaine. Elle aimait l'abbé Prévost, Lesage, Lamotte, Gessner ; Diderot lui plaisait fort ; mais elle trouvait sa sensibilité à fleur de peau. Thomas et Chamfort l'enthousiasmaient. Elle était enlevée par Shakespeare. Elle se passionnait pour Jean-Jacques et Restif de la Bretonne. Elle exaltait Richardson. Elle adorait Sterne. Elle estimait fort Condillac. Elle défendait Helvétius contre les sévérités de ses amis. Elle relisait Montaigne. Elle faisait ses délices de Plutarque, de Tacite, de La Rochefoucauld et de Montesquieu. L'Angleterre lui était familière : « Il n'y a que la gloire de Voltaire, dit-elle, qui pourrait me consoler de n'être pas née Anglaise ; » et elle admirait Locke. Toutes les incarnations de la beauté allaient à son âme : le grand art aussi bien que l'art en petit. Grétry la charmait, et le lendemain elle se pâmait à un air d'*Orphée*.

Cet encyclopédisme, elle le porta dans l'amitié.

Elle aima Condorcet ; les lettres que nous publions diront avec quelle tendresse. Voyez cette première lettre, où elle le prie de ne point manger ni ses lèvres, ni ses ongles (rien n'est plus indigeste), de ne point se mettre le corps en deux comme un prêtre qui dit le *Confiteor,* où elle lui recommande la poudre de ses oreilles, et ses cheveux toujours coupés si près de la tête en occiput *qu'à la fin il aura la tête trop près du bonnet :* leçons pleines de grâce maternelle et de bonne humeur, dictées parfois du bain à d'Alembert, si pittoresquement entremêlées des réflexions du secrétaire, et qui enveloppent dans les gazes légères de l'esprit des vérités si profondes. — Oui, ce sera le grand tort de Condorcet d'avoir la tête trop près du bonnet. Traduisons : c'est le déchaînement de sa passion philosophique qui sera la cause de toutes ses erreurs et de tous ses maux. Fanatique d'irréligion, il ne comprendra rien au sublime de Pascal ; il aura pour Colbert, pour Necker, pour le comte de Muy, des haines injustifiables qui le feront appeler par mademoiselle de Lespinasse, le ci-devant *bon* Condorcet. Sa plaisanterie d'amère deviendra grossière ; il se séparera de ses meilleurs amis pour se noyer dans le tourbillon révolutionnaire ; il étendra à la France la destruction des titres nobiliaires ;

il ne se récusera pas au jugement de Louis XVI... Mais n'évoquons pas ces tristes lointains. Voyez ces lettres où, malade, elle se fait le médecin du pauvre Condorcet torturé pendant près de deux ans d'un amour malheureux. Quelles délicieuses gronderies ! Comme elle craint pour sa santé, la santé de sa mère ! Quel intérêt pour son avenir, sa maison de campagne, ses arbres ! Elle lui imprime ses polémiques, et elle sait en retarder l'impression quand il y va de l'intérêt de la cause et de l'auteur.

Elle aima Turgot : pendant les émeutes de la guerre des farines, elle a de ses nouvelles dix fois par jour ; elle tremble au moindre accès de goutte et pour l'ami et pour le ministre.

Elle aima Suard : on verra par ses lettres si sa disgrâce lui fut à cœur et comme elle s'employa à lui faire obtenir des dédommagements.

Elle aima le marquis Caraccioli, ce Napolitain si parisien, le comte d'Anlezy, un cousin, le vicomte de Saint-Chamans, dont la santé la tourmente même à son lit de mort, Loménie de Brienne, dans lequel l'illusion de son amitié voyait un Richelieu moins rigide et un Colbert plus aimable, le comte de Crillon, une âme froide qu'elle cherche à réchauffer en lui adressant un jour à Saint-Pétersbourg une sublime apologie d'égarements que le comte devait toujours ignorer.

Et ses amis le lui rendaient avec passion ; à la veille de l'éternelle séparation, aux heures où son cœur sombrait dans les plus affreux naufrages, d'aucuns la supplièrent encore de son amour.

En octobre 1764, après sa séparation d'avec madame du Deffand, son revenu est de 5,592 livres ; à la fin de sa vie, il est de 7,472 livres, somme qu'il faut compléter par les mille écus de madame Geoffrin et les 500 francs du loyer de d'Alembert : ce n'était pas la richesse, et cependant elle fut admirablement bienfaisante. « Ah ! si j'étais lord Clive ! » disait-elle souvent, lorsqu'on parlait d'infortunes qu'elle ne pouvait soulager. Et elle n'eut pas seulement à secourir les malchanceux de la vie ; il y avait encore les victimes de l'arbitraire. Voyez ce pauvre diable enfermé à Vincennes par le bon plaisir d'un fermier-général, à qui elle court, un matin de février, prêter la considération de sa personne et l'autorité de son témoignage.

Mademoiselle de Lespinasse aima tout ce qu'on peut aimer, aider ou admirer ; elle aima l'amour jusqu'à l'abnégation. Elle ignora toujours les tempéraments : les fièvres de l'exaltation la rejetaient dans les tortures de la souffrance. Le bonheur n'est pas pour les grandes âmes ; elle oscilla entre les spasmes de la jouissance et les affres du désespoir, s'enfonçant chaque jour plus avant dans le dégoût de la vie et le sentiment de l'universelle vanité. Elle aima dans l'amour la consolation suprême du malheur, l'extrême désintéressement, la souveraine beauté, la souveraine vertu, l'infinie délicatesse ! Et que nous importe le nombre de ses passions ? Il serait indécent de venir troubler de vulgaires considérations d'honnêteté l'histoire des exaltations et des agonies de cette âme. Elle fut vertueuse, puisque le remords l'a tuée. Ses fautes ne sont que dans la maladie de ses nerfs — un malheur, et dans la puissance de son cœur — une vertu.

La passion pour d'Alembert dura à peu près six ans : de 1760 à 1766. Ce fut la seule, elle l'avouait quelques mois avant de mourir, qui ne la rendit pas malheureuse. Il y eut un temps où elle fut heureuse jusqu'à être effrayée de son bonheur. Comment ce tendre sentiment dégénéra-t-il en dureté et en sécheresse? Comment le prestige du génie, de l'esprit et de la vertu fut-il éclipsé 1?

1. On sait les indiscrétions qui coururent dans le monde sur la constitution physiologique de d'Alembert. Formont lui écrivait : « Vous vous imaginez qu'il n'y a qu'à se présenter à l'Académie pour y être admis, mais il faudrait pour cela qu'il n'y eût pas de duchesse de Chaulnes au monde. Apprenez que, malgré tous vos talents, vous n'auriez pas été reçu seulement à sa cour. Elle pense peut-être qu'il vous en manque quelques-uns qu'elle regarde comme indispensables à un grand homme. Elle a dit que vous n'étiez qu'un enfant : on entend cela ; elle croit même que dans un sérail vous traîneriez une éternelle enfance. Je ne le crois pas. » (Lettre du 4 décembre 1754 dans la *Correspondance de madame du Deffand*, 1865, t. I, p. 226.) — Rousseau dit de mademoiselle de Lespinasse : « Elle a fini par vivre (avec d'Alembert), s'entend en tout bien et en tout honneur : et cela ne peut s'entendre autrement. » (*Confessions*, 2e partie, livre IX.) — Enfin on connaît l'anecdote suivante. Pour inspirer de la jalousie à son amant une dame concluait un long dithyrambe en faveur de d'Alembert par ces mots : « Oui, c'est un Dieu! » L'amant répondait : « Ah! s'il était Dieu, madame, il commencerait par se faire homme. » — La voix de d'Alembert fut sans doute le fondement de ces suppositions, auxquelles nous ne croyons pas. Si les bruits du monde avaient eu raison, mademoiselle de Lespinasse, aux heures d'aigreur, ne l'eût pas accusé d'être le père des enfants de sa domestique. (Voyez le morceau : *Aux mânes de mademoiselle de Lespinasse*, par d'Alembert.)

Pour le comprendre, il faudrait pouvoir ressusciter, tel qu'elle le vit, le jeune marquis de Mora, ce philosophe-grand d'Espagne, fils du comte de Fuentès et veuf de la fille du comte d'Aranda, qui vint vers 1765 charmer Paris, Versailles et Fontainebleau.

Elle l'aima parce que c'était lui. Elle l'aima avec la fatalité d'une passion antique. Elle l'aima d'abord avec l'illusion de retrouver en lui sa propre tendresse : puis ce beau rêve eut son réveil. Lisez ce portrait de M. de M*** tracé sans doute vers 1771 : « Il est d'une figure fort agréable ; sa physionomie est vive, douce et spirituelle ; il a l'air jeune et gai ; sa taille est noble et leste ; il y a quelque chose d'adroit et de délibéré dans toutes ses manières ; son esprit a la clarté, la netteté et la justesse ; son style est celui de sa pensée ; sa conversation est vive et facile ; il connaît tout ; il apprécie tout ; il est impatient, même impétueux ; il ressent les blessures profondément, mais l'impression se dissipe dans l'instant. Doux et facile, il est sans vanité ; discret, prudent, réservé, il est sans affectation, comme sans ambition ; il réunit tous les agréments que l'on désire en son fils, en son frère, en son ami ; mais il est incapable d'aimer ; il a eu infiniment de goûts passagers, oui ; mais d'amour, jamais. » Et mademoiselle de Lespinasse déplore de n'avoir pas trouvé en lui le sentiment qui aurait fait son bonheur.

Logique de la passion ! l'illusion de l'amour revint avec l'absence ; elle devint une réalité par l'éloignement. Cet amour boiteux de naissance, se guérit de son infirmité et quand, dans le cœur de mademoiselle de

Lespinasse, il rencontrera un autre amour, il aura des cris sublimes. « Par un bonheur inouï et qui ne devait jamais arriver, la créature la plus tendre, la plus parfaite, la plus charmante qui ait existé m'avait donné, abandonné son âme, sa pensée et toute son existence. Quelque indigne que je fusse du don et du choix qu'il m'avait fait, j'en jouissais avec étonnement et transport. Quand je lui parlais de la distance immense que la nature avait mise entre nous, j'affligeais son cœur, et bientôt il me persuadait que tout était égal entre nous, puisque je l'aimais... Mon Dieu ! qu'il était doux d'aimer et de vivre pour quelqu'un qui avait tout connu, tout jugé, tout apprécié, et qui avait fini comme le sage par trouver que tout n'est que vanité. Ah ! qu'elle était noble, qu'elle était grande, cette âme !... Elle aurait rejeté avec horreur l'empire du monde. »

Cet amour eut ses heures de terrible enivrement. Mademoiselle de Lespinasse renonça au monde : le monde c'était pour eux cette délicieuse chambre à coucher, aux tentures de damas et de velours cramoisi, que nous redit l'*inventaire*. Le marquis pouvait avoir vingt-deux ans : elle en avait trente-cinq. Cette différence des âges fut un piment qui attisa encore l'un pour l'autre les ardeurs de deux tempéraments névrosés. « Ah ! si vous saviez, si vous lisiez comme j'ai fait jouir une âme forte et passionnée du plaisir d'être aimée ! Il comparait ce qui l'avait aimé, ce qui l'aimait encore, et il me disait sans cesse : « Oh ! elles ne sont pas dignes d'être vos
» écolières. Votre âme a été chauffée par le soleil de
» Lima et mes compatriotes semblent être nées sous les

» glaces de la Laponie. Et c'était de Madrid qu'il me
» mandait cela. »

On comprend les ravages que durent exercer sur deux santés délicates les délires d'une passion forcenée. La correspondance de Condorcet et de Turgot [1] est comme un bulletin de la santé des deux amants. C'est pour mademoiselle de Lespinasse de la fièvre, du rhumatisme effroyable, des toux convulsives, des courbatures, des migraines, une névrose effrayante ; pour M. de Mora des crachements de sang.

M. de Mora dut quitter Paris. La santé fut-elle la seule raison de ce départ? Mademoiselle de Lespinasse parle d'une autre raison, d'une raison absolue telle que, s'il parvenait à la vaincre, sa vie à elle ne pourrait acquitter sa dette. Il partit le vendredi 7 août 1772. Ce fut la date de leur dernier baiser. L'infidélité et bientôt la mort allaient les séparer pour jamais.

Le marquis arriva à Bayonne dans l'épuisement extrême : il avait été saigné neuf fois. Il put cependant continuer sa route par Saragosse : avec quelles inquiétudes pour mademoiselle de Lespinasse! Les lettres étaient en route vingt jours. Il arriva enfin ; mais l'air natal ne put lui procurer le repos. Sa mère mourut d'une maladie de poitrine après une longue et douloureuse agonie, et une nouvelle liaison vint encore ajouter à ces émotions la tristesse d'une consolation vainement poursuivie. Mademoiselle de Lespinasse devint pour le marquis le pôle irrésistible. Faible, crachant le sang, il se

---

[1]. *Correspondance inédite de Condorcet et de Turgot,* Paris, Charavay, 1883.

remettait en route pour la France, le 3 mai 1774. Le 10, il écrivait : « J'ai en moi de quoi vous faire oublier tout ce que je vous ai fait souffrir. » Le 23 mai, il arrivait à Bordeaux, et quelques jours après mademoiselle de Lespinasse recevait ces mots : « J'allais vous revoir : il faut mourir, quelle affreuse destinée ! Mais vous m'avez aimé et vous me faites encore éprouver un sentiment doux. Je meurs pour vous... » Le 27, la mort était plus forte que l'amour.

Y eut-il des confidences réciproques ? Cette phrase semble le prouver : « Vous m'avez aimé et vous me faites encore éprouver un sentiment doux. » Mademoiselle de Lespinasse craint son retour autant qu'elle le désire. Elle aime le marquis ; mort, elle l'aimera plus encore, comme elle l'a plus aimé dans l'absence, mais il n'est plus son unique objet. Elle l'évoquera dans son imagination ; elle le verra ; il respirera pour elle ; elle le touchera ; elle implorera son pardon, et elle l'obtiendra. Mais le 21 juin 1772, son cœur l'a entraînée vers de nouveaux abîmes. Ce jour-là, le comte Jacques-Antoine-Hippolyte de Guibert entrait dans sa vie. Si c'est pour défendre mademoiselle de Lespinasse contre elle-même que le marquis revient, il est trop tard.

La femme de quarante ans aime avec des ardeurs de sens qui jettent avant de s'éteindre une dernière flamme ; elle aime avec l'expérience de la vie, avec l'apprentissage, si nécessaire, du bonheur ; elle aime avec les forces agrandies de son esprit qui, selon la remarque de La Rochefoucauld, fortifie bien plus sa folie que sa raison ; elle aime avec des tendresses maternelles et des humilités d'enfant. Charme mélancolique de l'automne, douceur de l'été de la Saint-Martin Mademoiselle de Lespinasse avait quarante ans : elle avait trop souffert pour avoir jamais paru jeune ; même sa figure était laide et la petite vérole avait défiguré ses traits. Mais l'expression de sa physionomie enlevait. Elle était grande et bien faite ; sa taille était noble et gracieuse ; sa mise avait toutes les élégances : une mise de grande dame.

Fils d'un brave lieutenant-général des armées du roi, qui avait longtemps servi dans le régiment d'Auvergne et qui avait brillé sur les champs de bataille de Dettingen et de Raucoux, le comte de Guibert était, avec les séductions d'un jeune homme de vingt-neuf ans, une âme fortement trempée. A treize ans, il commençait les armes ; il faisait les trois dernières campagnes de la guerre de Sept ans dans l'état-major du maréchal de Broglie. A Filinghausen, il avait un cheval tué sous lui. Après la paix, il travaillait avec son père aux réformes du duc de Choiseul. En 1768, il conquérait en Corse, à Ponte-Nuovo, la croix de Saint-Louis et le grade de colonel : depuis il avait étudié et il venait de publier sous le titre d'*Essai sur la tactique* un livre de philosophie politique qui ravissait les femmes, les hommes du monde et les philosophes.

Tels ils étaient, quand ils se rencontrèrent, le 21 juin 1772, au Moulin-Joli chez Watelet, sur les bords de la Seine, dans les frais encadrements de Montmorency et d'Argenteuil. Ils se connaissaient depuis deux ans. Tous deux disciples d'un bon maître, le malheur, ils furent portés l'un vers l'autre, bien avant que mademoiselle de

Lespinasse eût pu s'en défier. Par cette belle journée de juin, le comte fut pressant, mademoiselle de Lespinasse fut chastement tendre et c'est avec une discrétion bien féminine qu'elle mandait le lendemain à Condorcet : « J'ai fait aussi connaissance avec M. de Guibert ; il me plaît beaucoup : son âme se peint dans tout ce qu'il dit ; il a de la force et de l'élévation ; il ne ressemble à personne. »

« Il ne ressemble à personne ! » ; avec le vide que fut pour mademoiselle de Lespinasse le départ du marquis, le comte devient bientôt un besoin. Et ce besoin, les succès mondains de Guibert durent encore le surexciter. C'est de lui qu'une duchesse de dix-huit ans disait : « Mon Dieu ! que l'on serait heureuse d'être la mère d'un tel homme ! » Et ailleurs des dames discutaient pendant toute une soirée lequel était le plus à désirer, d'être la sœur ou la maîtresse de M. de Guibert. Ce dernier rôle était le plus facile à remplir et aussi le plus agréable : d'aucunes le choisirent.

Ce fut pour mademoiselle de Lespinasse l'heure des premiers regrets. Elle dut faire à sa passion pour le marquis le sacrifice des instants de bonheur qu'elle devait au comte. Mais, faire des sacrifices ! il avait été un temps où elle n'avait pas de sacrifices à faire. Et d'autre part, qui savait si les regrets n'étaient pas au-dessus de la faute ? Ces alarmes n'étaient-elles pas une offense à son amour ? Ce fut aussi l'heure des premières questions : sera-t-il mon ami ? Ainsi se passèrent les premiers mois de 1773.

Depuis longtemps M. de Guibert aspirait à faire à l'étranger un voyage qui, en lui permettant d'étudier les champs de bataille et les organisations militaires, lui procurerait l'agrément de la curiosité satisfaite et la matière d'un beau livre. Mais il était pauvre; longtemps il avait cherché à intéresser les ministres; il ne put partir qu'en mai 1773. A la veille de la séparation, mademoiselle de Lespinasse se sentit bouleversée; elle n'osait parler; elle écrivit — pour lui demander son amitié — une lettre; c'est la première de celles que que nous possédons; elle sera suivie de bien d'autres, trop nombreuses pour son amour, trop rares pour nous. Guibert devait partir le mercredi 19. Le jeudi matin elle envoyait à sa porte pour savoir à quelle heure il était parti. Elle apprenait qu'il était encore à Paris. Le soir, elle courut savoir s'il n'était pas malade. Il lui sembla qu'elle le désirait. En apprenant qu'il venait de partir à cinq heures et demie, elle se sentit soulagée. Elle se sentit aussi plus triste : le comte lui manquait « *comme son plaisir* ».

Alors, elle vit clair en son âme; elle vit qu'elle aimait Guibert; il ne restait plus qu'à lui demander une place *un peu bonne* en son cœur. On la lui accorda. Et elle se mit à examiner son bien. Elle se demanda si les gens qui sont gouvernés par le désir d'aimer vont jamais à Saint-Pétersbourg. Elle comprit que M. de Guibert savait mieux admirer; il aura la fortune; il aura la célébrité; il est ambitieux; il a l'amour de toutes les gloires; mais les amours s'excluent. Et elle applique à sa jeune amitié le mot du comte d'Argenson sur sa petite-nièce, mademoiselle de Berville : « Ah! elle est bien jolie; il faut espérer qu'elle nous donnera bien du chagrin. » Puis ce sont des retours; elle regrette la journée du Moulin-Joli; elle lui en veut de lui devoir l'espérance, la crainte, le plaisir. Mais elle a besoin de verser son âme en lui. Elle l'entretient de son malheur, de ses crachements de sang, de sa voix éteinte, de son ami absent qu'elle ne nomme pas, dont M. de Guibert ignore le nom, mais qu'il connaitra et admirera. Et elle lui parle de ses maitresses, de celle qui est malheureuse et de celle qui devrait l'aimer à la folie. A ce propos, c'est une prière de ne pas lui écrire la première ; l'amitié ne doit venir qu'après l'amour : quelquefois elle est à une grande distance, quelquefois aussi elle est bien près, trop près peut-être. Et ce sont des comparaisons : ces femmes savent plaire et s'amuser ; elles ne tiennent pas à être aimées, mais à être préférées : elle, elle sait souffrir et mourir.

Après une entrevue avec le roi de Prusse (17 juin 1773), Guibert avait repris la route de Dresde, visité la Hongrie, assisté aux manœuvres de Silésie. Il voulait aller en Pologne ; il tomba malade à Breslau ; forcé d'y rester jusqu'au 16 septembre, il renonça à la Pologne comme il avait renoncé à la Russie. Il reprit le chemin de la France, visita à Ferney Voltaire, auquel il parut un homme fort aimable et plein de génie, et arriva à Paris le 30 octobre.

Elle avait pu être aveuglée autrefois, et elle s'était promis de le mieux observer à son retour. Toutes ces résolutions s'envolèrent en la présence du comte, comme les songes au matin. L'amour la prit corps et âme. Il lui sembla que ce n'était pas assez d'être capable de vivre et de mourir pour lui. Tous les instants qu'il passa loin d'elle lui parurent dérobés à elle ; elle l'aima avec égarement, au point qu'effrayé Guibert lui conseilla de ne pas l'aimer.

En ce temps où l'amitié emprunte les expressions de l'amour, où le langage même de la vertu est sensuel, l'amour dut monter à des gammes de maladive violence et de raffinement métaphysique dont il ne pourra que déchoir. Les délicieuses souffrances du désir inassouvi, les frissons de l'angoisse confondus dans les frémissements de la chair, les douleurs endormies dans le lent bercement des caresses, les larmes séchées par le souffle de l'aimé, les langueurs des vagues étreintes, mademoiselle de Lespinasse les éprouva pendant les longues soirées de l'hiver 74. Le 10 février à minuit, elle se donnait : elle buvait avec rage le poison délicieux qui devait la tuer ; elle se jetait dans le gouffre paradisiaque qui devait la dévorer. Et à pareille heure, à deux cents lieues de là, M. de Mora était frappé du coup mortel par une médecine ignorante, qu'il implorait à cause de l'aimée !

Bientôt, elle sut son projet de retour, son départ, sa marche défaillante de malade, son arrivée à Bordeaux ; le 1er juin elle apprit sa mort. Ce jour-là, elle voulut mourir ; elle brûla les lettres de Guibert ; elle s'apprêta à descendre dans la tombe en s'enveloppant dans la mémoire de son cher amour. Guibert la retint.

De cette heure date pour mademoiselle de Lespinasse le redoublement du martyre. L'aveu devient une déclaration, le regret un repentir, la déclaration une prière, le repentir un remords, la prière un prosternement, le remords une monomanie. Et son désespoir croît en raison de son amour, comme son amour en raison de son désespoir. Elle se jette dans les bras de Guibert pour fuir le spectre de Mora, et la joie qu'elle goûte, en évoquant d'autres joies, la rejette dans les bras de Mora. Ses abandons sont des luttes. Elle retient la passion qui la déborde parce qu'il n'y répondrait pas. Elle a des remords de ce qu'elle donne et des regrets de ce qu'elle retient. Et elle déplore le vide élégant qui dévore le talent de son ami, sans intérêt, sans réputation, sans gloire. Elle voit que pour lui, aimer n'est qu'un accident de l'âge, qu'il aime par délicatesse, par procédé, par genre, par bonté, qu'il est incapable de créer le bonheur. Elle lui écrit souvent : Aimons-nous ou rompons à jamais. Mais la présence du comte la replonge dans l'oubli de tout.

Un jour de juillet, Guibert parla d'une absence de douze jours; il quitta Paris sans dire où il allait. Il allait voir au château de Courcelles celle qui devait être sa fiancée. Il couvrit d'un prétexte quelconque cette course — sans doute amoureuse? Où adresser les lettres? Mademoiselle de Lespinasse se répandit en tendres reproches. Puis elle reçut une lettre où son cœur, son amour-propre étaient cruellement offensés. Elle crut M. de Mora vengé; elle se trompait : ce n'était pas encore l'heure. Elle lui ordonna de ne plus la voir en particulier. Elle crut pouvoir le haïr et employer son cœur à chérir la mémoire du marquis. Mais elle se reprit bientôt à aimer : une indisposition de l'ami et une prochaine séparation de quatre mois l'y aidèrent. Guibert avouait le vrai sens de son voyage et mademoiselle de Lespinasse faisait la profession de foi de ne plus rien exiger, de ne plus prétendre à rien.

Guibert partit le 20 août : il devait aller à Fontneuve, près de Montauban, embrasser sa mère malade, puis à

Libourne, où sa légion corse était en garnison, sans doute s'arrêter à Courcelles. Mademoiselle de Lespinasse était distraite un instant par l'ivresse générale du 25 août : Turgot contrôleur général. Puis elle poursuivait l'idée du mariage ; elle en discutait les inconvénients et les avantages en province ou à Paris ; elle lui proposait même deux partis, en le suppliant de ne plus la tromper. Elle n'a que trois calmants : lui, l'opium et la musique. Les lettres de Guibert sont le thermomètre de sa santé, en attendant le baume consolateur de sa chère présence.

Au retour de Guibert (15 novembre 1774), les motifs de jalousie redoublent ; il lui écrit même une lettre où il dit qu'il ne l'a jamais aimée. Il se replonge plus profondément que jamais dans la vie parisienne. Il quitte le faubourg Saint-Germain, le voisinage de son amie. Il s'abandonne à sa fantaisie et cependant mademoiselle de Lespinasse l'aime à la folie. Il a des embarras d'argent : elle le console et le prie de n'avoir point de carrosse pour elle. Elle l'aime quand elle peut et elle le désire toujours. Son dégoût du monde grandit encore à la passion de Guibert pour la dissipation. Quelquefois elle a l'illusion qu'elle va aimer doucement, comme ce beau jour de carnaval 1775. Elle va faire le tour des Tuileries. Le soleil de février a des douceurs de convalescent ; l'air a la fraîche opalescence du lait ; la nature se réveille avec des grâces de jeune fille endormie. Elle aimait ; elle regrettait ; puis elle lisait les lettres de Guibert depuis le 1er janvier ; elle les mettait en ordre. Ses amis venaient ; elle jouissait avec eux, car elle espérait le voir : neuf heures sonnaient et il ne venait pas.

Guibert cherchait à la convaincre qu'ils ne pouvaient s'aimer, et elle répondait : Je ne puis pas vivre! Il lui demandait de chercher à prévoir l'effet qu'elle recevrait de son prochain mariage. Mais, que pouvait-elle dire quand la présence de l'aimé charmait ses sens et son âme ? L'amour-propre prévoit toujours juste; mais la passion n'a point d'avenir : elle est. Quelque temps après, mademoiselle de Lespinasse voyait mademoiselle de Courcelles ; elle la trouvait charmante; elle songeait que le comte serait heureux et lui savait gré du hasard qui la lui avait fait rencontrer.

Elle voulut le posséder jusqu'au dernier moment : bien des fois elle dut le supplier de rechercher ses lettres. Elle soigna la santé délicate de son bourreau au milieu des derniers préparatifs de son propre malheur. Et il semble que l'ombre du marquis de Mora veuille, elle aussi, revendiquer une part dans son martyre. A la veille du mariage de Guibert, ce ne sont plus seulement des visions qui agitent l'infortunée. En mai 1775, un an après leurs dates, elles reçoit deux lettres : l'une de Madrid, 3 mai 1774, *en montant en voiture pour vous voir ;* l'autre de Bordeaux, 23 mai 1774, *en arrivant et presque mort.* Et elle passe une soirée avec le prince de Pignatelli, le frère cadet du marquis, dont la voix et l'air la font étrangement frissonner de charme et d'effroi.

« Il y a, dit Rousseau, des situations qui n'ont ni mots ni larmes. » Elle l'éprouva quand le comte fut parti. Elle passa huit jours dans les convulsions du désespoir ; elle crut mourir ; elle voulut mourir et cela lui paraissait plus aisé que de renoncer à l'amour. Au bout de dix jours elle reçut du château de Courcelles un billet. Nous n'en connaissons que ces mots : *Vivez, vivez : je ne suis pas digne du mal que je vous fais.* C'étaient de banales consolations, de superficiels rapprochements avec des situations de romans. Elle en conçut de l'horreur pour lui et pour elle ; elle en frissonnera longtemps après, et ce lieu se peindra à elle plus effroyable que l'enfer ne s'est jamais peint à sainte Thérèse. Elle arrêta avec elle-même le jour de sa mort. Elle se sentit alors froide et calme ; elle voulut consacrer ses derniers jours à adorer la chère mémoire. Mais, mourir n'était-ce pas faire croire à l'objet de sa haine qu'elle ne pouvait vivre sans l'aimer ? La haine l'éloignait de la mort autant que son amour l'y poussait. Puis elle reçut avec une lettre froide et honnête la pièce que M. de Guibert envoyait au Concours de l'Académie : un *Éloge de Catinat*. Elle lui avait promis ses soins : s'abstenir eût été violer une promesse. L'*Éloge de Catinat* la retint à la vie : d'ailleurs n'y a-t-il pas de la force à servir ce qu'on hait ? Elle s'y employa avec amour : elle croyait n'y mettre que de l'empressement ; pensant son âme fermée, elle voulut ne plus écrire. Mais elle ressaisit bientôt cette planche de salut des naufragés de l'amour : l'amitié. L'amant adoré devint bientôt l'ami le plus cher à son cœur, et elle implorait le pardon (de quelle faute ?) et la pitié. Elle se surprit à souhaiter que l'ouvrage de La Harpe, d'un ami pourtant, fût inférieur. Elle lut les deux discours avec passion et elle les compara avec génie. Non seulement elle défendit le comte ; elle injuria ceux qui osaient le juger. La haine lui parut bientôt intolérable ; elle craignit de n'avoir plus physiquement la force de l'aimer. Elle se reprit à attendre ses lettres avec l'intention de mourir, s'il ne venait pas à son secours. Elle ferme la porte au médecin pour recevoir le facteur. Son âme, sa vie, ses lèvres s'attachent à un papier où le premier mot qu'elle lit est : *Mon amie*. Elle aime le comte plus que le bonheur et le plaisir, et quand cela ne suffira plus, elle mourra. Ils seront vertueux : la passion de mademoiselle de Lespinasse se sanctifie et se subtilise.

L'éloge de La Harpe eut le prix : Guibert n'eut que l'accessit ; elle alla jusqu'à détester La Harpe. Elle fut dédommagée par une grande joie. M. de Guibert était revenu, vers la fin de juillet, faire représenter devant la cour une tragédie, le *Connétable de Bourbon*, qui fut jouée le 26 août. L'étiquette défendait d'applaudir en présence du roi : la jeune Marie-Antoinette applaudit et tout le monde de l'imiter. Mademoiselle de Lespinasse ne se coucha pas ce soir-là avant d'avoir su la bonne nouvelle. A Paris la pièce fut sifflée et chansonnée.

M. de Guibert repartit dans les premiers jours de septembre. Elle eut alors une crise de grand calme : pour ne pas se laisser anéantir, elle dut recourir à l'orgueil, à l'orgueil d'avoir été aimée par la plus parfaite des créatures. Les consolations de Guibert ne peuvent plus rien pour elle : elle lui pardonne et lui souhaite le bonheur. Cependant à certaines heures, la modération lui fait peur : quand on a connu l'enfer et le ciel, peut-on vivre sur terre ? Un jour elle a un étouffement qui épouvante si fort sa femme de chambre que celle-ci lui dit naïvement : « J'ai cru que vous alliez mourir. » Et elle n'ose écrire à Guibert : à Courcelles, les lettres sont lues par-dessus son épaule ; à Paris, Guibert les lit mal ou pas. Et pourtant il est le premier intérêt d'une vie qui s'échappe. Lorsqu'à la mort du comte de Muy, le comte de Saint-Germain, un vieux soldat de la guerre de Sept ans, devient ministre de la Guerre, elle rêve pour la fortune de son ami de grands accroissements ; elle tremble aux maladies du ministre. Elle se réveille encore — cette fois d'indignation, — quand Guibert veut lui faire donner une pension par Turgot. Il était donc plus facile de l'enrichir que de l'aimer ! Son sentiment est un point fixe ; les larmes la surprennent en société et elle est obligée de s'enfuir. Elle aime par delà son corps, par delà son âme. Elle veut l'impossible ; elle pense l'absurde. Son amour devient un dogme ; elle n'espère pas en Dieu ; ses prières du soir et du matin sont le *Credo* et le *Confiteor* de son amour.

Guibert revint le 11 novembre 1775. La résignation de mademoiselle de Lespinasse est superbe. Oh ! il lui accorde toujours assez ; on se trouve toujours trop riche, quand on va déménager ou tout perdre. Elle se rapproche de ses amis ; elle se gronde de ne pas les aimer assez, et ce sont pour Guibert des accents mystiques de douloureux pardon : « Adieu, la plus aimable et la plus chérie des créatures. C'est pardonner, mais oublier ! ah ! mon ami ! » Elle ne veut plus qu'il sache qu'elle souffre, et un propriétaire difficultueux vient encore troubler ses derniers mois par les préoccupations d'un logement [1]. Elle se passionne encore un instant

1. Elle devait aller occuper, le 15 mai 1776, rue de Grammont,

pour le *Paysan perverti*, dans lequel une autre Manon, s'empoisonnant pour l'infidélité de son mari qu'elle a trompé, parle et agit selon son cœur à elle. Cent fois elle redit à Guibert qu'elle l'aime, afin qu'il s'en souvienne dans les instants de bonheur, lorsqu'elle ne sera plus.

En février 1776, elle voit madame Geoffrin qui relevait d'une longue et terrible maladie ; elle pleure la fin prochaine de sa chère bienfaitrice. A partir de ce jour, elle meurt. Guibert veut lui consacrer de longues soirées : mais elle le supplie de fuir. Elle veut mourir ; elle ne doit plus rien à qui a renoncé à tout ; elle le renvoie chez lui, où il y a tant de plaisir. Elle meurt, et le seul sentiment d'amertume qu'elle trouve contre Guibert est qu'il l'ait forcée de survivre à la perte irréparable qu'elle a faite. Oh ! si jamais elle revenait à la vie, bien sûr qu'elle l'emploierait encore à l'aimer ; mais il n'y a plus de temps.

Chastellux, Caraccioli, Marmontel et d'autres devinèrent sans doute ce drame. Sa passion pour le marquis de Mora eut au moins un confident : Condorcet ; seul, l'excellent cœur de d'Alembert ignora tout. En 1768, il recommande le jeune philosophe à Voltaire : pendant l'absence du marquis, il va chercher ses lettres à la poste pour diminuer de quelques minutes les impatiences de mademoiselle de Lespinasse. Après la mort du marquis, il écrit au comte de Fuentès sur son fils une lettre élo-

---

un appartement au premier, pour lequel elle devait payer 1400 livres. D'Alembert louait pour 800 livres un logement au troisième. (Eug. Asse, *Mademoiselle de Lespinasse et la marquise du Deffand*, page 91).

quente, qu'il lit à son infidèle amie : et tous deux fondent en larmes. De même il va chercher des nouvelles de Guibert, quand elle n'a pas le temps de lui écrire. Un jour que dans une crise de désespoir elle veut mourir, et lui dit brutalement : « Allez-vous en ! » il pleure et s'écrie : « Que je suis malheureux que M. de Guibert ne soit pas ici ! » Il se soumet à la douleur de ne pas la voir comme à la nécessité ; il accepte ses froideurs et ses duretés comme des symptômes de la maladie. Et cette bonté est une nouvelle source de remords pour la pauvre amoureuse. Elle se sent indigne des vertus du grand homme ; sa présence, qu'elle n'ose écarter, lui pèse ; elle a pour lui des attentions que l'infortuné prend pour des retours de tendresse et qui ne sont que l'aumône d'un remords. Et elle est torturée encore par l'estime de ses amis, qui ne voient dans les naufrages de son amour pour Guibert que les élans d'une fidélité vers celui qui n'était plus : pauvre âme qui est condamnée à souffrir, non seulement de ceux qu'elle aime, mais encore de ceux qu'elle a aimés et de ceux qu'elle n'aime pas ! Son plus bel amour qu'elle a trahi pour un traître n'est donc lui-même qu'une trahison ! Il ne lui reste que la mort, qui ne trahit personne.

Sa maigreur est effrayante ; son estomac est détruit. Elle ne dort plus ; l'irritation de ses entrailles est une torture perpétuelle ; les convulsions de sa toux déchirent pendant des heures le cœur de ses amis.

Il est probable qu'elle n'attendit pas la Mort. Elle recourut sans doute à l'opium. Sa dernière lettre à d'Alembert, qui est datée du jeudi à 6 heures du matin et qu'elle a certainement tracée le jeudi, 16 mai, huit jours avant l'heure, elle l'écrit parce qu'elle n'ose plus compter sur sa volonté et qu'elle peut bien céder à son désespoir.

Les derniers jours s'écoulèrent dans l'absolue prostration. Dans la nuit du 23 mai, en un effort suprême, elle implorait le pardon de d'Alembert, puis elle retombait épuisée. L'ami n'osa troubler de ses larmes les derniers moments de celle qu'il aimait ; il se tut. On la fit revenir avec des cordiaux, on la souleva : « Est-ce que je vis encore ?... ». Elle mourait. Tous fondirent en larmes et M. de Guibert laissait tomber sur la morte ces paroles entrecoupées de sanglots : « Nous voilà tous séparés, et on peut nous appliquer ces paroles de l'Ecriture : Le Seigneur a frappé le berger et le troupeau s'est dispersé. »

Le testament de mademoiselle de Lespinasse est daté du 11 février 1776. Elle veut que six heures après sa mort on lui fasse ouvrir la tête par un chirurgien de la Charité ; elle veut être enterrée comme les pauvres : ses premières pensées sont pour une pauvre femme et son fils, qu'elle aime, pour sa femme de chambre et son laquais ; puis elle lègue au comte d'Anlezy, à Guibert, à M. de Saint-Chamans, à Suard, à Condorcet, à madame Geoffrin, au docteur Roux, qui devait la suivre de bien près dans la tombe, à d'Alembert, au comte de Schomberg, à de Vaines les objets qu'elle sait devoir leur aller le plus au cœur. D'Alembert cherchera dans ses poches ou dans ses tiroirs deux portraits du marquis de Mora ; il lui fera ôter une bague de cheveux qu'elle a toujours au doigt, enlèvera de sa montre deux petits cœurs l'un de cheveux, l'autre d'or, et il mettra le tout dans une petite boîte qu'il adressera à la duchesse de Villa Hermosa.

Sa lettre à d'Alembert est comme le second testament de son cœur. Dans cette lettre qui commence par : « Je vous dois tout » et qui finit par l'éternel adieu, M. de Mora est toujours présent. Elle supplie d'Alembert de brûler sans les lire tous les papiers qui sont dans un grand portefeuille noir : ce sont les lettres de son ami ; elle le supplie de brûler les lettres qui se trouvent dans son portefeuille rose : « ne les lisez pas, mais gardez son portrait pour l'amour de moi. » Si elle n'a pas disposé du secrétaire où il trouvera cette lettre, qu'il l'envoie chez M. de Guibert en le priant de le recevoir comme une marque de son amitié. Elle le prie de rechercher les lettres qu'elle écrivit au marquis ; il les avait avec lui à Bordeaux : « brûlez-les sans les lire. » Sa mort n'est qu'une faible preuve de la manière dont elle a aimé M. de Mora ; qu'il dise un mot d'elle à madame Geoffrin : elle aimait son ami. (A cette heure solennelle la bienfaitrice s'évanouissait devant l'amie de son ami.) Enfin elle veut être enterrée avec la bague qu'elle a au doigt, sans doute une bague que lui a donnée M. de Guibert.

D'Alembert lut-il les lettres qu'elle le pria de ne pas lire ? En lut-il d'autres ? Il apprit en tous cas la vérité nue. Il perdit sa plus chère illusion ; il comprit qu'il était depuis longtemps mort pour elle. Sa bonté pleura à l'idée que la morte avait pu le quitter sans entendre les accents de sa douleur et de son pardon. Il s'enfuit de la rue Saint-Dominique et alla se loger au Louvre. Il essaya de ressusciter les assemblées des Tuileries d'il y avait dix ans. Mais il ne se consola pas, malgré les bons raisonnements de son ami le roi de Prusse. Son regard sera triste, son sourire amer, sa voix résignée. Il ne causera plus. Il pensera à la pauvre vitrière, qui l'a chéri mieux que ses propres enfants et dont il s'est séparé après vingt-cinq années, qui sont encore les meilleures. Désespérant d'être encore aimé, il mettra tout son espoir *en celui qui console*, et il s'éteindra en 1783.

Madame Geoffrin survécut dix-sept mois à celle qui, en février 76, avait pleuré sa fin prochaine. Clouée dans le lit par la paralysie, elle mourra en pleurant de se voir éloignée de ses meilleurs amis par l'intolérance et les excentricités de sa fille.

M. de Guibert aura des enfants, sera de l'Académie et du Conseil de Guerre, continuera sa vie de dissipation et de succès.

Turgot, que le roi avait renvoyé onze jours avant la mort de mademoiselle de Lespinasse, cherchera dans la science, avec Condorcet, des consolations au bien qu'il n'a pu faire.

D'autres entretiendront leurs vœux et leurs illusions en attendant les échafauds de la Terreur : bienheureux ceux qui quitteront la scène avant le dénouement du drame !

Le salon de mademoiselle de Lespinasse s'évanouit avec elle ; mais l'hôtesse vécut en la mémoire des contemporains comme une des incarnations supérieures de la passion, comme le symbole d'un temps qui s'est enfui bien vite et bien loin. Et lorsque, par une heureuse indiscrétion du conventionnel Barrère, les lettres à Guibert verront le jour en 1809, elles seront dévorées avec admiration, commentées avec enthousiasme.

Ce jour-là, mademoiselle de Lespinasse franchit le seuil de la postérité et elle vivra aussi longtemps que la passion; elle vivra à côté de Sapho, de sainte Thérèse, d'Héloïse, à côté des rares qui ont fortement écrit pour avoir fortement vécu. Et c'est là la littérature perpétuelle : les littératures se succèdent, les systèmes changent, les goûts passent, les modes tourbillonnent, la vie reste.

Elle vivra comme écrivain épistolaire : il est des pages où l'on croit l'entendre. Pourrait-on le dire de beaucoup?

Elle vivra dans ces portraits du marquis de Condorcet et du marquis de Mora, qui émanent d'un La Rochefoucauld féminin, et dans cette suite du *Voyage sentimental* de Sterne, qu'on dirait signée d'un Diderot plus ému.

Elle vivra comme sainte et martyre d'une religion immortelle : l'Amour.

Charles Henry.

Août 1882.

LETTRES

DE

MADEMOISELLE DE LESPINASSE

I

A CONDORCET [1].

(*Mademoiselle de Lespinasse dictant à d'Alembert.*)

Ce samedi, 3 juin (1769).

Vous êtes bien aimable, monsieur, d'avoir pensé à moi en arrivant et je le mérite, car j'ai bien pensé à vous depuis votre départ. Je vois que le perroquet vous a tenu bonne compagnie [2]. S'il est d'aussi grande ressource à

1. Cette lettre et les cinquante-six lettres qui suivent sont conservées autographes dans la collection de M. Minoret, en copies à la bibliothèque de l'Institut.

2. « Mademoiselle de Lespinasse se souvient donc encore de moi! je fais bien plus, je me souviens d'elle, de sa chienne et de son perroquet, grand diseur de sottises. » Lettre de Galiani à d'Alembert écrite de Naples, le 25 septembre 1773, dans sa *Correspondance*, éd. Lucien Perey et Gaston Maugras, Paris 1881, p. 267.

madame votre mère, vous lui aurez fait là un beau présent. Nous parlons souvent de vous, mon secrétaire et moi, et tant d'autres qui vous regrettent.

Mes soins pour votre éducation s'étendent jusqu'à votre absence. Je vous recommande surtout de ne point manger vos lèvres ni vos ongles ; rien n'est plus indigeste ; je l'ai ouï dire à un fameux médecin.

Dites-moi, je vous prie, si c'est à vous que j'ai l'obligation d'une lettre de mademoiselle d'Ussé, qui *me remercie* de ce que pendant votre absence je lui enverrai des nouvelles, quoiqu'en vérité je n'y aie jamais pensé. Je vous assure qu'elle vous regrettera, car certainement je ne prétends pas vous remplacer auprès d'elle.

Autre avis pour votre éducation, et la remarque est de mon secrétaire, homme de grand goût, comme vous le savez, et de grand exemple, et spécialement chargé par mademoiselle d'Ussé de vous former *dans l'usage du monde* : c'est, quand vous parlez, de ne pas vous mettre le corps en deux, comme un prêtre qui dit le *Confiteor* à l'autel. Si vous continuez, vous direz quelque jour votre *mea culpa*. C'est mademoiselle d'Ussé qui vous a donné cette mauvaise habitude pour lui parler de plus près.

Il n'y a rien de nouveau depuis votre départ qu'une excellente lettre de Voltaire à mon secrétaire [1]. Vous verrez tout cela quelque jour, si vous laissez *pousser* vos ongles et si vous vous tenez *droit* en parlant. Je vous recommande aussi vos oreilles, qui sont toujours pleines

---

[1]. Sans doute la lettre datée du 24 mai. (*Œuvres de Voltaire*, édition Beuchot, tome LXV, p. 450.)

de poudre, et vos cheveux qui sont coupés si près de votre tête, en occiput, qu'à la fin vous aurez la tête trop près du bonnet.

Adieu, monsieur, mon secrétaire vous embrasse de tout son cœur et fait, comme vous voyez, de grands frais pour vous.

II

À CONDORCET.

(Mademoiselle de Lespinasse dictant à d'Alembert.)

Ce 18 juin (1769).

Allons, monsieur, vous êtes si docile que mon secrétaire et moi, nous continuons à vous donner de bons avis. Souvenez-vous, comme un grand géomètre que vous êtes, et n'oubliez jamais, quand vous parlez aux *personnes,* que la ligne droite est la plus courte qui puisse être menée *depuis les pieds jusqu'à la tête.*

Je suis bien aise que vous ayez écrit à madame d'Ablois; je voulais vous le mander: tout ce qu'elle aime au monde, c'est à écrire; ainsi elle vous mandera toutes les nouvelles et les vôtres lui ont fait grand plaisir.

Je vous ai donc fait une querelle avec mademoiselle

d'Ussé : ce n'était pas mon intention ; mais je voulais seulement lui faire sentir *tout doucement* qu'on ne doit attendre des soins et des attentions que de ses amis. Lui mandez-vous beaucoup de nouvelles de Ribemont ? Pour moi, je vous sais bien mauvais gré de ne me rien dire de madame votre mère ; vous savez pourtant l'intérêt que je prends à tout ce qui vous touche.

Je ne vous mande point de nouvelles, d'abord parce que je n'en sais point ; en second lieu, parce que je pense que vous ne vous en souciez guère ; en troisième lieu, parce que cela est fort ennuyeux et qu'au pis aller, en se donnant patience, on sait tout ; en quatrième lieu, parce que mon secrétaire est pressé d'aller dîner chez des commères au Marais, car chacun a ses commères. Vous noterez aussi qu'il ne prend la peine d'écrire que pour vous et M. d'Ussé [1].

Madame de Brionne est très menacée d'une fausse couche. Il y a trois semaines qu'elle n'a senti remuer son enfant ; on est inquiet et, je crois, avec une grande raison.

Adieu, monsieur, mon secrétaire ne veut pas que je vous dise un mot de plus ; mais il n'empêchera pas de vous aimer de tout mon cœur, et il vous dit : *Vale*, en son nom, car l'amitié n'exige pas tant de verbiage.

---

1. Louis-Sébastien Bernin de Valentiné, marquis d'Ussé, était petit-fils de Vauban, ami du président Hénault et de madame du Deffand ; il légua à mademoiselle de Lespinasse son *Moreri*. Le président Hénault a fait de lui un portrait flatteur qu'on lira dans la correspondance inédite de madame du Deffand, tome II, 1809, pp. 203-205.

A CONDORCET.

Mademoiselle de Lespinasse dictant à d'Alembert.)

(Juillet 1769.)

D'abord, monsieur, vous avez tort de ne pas dater vos lettres : c'est un avis très important que je vous donne, dussé-je *plier le corps en deux* pour vous le donner. Et puis, vous avez encore tort de faire de la géométrie comme un fou, de souper comme un ogre et de ne pas plus dormir qu'un lièvre. Vous croyez bien que ce n'est pas mon secrétaire qui dit cela, car il n'aurait jamais fait le vers de Voltaire, qui dit en parlant du temps : *Tout le consume et l'amour seul l'emploie.* Il aurait mis : *Tout le consume et l'algèbre l'emploie.* Je suis bien aise que madame votre mère soit mieux. Je souhaite que sa bonne santé se soutienne.

M. d'Ussé est de retour de Lisieux ; il m'a assuré que mademoiselle d'Ussé se portait bien et que la passion ne fait que prospérer. Elle est à un degré effrayant, car elle n'a plus qu'à déchoir. Nous lui avons bien écrit à Lisieux et parlé beaucoup des *dames d'une certaine force*, parce qu'il se vantait d'en recevoir des lettres. Ce mot lui a coûté cher : c'est un aimable homme toujours ; il n'y en a point qui, en vertu et en bonté, soit plus *d'une certaine force*.

Ecrivez à madame d'Ablois, vous saurez des nouvelles par elle, et puis vous entretiendriez par elle connaissance avec tous les Meulan [1] qui vous aiment beaucoup et qui ont senti tout ce que vous valez. Madame d'Ablois est encore à Paris.

Mon secrétaire ne sait pas répondre à toutes les *gracieusetés* que vous lui dites ; il ne sait que vous aimer beaucoup et d'avoir (*sic*) beaucoup de plaisir à vous le dire. Pour moi, monsieur, au milieu d'une vie dissipée et fort ennuyeuse par cela même, je regrette beaucoup la douceur de votre société. Je ne vous dirai pas combien je suis reconnaissante des sentiments que vous me mar-

---

[1]. Famille noble de Picardie dont sont : 1º François de Meulan, écuyer, seigneur d'Ogny, ancien capitaine d'infanterie et chevalier de Saint-Louis, marié le 18 mai 1760 à Anne-Jacqueline de la Fons, née le 13 septembre 1734, à Paris, de Philippe-Gabriel de la Fons et de Jeanne-Madeleine de Commargon ; 2º Charles-Jacques-Louis de Meulan d'Ablois, écuyer, receveur général des finances, qui épousa en septembre 1762 Marguerite de Saint-Chamans, fille de Louis, marquis de Saint-Chamans et de Louise-Charlotte de Malezieu (cf. *Dictionnaire de la Noblesse* par de la Chenaye-Desbois et Badier, tome XIII, col. 791-792.)

quez; je m'acquitte envers vous par le tendre attachement que je vous ai voué.

P. S. — J'ai eu enfin des nouvelles du petit Maly ; je ne sais pas si vous en avez été aussi bien traité. Il va accompagner un jeune seigneur dans ses voyages, et si vous voulez lui écrire, il sera incessamment aux eaux de Spa.

IV

A CONDORCET.

(Mademoiselle de Lespinasse dictant à d'Alembert.)

A Paris, ce 7 août, lundi 1769,
neuf heures et demie et 5 minutes
du matin et quatre secondes.
« Temps moyen.

Voilà, monsieur, ce qui s'appelle une date. Vous ne chicanerez plus. Mon secrétaire ne sait jamais ni ce qu'il dit, ni ce qu'il fait — (pure bêtise de dire cela : cette pensée est du secrétaire) ; ainsi vous ne devez pas être étonné qu'il ait pris le mois de juillet pour le mois d'août ; — (le secrétaire répond qu'apparemment on lui a dicté août et non pas juillet et qu'il écrit ce qu'on lui dicte).

Je commence d'abord, monsieur, par le plus intéressant. Est-ce que votre santé serait moins bonne, ou bien est-ce par goût que vous vous baignez et seriez-vous né sous le signe des poissons — (cette observation astronomique est du secrétaire)? Je crois que vous faites fort mal de lire ce *méchant livre* dans l'eau, parce que les *vents* excitent des tempêtes quand on est sur l'eau et, à plus forte raison, quand on est dedans. C'est une lecture bien creuse pour un homme qui a aussi peu de vent dans la tête que vous. Mais ce que je crains surtout, c'est qu'elle ne soit trop appliquante, surtout dans le bain [1]. Vous croyez donc, monsieur, qu'il n'y a que la géométrie qui emploie véritablement le temps? Voltaire n'est pas de votre avis. Il dit en parlant du temps : *Tout le consume et l'amour seul l'emploie*, et quand Voltaire a fait ce vers-là, il n'était pas si jeune que vous. (Vous avez raison, mon cher confrère, laissez dire les femmes et Voltaire.)

Quand est-ce que vous allez à Ablois, monsieur ? Madame d'Ablois m'a dit qu'elle y serait les premiers jours de septembre. Vous savez que monsieur et madame de Meulan, père et mère, quittent leur terre le premier octobre ; ainsi j'imagine que c'est en septembre que vous irez. Pour moi, quelque désir que j'aie d'y aller, comme on ne m'a fourni aucune facilité, je vois que j'en serai pour mon désir et pour mes regrets. M. d'Ussé a fait deux ou trois voyages à Pontchartrain depuis celui de Normandie, et il compte encore aller passer le mois de septembre à Nantau.

Je comprends que vous regrettiez les témoignages d'a-

1. Il s'agit sans doute des *Réflexions sur la cause des Vents* de d'Alembert, Paris, 1747, in-4°.

mitié que vous receviez, mais tous nos bons auteurs vous diront qu'*une grande passion absorbe tout*. Il faut la [1] laisser jouir de son bonheur sans la troubler de vos regrets. Peut-être vous prépare-t-elle la même fortune et succéderez-vous à monsieur votre oncle [2]. Ce qu'il y a de sûr, c'est qu'il n'est pas question qu'elle revienne, même de l'hiver prochain. J'espère que vos projets ne sont pas changés pour votre retour à la Saint-Martin et je désire bien que la santé de madame votre mère ne s'y oppose pas (et monsieur le directeur ajoute qu'il faut absolument que vous veniez.)

On prétend que le directeur ira au Boulai les vacances, mais il jure que non et s'en défend comme un beau diable.

Adieu, monsieur, vous me devez, je vous assure, un peu d'amitié : la mienne pour vous est bien sincère et sera bien durable. Le secrétaire demande pour lui quelques miettes ou rogatons de cette belle amitié-là.

1. Mademoiselle d'Ussé.
2. Jacques-Marie de Caritat de Condorcet, évêque de Lisieux depuis 1761, né en 1703, mort en 1783. Le 7 juillet 1775, mademoiselle de Lespinasse disait à Guibert : « Il a pris congé de son oncle qui se console d'avoir un neveu à l'Académie parce qu'il a appris qu'il était l'ami intime d'un ministre. » (*Lettres de mademoiselle de Lespinasse*, éd. Asse, 1877, p. 217.)

V

A CONDORCET.

(Mademoiselle de Lespinasse dictant à d'Alembert.)

Ce mardi 22 (août 1769),
du bain où je suis.

Toutes vos commissions sont faites, monsieur, je viens d'envoyer chez M. de Clermont les paquets que M. d'Alembert avait à vous, et je l'ai prié de voir si les numéros auxquels vous vous intéressez portent quelques lots, ainsi il vous le dira. Je compte voir ces jours-ci M. l'archevêque de Toulouse [1] et je lui rappellerai l'intérêt

---

1. Etienne-Charles de Loménie de Brienne, né en 1727, archevêque de Toulouse en 1763, membre de l'Académie française en 1770, cardinal en 1788; il succéda à Calonne aux finances en 1787, et mourut le 16 février 1794.

que vous prenez à cette abbaye, dont vous me parlez. Je suis bien persuadée qu'il y aura égard.

M. d'Ussé est à Paris, je lui ferai vos compliments. Il est fort occupé de l'agitation où est mademoiselle sa sœur pour tous les procès de monsieur votre oncle ; il m'a conté le tout au plus long. Ce que vous dites sur les Normands est fort plaisant.

J'aurais été bien aise d'aller à Ablois dans le temps où vous y serez ; mais je vais faire un autre voyage au Boulai le 7 septembre jusqu'à la fin, et M. le directeur vient avec moi pour me *diriger* à la place de l'Académie.

Si vous n'êtes pas au fait de l'affaire de la compagnie des Indes, faites-vous donner tous les mémoires à Ablois. Il y en aura deux de l'abbé Morellet et un de M. Necker [1]. Lisez aussi à Ablois dans l'*Esprit de Marivaux*, à la page 67, la lettre d'un père sur son fils ingrat. Lisez aussi la *Fausse Délicatesse*, comédie du nouveau théâtre anglais traduit par madame Riccoboni. Demandez tout cela à madame de Meulan, la jeune.

M. de Clermont vous contera en détail l'état de madame de Brionne. Il y a bien longtemps que je ne l'ai vue ; on m'a dit qu'on lui avait déclaré qu'elle n'était plus grosse. Sûrement cela l'aura très affligée et j'en suis très fâchée. Je ne sais point du tout de nouvelles. J'ai reçu hier votre lettre, ainsi je ne puis y répondre plus exactement.

Adieu, monsieur, il est très incommode de dicter à un homme aussi *admirable* que mon secrétaire, qui fait

[1]. Le privilège de la Compagnie fut suspendu par le ministre Maynon d'Invau le 30 août 1769 ; le 7 avril 1770, l'abbé Terray mettait fin au monopole, à la grande irritation des actionnaires.

d'aussi beaux mémoires à l'Académie, ou qui est aussi maussade *à la maison*. Tout maussade qu'il est, il vous embrasse de tout son cœur et vous attend à la Saint-Martin.

P. S. — Je vous prierai, monsieur, de me mander d'Ablois, avec toute la vérité dont vous êtes capable, comment vous aurez trouvé M. de Saint-Chamans et s'il observe fidèlement son régime. Vous voudrez bien l'embrasser pour moi.

VI

A CONDORCET.

(*Mademoiselle de Lespinasse dictant à d'Alembert.*)

Au Boulai, par Nemours, ce 9 septembre (1769).

Et moi aussi, monsieur, me voilà à la campagne[1] ainsi que mon secrétaire (qui vous *salue*) et c'est en vérité comme si j'avais fait le tour du monde, tant le déplacement est désagréable pour moi. Il est vrai que nous avons été malheureux. Nous sommes arrivés par un temps exécrable dans une voiture mal fermée, avec le vent et la pluie. Il n'y a ici que nous d'étrangers. Nous en sommes fort aises ; mais nous le serions bien plus de vous avoir.

1. « C'est un bonheur que je n'ai jamais éprouvé que d'être à la campagne avec ce que l'on aime le plus dans le monde. » Lettre à Guibert du 17 octobre 1775, éd. Asse, page 253.

Nous remplissons nos journées de lectures fort agréables et quand il fera beau nous y joindrons le *divertissement* de la promenade.

Je vous crois à Ablois et en conséquence je vous y adresse ma lettre. J'aurais été enchantée d'y être avec vous. Mais pour cela il ne fallait pas que le plaisir ne fût que pour moi, c'est-à-dire qu'il aurait fallu que les maîtres de la maison eussent levé les difficultés du voyage. Vous me manderez si vous les avez trouvés en bonne santé et surtout M. de Saint Chamans[1]. Je ne suis pas en peine que vous l'aimiez si vous le connaissiez. Je suis bien sûre aussi du sentiment que vous lui inspirerez.

Vous n'êtes pas tout à fait bien instruit sur le chapitre de Lisieux. M. d'Ussé prétend qu'il y a quatre chanoines qui ont protesté — (le secrétaire voulait faire là-dessus ses réflexions, mais on les lui interdit, et c'est bien le plus petit sacrifice qu'il puisse faire).

Dez sera professeur à l'école militaire, à la nomination de M. d'Alembert; c'est une bonne place et qui serait encore meilleure s'il n'était pas marié, car il ne pourra pas avoir sa femme avec lui. M. d'Ussé doit venir aujourd'hui à Nantau, chez madame la comtesse de Choiseul, à deux lieues d'ici. Je compte bien le voir beaucoup.

Adieu, monsieur, je vous prie de dire mille choses

---

1. Né en 1747, colonel du régiment de la Fère en 1771, il épousa en 1773 Céleste-Augustine-Françoise Pinel du Manoir; il était fils de Louis, marquis de Saint-Chamans du Peschier et de Louise-Charlotte de Malezieu, et frère de madame de Meulan; il mourut le 22 juillet 1785, rue de Clichy (*Archives Nationales*).

pour moi à Ablois, à tout le monde. Je voudrais bien que le petit enfant de madame de Meulan ne lui donnât plus d'inquiétude.

Le secrétaire vous embrasse et vous attend. Madame d'Héricourt [1] vous fait mille compliments. M. son fils n'est pas ici, à mon grand intérêt. (?)

---

1. Femme du conseiller à la 1re chambre des enquêtes avec lequel d'Alembert était lié depuis longtemps.

VII

A CONDORCET [1].

Ce vendredi, 27 juillet 1770.

Venez à mon secours, monsieur, j'implore tout à la fois votre amitié et votre vertu. Notre ami, M. d'Alembert est dans un (*sic*) état le plus alarmant ; il dépérit d'une manière effrayante ; il ne dort plus, et ne mange que par raison ; mais ce qui est pis que tout cela encore, c'est qu'il est tombé dans la plus profonde mélancolie ; son âme ne se nourrit que de tristesse et de douleur ; il n'a plus d'activité ni de volonté pour rien ; en un mot, il périt si on ne le tire par un effort de la vie qu'il mène. Ce pays-ci ne lui présente plus aucune dissipation ; mon amitié, celle de ses autres amis ne suffisent pas pour

1. Publiée pour la première fois dans les *Œuvres de Condorcet*, 1847, tome 1, page 278.

faire la diversion qui lui est nécessaire. Enfin, nous nous réunissons tous pour le conjurer de changer de lieu et de faire le voyage d'Italie : il ne s'y refuse pas tout à fait, mais jamais il ne se déterminera à faire ce voyage seul, et moi-même je ne le voudrais pas ; il a besoin des secours et des soins de l'amitié, et il faut qu'il trouve tout cela dans un ami tel que vous, monsieur. Vous êtes selon son goût et selon son cœur ; vous seul pouvez nous l'arracher à un état qui nous fait tout craindre. Voilà donc ce que je désirerais, et que je soumets bien plus à votre sentiment qu'à votre jugement : c'est que vous lui écrivissiez qu'il serait assez dans vos arrangements de faire le voyage d'Italie cette année, parce qu'il vous est important de profiter du séjour qu'y doit faire M. le cardinal de Bernis. Vous partiriez de ce texte pour lui dire que vous désireriez qu'il voulût bien faire ce voyage avec vous, et que vous pensez que cette espèce de dissipation le remettrait en état de travailler, et par conséquent de jouir de la vie, ce qu'il ne fait point depuis qu'il est privé du plus grand intérêt qu'il y eût, qui est le travail, etc., etc. Vous sentez bien que cette tournure est nécessaire, parce que, quelque confiance qu'il ait en votre amitié, il craindrait d'en abuser en vous demandant de faire ce voyage dans ce moment-ci. D'ailleurs, il ne veut rien assez fortement pour solliciter, il faut aller au-devant de lui; il me dit sans cesse qu'il n'y a plus pour lui que la mélancolie et la mort, et il s'y livre d'une façon à désoler ses amis. Vous partagez mon sentiment, monsieur, et il n'y a que vous qui puissiez nous conserver l'ami le plus sensible et l'homme le plus vertueux. Ne perdez point de temps, monsieur : il faudrait pouvoir partir à la fin de septembre. Je croirais vous blesser en vous parlant des difficultés personnelles que vous aurez sans doute à vaincre ; mais vous êtes sensible et vertueux, vous aurez l'activité, la générosité et la force nécessaires, et c'est M. d'Alembert qui est votre ami. S'il fallait faire un sacrifice dans votre vie, y eût-il jamais personne qui le méritât plus que votre malheureux ami ? J'ai le cœur navré, je vous parlerais d'ici à demain sur le même sujet, et j'attristerais peut-être votre âme, et j'aurais à me reprocher de l'affaiblir, et il vous faut de la force. Courage, monsieur, vous êtes dans cet heureux âge où la vertu a toute son énergie. Vous comprenez bien qu'il faut que M. d'Alembert ignore ce que je vous ai écrit.

M. d'Alembert me surprend à vous écrire, et je viens de lui avouer de bonne foi que je vous proposais le voyage d'Italie. Il m'y paraît décidé. Partez de là, monsieur, pour prendre vos arrangements avec lui, mais promptement. Il ne faut pas laisser refroidir une volonté qui sera aussi salutaire à sa santé, et par conséquent aussi nécessaire au bonheur de ses amis. Venez, venez, ou du moins n'ayez pas une pensée ni ne faites pas un mouvement qui ne soit relatif à cet objet¹.

1. Les deux amis partirent ensemble, mais ils ne dépassèrent point Ferney ; d'Alembert avait obtenu du roi de Prusse un subside de six mille livres ; il voulut, à son retour, restituer la somme qui lui restait : le prince s'y refusa, et d'Alembert employa l'argent à des œuvres de charité.

VIII

A CONDORCET.

Samedi au soir (avril 1771).

Votre amitié est bien aimable, monsieur, personne n'en jouit avec un plaisir plus sensible que moi, ni n'en connaît mieux tout le prix. Elle me fait sentir et partager la disposition de tristesse où vous êtes ; j'espère qu'elle ne sera que momentanée : l'étude y fera diversion, et puis l'espérance que vous avez de revoir vos amis doit soutenir votre âme et même l'animer par le plaisir. Vous avez sûrement très souvent des nouvelles de madame de Meulan ; elle vous mande tout ce qu'elle sait et ce soin-là prouve combien elle est flattée de vous avoir inspiré un vrai sentiment. La santé de M. son frère [1] est bien délabrée, et cela me fâche fort, car il

---

1. Le vicomte de Saint-Chamans.

n'y a point de bonheur que je ne lui désire et dont il ne soit digne : l'affaire de ce régiment ne finit point ; mais tout est de même, au moins ce qui regarde les particuliers, car assurément on ne peut pas se plaindre des événements publics ; ils sont multipliés à l'infini. On vous mandera les détails de ce qui s'est passé aujourd'hui : il y en a bien long et je ne saurais par où m'y prendre pour vous en informer.

Votre absence est un grand vide pour M. Turgot ; il s'en faut bien que je vous aie suppléé.

A propos de M. Turgot, il n'a toujours point reçu le second et le troisième volumes de Robertson [1]. J'en ai écrit à votre libraire, qui n'a pas daigné me répondre. Je suis persuadée qu'il n'a pas envoyé ces volumes et qu'ils sont encore chez lui. Je vous prierai de lui écrire pour lui en faire des reproches : cela prive M. Turgot du plaisir de cette lecture.

Je me plains de tout le monde, car je n'ai vu qu'une fois votre laquais depuis votre départ, encore a-t-il fallu l'envoyer chercher rue Montmartre ; il est plus court de s'en passer.

Ma santé est toujours misérable. Je ne suis pas trop contente de celle de M. d'Alembert : il est abattu et triste depuis quelques jours ; il s'est remis à travailler et je crains qu'il ne retombe dans le même état où il était l'année dernière : cela serait affreux, car il n'y aurait plus la ressource du voyage.

M. de Clausonette vous aime beaucoup ; nous vous

1. Sans doute : *History of Charles V* , 1769, 3 vol. in-4. Né en 1721, William Robertson est mort le 11 juin 1793.

regrettons souvent ensemble. Je crois que M. d'Héricourt reviendra bientôt du Boulai. Madame sa mère n'a point été dans son exil ; cela était bien difficile. Avez-vous écrit à madame de Meulan, la mère, ou à son mari ? cela serait honnête. Je crains qu'elle ne se soit trop aperçue de la préférence que vous donnez à sa belle-fille. Comment vous traitent monsieur votre oncle et mademoiselle d'Ussé ? son frère n'est pas mal : il va toujours tant que terre peut le porter.

Adieu, monsieur, je ne vous parle pas de mes sentiments : ils sont *inviolables* et bien tendres.

IX

A CONDORCET.

Samedi, 4 mai (1771).

Vous avez de si bons et si exacts correspondants, monsieur, que je ne me suis point piquée de vous instruire des nouvelles dont je ne sais jamais bien que les résultats. Mon attention et mon intérêt ne peuvent atteindre aux détails. D'ailleurs, je suis tombée dans un état d'hébétement qui fait que je ne saurais plus souffrir ni de lire ni d'écrire. Il me semble que les livres ne m'apprennent rien et ne m'amusent point. Et quant à ce que je peux écrire, je suis bien sûre que rien ne vaut la peine d'être dit. Je me demande presque toujours avant que d'agir : *à quoi bon ?* et je n'y trouve rien à répondre [1]. La plume tombe des mains et je reste sans mouvement. Oui, *à quoi bon* écrire même à ses amis ?

[1] « Mon premier mouvement sur tout est de me dire : *à quoi bon ?* et je n'ai pas encore trouvé de réponse à cette question. » (Lettre à Guibert, 1774, page 71, éd. Eug. Asse.)

Qu'est-ce que cela ajoute à la conviction qu'ils doivent avoir de la vérité et de la tendresse de mon amitié? A quoi *bon* de leur écrire? Si par là on pouvait leur être plus agréable, en les amusant par ce qu'on aurait à leur dire... Mais voilà un bonheur auquel je suis loin de prétendre. Mon âme est morte à toute espèce de dissipation. Il y a une certaine heure dans la journée où je monte ma *machine morale* comme je monte ma montre tous les jours. Et puis le mouvement une fois donné, cela va plus ou moins bien. J'entends dire que je suis gaie et cela me ravit que, sans y mettre de fausseté, mais seulement le projet de conserver ma société, je puisse parvenir à vaincre ma disposition au point de me faire croire gaie. Ce qu'il y a de singulier, c'est que personne ne démêle l'effort qu'il me faut pour paraître ce qu'on me juge être réellement. Mais c'est qu'on n'observe guère dans la société, et c'est bien fait, car il n'y a pas grand'chose à gagner à mieux voir que les autres.

Vous savez que c'est lundi, 13, la réception de l'abbé Arnaud [1]. Je n'irai point, quoique j'aie bien bonne opinion de son discours.

Vous savez que M. d'Héricourt est au Boulai; madame d'Héricourt y est allée jeudi. Je crois que j'irai y passer le mois d'août; si vous pouviez y venir, cela me

---

1. Né le 27 juillet 1721 à Aubignon près de Carpentras; rédacteur du *Journal* et de la *Gazette littéraire de l'Europe*, il soutint avec ardeur les causes de la philosophie et de la musique de Gluck; amateur forcené de musique, il était encore érudit: le recueil de l'Académie des Inscriptions renferme des mémoires de lui sur les accents grecs; il est mort le 2 décembre 1784, et ses œuvres complètes ont été imprimées à Paris, 1808, 3 vol. in-8.

donnerait bien du courage. Nous aurions M. de Clausonette, qui vous aime tendrement : c'est un homme d'un excellent esprit et d'une société bien agréable. M. d'Alembert est mieux, parce qu'il ne travaille point ; il était au moment de retomber dans l'état où il était l'année dernière. M. de Saint-Chamans a l'estomac en bien mauvais état ; cela me fait peur pour sa poitrine. Je connais mille gens qui sont morts de la poitrine en croyant n'avoir que l'estomac dérangé. L'affaire de son régiment n'est point finie : cela est insupportable.

Je vais tout à l'heure à *Bayard* [1] où je suis presque sûre de m'ennuyer. Cependant cette pièce a presque le même succès que le *Siège de Calais* [2]. Ce qu'il y a de bon, c'est que tous les gens qui ont l'âme un peu *élevée* y pleurent à chaudes larmes. Moi, qui suis faible et commune, je parierais que je ne serai pas même émue.

Adieu, monsieur, voilà un bien long bavardage : n'allez pas dire *à quoi bon ?* Car vous n'y trouveriez pas plus de réponse que moi et, pour lors, je vous aurais ennuyé et j'en serais bien plus fâchée pour vous que pour moi.

M. d'Anlezy [3] est parti : c'est une grande privation pour moi.

1. Tragédie de du Belloy.
2. Tragédie de du Belloy représentée pour la première fois en 1765.
3. Jean-Pierre de Damas, comte d'Anlezy, fils de Louis-François, comte d'Anlezy et d'Angélique de Gassion, né le 7 mars 1734, mestre de camp en 1765, brigadier en 1788, avait épousé le 4 avril 1758 Michelle-Perrette Le Veneur de Fillières, nièce de la duchesse de Châtillon, première douairière. Il est mort le 5 septembre 1800. Madame du Deffand l'appelle le *vilain bossu* (à Horace Walpole, 26 mai 1776).

X

A CONDORCET.

Lundi, 16 septembre (1771).

J'ai donc été bien dure pour le bon et excellent Condorcet ? Et lui, qui est bien tendre, répond avec intérêt et amitié à ma manière brutale et incivile ; mais c'est qu'il sait bien que je suis bien réellement touchée des marques de son amitié. Il faudrait être imbécile et injuste pour ne pas y être sensible et pour n'y pas répondre de toute son âme. Vous êtes trop bon et trop aimable de vous occuper de mes maux : ne croyez pas que je les dédaigne, ni que même je les supporte avec courage. J'en suis très affectée et si je n'en parle pas, c'est pour ne pas ajouter à l'ennui que doit causer ma maussaderie ou l'abattement qui est depuis longtemps mon état habituel. Croyez que je fais le remède le plus difficile et le plus efficace de tous, celui du régime et des privations.

De plus, j'ai consulté et je savais d'avance ce qu'on me répondrait ; il faut du temps, de la patience. Hé! mon Dieu! Quand on a une fois passé trente ans, il n'y a plus que ce remède-là à tous les maux de l'âme et du corps ; je ne prétends pas dire qu'on ne guérisse quelquefois d'une fièvre maligne ou des chagrins de la vanité ; mais seulement qu'il y a un âge où il y a de la sottise à se leurrer de vaines espérances. Ne me parlez plus de moi ; c'est m'occuper de tout ce que je hais le plus au monde et que je fais de mon mieux pour oublier.

Vous ne m'avez point dit si vous continuiez à vous bien porter. L'affaire de ces messieurs est dans le même état, avec cette différence que je crains que M. Suard [1] n'ait pas la place de secrétaire de la librairie : je ne puis vous exprimer l'espèce de torture où cette incertitude met mon âme.

1. Né à Besançon le 16 janvier 1733, il vint à Paris où il mena longtemps une existence assez difficile, mais toujours fière. On connaît ce mot : Madame Geoffrin lui dit un jour: « Quand on n'a pas de chemises, il ne faut pas avoir de fierté. — Au contraire, reprit-il, il faut en avoir afin d'avoir quelque chose.» Vers 1751, il épousa la sœur de Panckoucke; en 1762 il eut avec l'abbé Arnaud la rédaction de la *Gazette de France;* le mauvais vouloir du duc d'Aiguillon la lui fit retirer en 1771 ; élu avec Delille membre de l'Académie française en 1772, il ne put y être admis qu'en 1774 à la place de l'abbé de la Ville. Pendant la Terreur, il parvint à se faire oublier; après le 18 brumaire, il sut ménager les pouvoirs et cependant garder une indépendance relative ; toujours il fut monarchiste. Il est mort le 20 juillet 1817 avec la réputation d'un journaliste de talent et d'un agréable homme du monde. Il faut lire pour bien l'apprécier les *Mémoires et Correspondances littéraires* de M. Charles Nisard.

Je vous remercie mille fois d'avoir bien dit à madame de Meulan combien je suis occupée de ses bontés et du regret de ne pas la voir. Je serais ravie de voir ses beaux jardins ; je suis persuadée qu'ils me plairaient beaucoup. Dites à M. de Meulan qu'Ablois me fait regretter de n'avoir pas le don des fées : je me trouverais régulièrement tous les jours à sa promenade. J'admirerais avec lui et je me servirais de mon génie pour faire qu'en jouissant toujours, il y eût toujours quelque chose à créer, car voilà le secret de se plaire toujours dans les mêmes lieux. Madame de Meulan m'a promis de me dire des nouvelles de son voyage ; je voudrais qu'elle n'en eût pas été plus fatiguée que monsieur son fils qui, je suis bien sûre, n'en a pas moins sauté en arrivant.

J'ai distribué vos compliments. Tout le monde vous aime et vous remercie ; il y a trois jours que je ne suis sortie : cela m'est fort doux. J'ai vu beaucoup de monde et nous avons eu une conversation excellente et vous me croirez quand je vous nommerai les acteurs : MM. Arnaud, Suard, Mora, Clausonette, Morellet, etc., etc. J'oublie le chevalier [1] qui ne vous a point oublié. Je vous prie de me rappeler à l'honneur du souvenir de tous les habitants d'Ablois. Voilà une bien longue lettre ; n'allez pas vous *flatter* que cela se répète souvent ; c'est au-dessus de mes forces, mais je n'en aimerai pas moins le bon Condorcet.

Adieu, donc.

1. De Chastellux.

XI

A CONDORCET.

Ce samedi, 28 septembre (1771).

Vous êtes *insupportable,* bon Condorcet, de me dire que vous serez bien aise d'avoir de mes nouvelles avant que de quitter Ablois ; avec cette manière vous m'ôtez la liberté de vous refuser et cependant je suis accablée d'écriture, de rhume et de bêtise. Il me restera pourtant la force de vous gronder. Il me semble que c'est un tort en vous que d'être malade. Avec un peu de courage, votre âme et votre corps seraient en meilleur état ; vous êtes, en fait d'expérience, comme lorsque vous êtes sorti du collège. Cependant la réflexion devrait y suppléer ; en un mot, il y a une sorte de faiblesse, qui flétrit l'âme, à attacher son bonheur à un objet qui ne sera rien pour vous tant que vous ne vous réduirez pas à la simple amitié. Oui, allez chez vous, faites de la géométrie ; il n'y a rien qui ne vous soit meilleur que la conduite que vous tenez depuis deux mois. Soyez de bonne foi avec vous-même, dites-vous bien qu'il faut que vous guérissiez et ne reveniez à Paris que lorsque vous croirez y avoir réussi. N'allez pas dépenser inutilement votre sensibilité et détruire votre santé. Ayez un peu de force pour être, sinon heureux, du moins calme : tous vos amis gémissent et s'affligent de la disposition où vous vous livrez et il y en a qui vous l'ont dit.

Je viens d'avoir des nouvelles de M. Turgot ; il ne souffre plus ; mais il ne peut pas marcher ; il a reçu tous les paquets qui avaient été le chercher à Clermont.

Dites à madame de Meulan que j'irai demain dimanche dans sa loge entendre *le Fils naturel*[1] ; j'ai espéré qu'elle me pardonnerait de la demander à M. et à madame de La Vrillière. Ce dernier y viendra, s'il ne va pas à Voissi voir madame de Sabran. Dans une effusion de bon cœur il a offert à madame de Champeron d'y aller, qui l'a pris au premier mot ; il m'a paru qu'alors M. de La Vrillière trouvait qu'il avait été trop loin et trop vite.

M. d'Anlezy est de retour de ce matin ; il m'a déjà demandé de vos nouvelles. Les siennes ne sont pas excellentes ; il est encore maigri.

M. de Saint-Chamans arrivera vendredi. Dites à madame sa sœur que je la prie à souper chez moi ce jour-là et que je prendrai à outrage son refus.

1. De Diderot. « C'est, dit Collé, une pièce d'un homme de beaucoup d'esprit (car il y en a dans ce mauvais ouvrage), mais qui n'a ni génie, ni talent pour le genre dramatique.» (A. Royer, *Histoire universelle du théâtre*, tome IV, page 108.)

Vous êtes bien bête, bon Condorcet, de ne me pas dire un mot de personne ; j'en conclus que tout le monde se portait bien et me *faisait bien des compliments*. N'est-ce pas voir les choses comme il faut ?

- Nos amis sont toujours dans la même incertitude sur leur sort ; mais cependant ils ne diminuent pas d'espérance qu'on le leur fera honnête.

Bonjour, je ne me porte point bien, cependant j'ai dormi quatre heures cette nuit ; à la vérité j'en avais été douze dans mon lit. Avez-vous su que M. d'Ussé a donné un repas de noces aux Choiseuls ? Il y avait force musique française : cela devait être beau et bon ; il m'a envoyé proposer de venir manger les restes hier matin ; j'ai refusé. Adieu, adieu.

Notre ami Loiseau a été à l'agonie, mais il se tirera d'affaires. On dit que M. de Monthion est intendant d'Aix.

XII

A CONDORCET.

(*Mademoiselle de Lespinasse dictant à d'Alembert.*)

A Paris, ce 15 octobre (1771).

Mon revêche secrétaire veut bien écrire à mon bon Condorcet ; il ne fait pas cet effort pour beaucoup d'autres. Il est, ainsi que moi, très inquiet et très fâché du dérangement de votre santé ; il faut que vous nous en disiez des nouvelles, mais avec vérité. Ce n'est pas ce que nous souhaitons qu'il faut nous dire, mais ce qui est. Votre âme est-elle plus forte? Votre tête plus assurée ? Avez-vous trouvé une augmentation de mal dans l'éloignement? Etes-vous déterminé à vivre de douleurs (et de sottise : cette addition est du secrétaire)? Ne vaudrait-il pas mieux vous faire effort pour guérir et prendre pour cela tous les moyens convenables? J'entends dire que le plus sûr est l'absence. Je serais bien affligée pourtant qu'il n'y eût que celui-là ; il m'en coûterait beaucoup de ne pas vous voir ; mais je désire votre bonheur, ou du moins votre repos avant tout. Il y a tant de gens qui vous aiment et vous écrivent que je suis persuadée qu'il ne me reste rien à vous apprendre. D'ailleurs vous connaissez l'homme à qui je dicte. Portez-vous mieux : voilà la nouvelle qui l'intéresse et moi aussi. Ma santé est toujours mauvaise ; cependant je souffre moins. Vous êtes une grosse bête d'avoir pris l'écriture de M. d'Anlezy pour celle du chevalier de Chastellux.

Adieu ; mon secrétaire, qui vous a écrit il y a quelques jours, espère, dit-il, que vous suivrez ses conseils.

XIII

A CONDORCET.

(*Mademoiselle de Lespinasse dictant à d'Alembert.*)

A Paris, ce 1er novembre (1771).

J'ai désiré vous écrire tous les jours. J'ai regretté de ne le pas faire ; mais M. d'Alembert m'a dit vous avoir écrit et cela a un peu consolé mes remords. Ce que vous me disiez de votre état, il y a quinze jours, n'est pas trop satisfaisant : cette sensibilité physique prouve que vous avez les nerfs attaqués et cela me fait craindre que vous ne soyez bien souvent souffrant. D'ailleurs ces étourdissements, sans être inquiétants, mériteraient pourtant que vous songeassiez à les guérir. Quant au moral, je ne suis pas dans le cas de pouvoir donner des conseils. Je suis intimement persuadée qu'il faut se résoudre à souffrir, et si par hasard on a une espèce de mal auquel il se joigne quelque plaisir, je ne sais pas où l'on trouverait de la force pour le combattre. Ainsi faites donc ce que vous croirez le meilleur. Tâchez seulement d'éviter le ridicule attaché au rôle de sigisbé; ils ne sont pas d'usage en France.

J'espère que M. *votre oncle* aura changé de rôle et qu'il ne jouera plus celui de malade imaginaire; il doit être hors de convalescence.

Vous ne me dites rien de la santé de madame votre mère. J'imagine que c'est bon signe, parce que vous ne doutez pas du tendre intérêt que je prends à tout ce qui vous touche.

Je ne sais si vous savez que M. l'évêque de Lisieux vient au mois de janvier avec mademoiselle d'Ussé. M. d'Ussé est actuellement à Pont-Chartrain [1]; rien ne peut ralentir son goût pour aller. M. de Pons [2] se meurt; cela me fâche pour M. d'Ussé; cet exemple est effrayant pour lui; il est dans des douleurs affreuses et il a un courage de stoïcien.

Vous savez par madame Suard que son affaire n'est pas finie; ses amis en sont sûrement plus affectés qu'elle. Vous ne sauriez assez aimer cette jeune femme : elle vous aime tendrement et elle est vraiment capable de sensibilité; votre affection pour elle pourra contribuer

---

1. Terre de M. de Maurepas.
2. Peut-être Claude-Joseph de Pons né le 31 mars 1704, avocat du roi au Bailliage de Briançon, qui épousa Madeleine Roux de la Croix le 17 décembre 1725.

à son bonheur et voilà, si l'on choisissait en fait de sentiment, ce qu'il faudrait prendre.

On croit que madame de Mellet [1] a la petite vérole. Cela était encore douteux hier ; elle est au vingtième jour de sa couche.

Vous savez que madame de Meulan arrive demain. Je n'ose pas vous dire que j'ai envie de vous revoir. Je voudrais que vous fissiez ce qui vous fera le moins de mal possible, soit de rester, soit de venir. L'*Ami de la maison* [2] n'a pas eu un succès complet à Fontainebleau. M. de Clausonette part dans ce mois-ci, à mon grand regret. Tout le monde est encore en course ; c'est le moment où il y a le moins de monde à Paris ; mais je n'ai jusqu'ici regretté aucune campagne. Au contraire, je m'applaudis tous les jours de n'y point être.

L'élection de l'Académie française sera vers le 20. Vous avez su que M. de Maupeou, président à mortier, est devenu colonel du régiment de Bourgogne, cavalerie. On dit que M. le duc de Cossé [3] aura l'ambassade d'Angleterre.

Adieu, monsieur, vous connaissez la sincérité et la tendresse de mon attachement. Mon secrétaire vous embrasse de tout son cœur et ne souhaite de vous revoir que guéri.

1. De cette famille noble d'Auvergne connue encore sur le nom de Méallet, Méallet (de Fargues.)
2. Opéra-comique de Grétry.
3. Louis-Hercule-Timoléon, duc de Cossé-Brissac, fils du maréchal de France, né en février 1734, capitaine-colonel des Cent-Suisses, gouverneur de Paris, massacré en septembre 1792.

XIV

A CONDORCET.

Ce lundi, 18 novembre *(1771)*.

Mon Dieu! que vous seriez injuste et que je serais affligée si vous alliez juger de mon amitié par mon peu d'exactitude. Je me fais des reproches; j'ai des regrets; mais la mauvaise santé et le manque de sommeil ne me laissent pas la liberté de faire ce qui me plairait le plus. J'ai été toute la semaine dernière dans un état qui ne me permettait ni de penser, ni d'agir; il faut donc avoir pitié de moi, croire que personne n'a pour vous une amitié plus vraie et plus tendre et qui me ferait trouver la force de vous écrire tous les jours si je pouvais croire que cela vous fût nécessaire; mais je sais que vous avez des personnes qui ne vous laissent rien ignorer. Madame Suard et madame de Meulan sont deux correspondantes qui valent bien mieux que moi; elles se portent mieux et elles ont plus de temps.

Madame Suard vous aura mandé que nous étions à la suite d'une place qui vaut mille écus, mais qui n'est pas sans désagrément ; elle met dans la dépendance de quarante ou cinquante Pairs ; cette considération fait que si M. Gaillard [1] a la préférence je m'en consolerai. L'on dit aussi que M. d'Aiguillon la demande pour un protégé à lui, dont j'ai oublié le nom. Si cela se confirme, M. Suard se retirera, car il serait bien fâché de déplaire à M. le duc d'Aiguillon; il lui a demandé sa volonté sur cela. Vous savez qu'enfin M. Turgot arrive dimanche ou lundi; quelque plaisir qu'il eût à vous voir, je vous conseille bien de ne revenir que lorsque vous vous croirez assez fort pour arrêter le progrès de votre mal, car c'est une cruelle chose que de se dévouer à la souffrance sans objet.

Azor ou *La Belle et la Bête* [2] a eu le plus brillant succès qu'on ait jamais vu à la cour. Le comte de Creutz [3] dit que tout le monde en est sorti ivre-mort de plaisir. Pour lui, il n'est plus en son pouvoir de penser à autre chose; il chante sans s'en apercevoir.

1. Né à Ostel en 1726, membre de l'Académie des Inscriptions en 1760, de l'Académie française en 1771, a laissé entre autres ouvrages historiques, une *Histoire de François Ier*, Paris, 1766-1769, 7 vol. in-12, une *Histoire de la Rivalité de la France et de l'Angleterre*, Paris, 1771-1777, 11 vol. in-12, une *Histoire de la Rivalité de la France et de l'Espagne*, Paris, 1801, 8 vol. in-12 ; il est mort le 13 février 1806.
2. Opéra-comique de Grétry.
3. Ambassadeur de Suède.

Je ne sais si M. d'Alembert vous a mandé qu'il se portait bien ; il est de fort bonne humeur. Il est fort occupé de l'élection de l'Académie, qui se fera samedi. Il paraît certain que ce sera du Belloy [1]. On ne parle d'aucun concurrent. Il y a si longtemps que M. le comte de Clermont est mort que le public a oublié s'il y avait une place à l'Académie.

M. d'Ussé vous écrit-il et vous mande-t-il qu'il a joué une parade à Pont-Chartrain, qu'il a fait Arlequin, Pierrot et en habit de caractère ? cette goguette est bien triste ; c'est forcer nature, la santé est bien frêle, il a à tous moments des accidents et il va toujours.

Madame de Maurepas est revenue hier de la campagne. Je crois que son premier voyage sera à Saint-Sulpice ; elle est en bien mauvais état.

M. de Clausonette part les premiers jours du mois ; j'en suis bien fâchée ; il me manquera beaucoup. Tous nos amis se portent bien et vous aiment tous selon leur mesure.

Adieu, je ne suis pas contente de ce qu'on me dit de votre santé, vous prenez trop de café ; je le crois bien contraire à l'état où sont vos nerfs. Je ne veux pas oublier de vous dire que Henri a toutes sortes de soins de moi ; il vient me demander sans cesse si j'ai besoin de lui, dites-lui que je vous ai fait part de sa bonne volonté ; cela l'en récompensera.

1. Il fut reçu le 9 janvier 1772 ; né à Saint-Flour, en Auvergne, le 17 novembre 1727, il est mort le 5 mars 1775. Ses œuvres ont été publiées par Gaillard en 6 vol. in-8, Paris, 1779.

XV

A CONDORCET.

Ce 14 juin (1772).

J'ai bien reconnu la bonté et l'attention du bon Condorcet ; il arrive à peine qu'il s'occupe de ses amis, qui le regrettent et qui l'aiment tendrement. Je voudrais qu'il mît un peu de force dans sa conduite et qu'enfin cette absence-ci le guérît d'une maladie qui flétrit son âme et détruit sa santé. Faites-vous effort. Abandonnez une chimère dont vous n'obtiendriez jamais ni plaisir ni consolation. Soyez heureux par vos amis et ne leur donnez pas le chagrin de vous voir dégrader en vous rendant l'esclave d'une personne dont vous dites vous-même que vous ne serez jamais l'ami. Croyez-moi, écrivez peu, une fois tous les quinze jours. Prenez votre parti de ne point aller à Ablois. N'annoncez pas votre projet, parce que peut-être le combattrait-on et, en vérité, vous n'êtes pas fait pour servir de remplissage et pour jouer le rôle de complaisant. Enfin, je prie le bon Condorcet d'avoir une fois assez de force pour combattre un sentiment qui empoisonne la vie sans y trouver le moindre dédommagement. J'espère qu'il ne se méprendra au motif qui m'anime; c'est, je vous assure, le plus tendre intérêt. Vous feriez bien d'écrire à madame de Saint-Chamans, elle vous aime beaucoup et elle se fera un plaisir de vous répondre avec exactitude. Je crois que vous feriez bien d'écrire quelquefois à madame de Meulan, la mère. Je crains qu'elle n'ait trop vu l'objet de vos soins, et que ceux qui étaient pour elle n'aient par là perdu beaucoup de leur prix.

M. de Mora a passé hier l'après-dîner chez moi; il était fort bien; mais l'avenir m'effraie : trois cents lieues d'éloignement et une maladie mortelle ! Cette pensée est au-dessus de mon courage. Il est affreux ce qu'une affection de plus met de malheur dans la vie ! Cependant le sentiment a un tel charme qu'on ne voudrait point cesser d'aimer. Heureux les gens qui n'ont jamais connu les besoins du cœur ! Ils sont et plus aimables et plus heureux. Remarquez que je dis aimables et non pas dignes d'être aimés.

M. d'Alembert vous embrasse tendrement. M. Turgot m'a écrit; il vous croyait encore à Paris.

Adieu, je n'ai pas besoin de vous dire combien je suis sensible à votre amitié : j'y réponds par la tendresse et l'attachement le plus sincère. Parlez-moi de votre santé et ne faites point d'excès de travail. Tous vos amis vous disent mille choses.

XVI

A CONDORCET.

Le 24 juin (1772).

Je suis ravie que vous ayez trouvé madame votre mère en bonne santé : cela lui rendra vos absences moins pénibles. Vous devriez la pressentir pour savoir si elle aurait beaucoup de répugnance à venir s'établir à Saint-Germain ou aux environs de Paris. On vous aura mandé que vos confrères, pleins de prévoyance, désireraient connaître comment vous avez assez de talent pour remplacer M. Grand-Jean [1], et pour cet effet il faudrait écrire quelques morceaux que vous feriez imprimer avant la Saint-Martin. On dit que vous avez écrit quelque chose sur l'imprimerie. Vous feriez bien de revoir cela et de le faire imprimer : cela préviendrait toutes ces sottes ob-

1. De Fouchy.

jections. Je vous ai envoyé les *Cabales* [1]. Si je peux avoir une nouvelle feuille intitulée les *Systèmes* [2], je vous l'enverrai. Il y a dans cette dernière feuille une méchanceté bien plate ; c'est toujours le bout d'oreille qui passe. D'ailleurs elle est pleine de détails agréables et dignes de son meilleur temps. Si vous m'en croyez, vous n'irez point à Ablois, quand même on vous en prierait, et si l'on vous le proposait, cela serait fort mal. Car, puisqu'on ne peut ou ne veut pas faire votre bonheur, on doit au moins ne rien faire pour entretenir une disposition qui empoisonne votre vie. Je sais très bien qu'il est possible de tenir plus fortement à son sentiment qu'à la personne qui l'inspire, mais quand on vient à considérer combien on intéresserait peu les gens pour qui on aurait donné sa vie, cela n'humilie pas, mais cela révolte, et il me semble que cela doit refroidir. Croyez-moi, encore une fois, si cela doit arriver, comme il est impossible que cela n'arrive pas, faites en sorte que ce soit tout de suite. A votre place, je prendrais un parti vigoureux et je manderais que, comme je veux guérir et que n'ayant que cette manière de lui plaire, je veux en prendre les moyens, et qu'en conséquence je n'écrirai plus. Voilà ce qu'il faudrait faire. Voilà ce qui serait raisonnable et en vérité, mieux que tout cela, d'absolue nécessité. Réfléchissez-y et comptez un peu plus sur vos forces et appréciez un peu ce que vous perdez. J'ai fait connaissance avec M. de Félin : c'est un homme d'esprit et de mérite, qui a une manière

---

1. De Voltaire.
2. Du même auteur.

douce et modeste. J'ai fait aussi connaissance avec M. Guibert; il me plaît beaucoup : son âme se peint dans tout ce qu'il dit; il a de la force et de l'élévation; il ne ressemble à personne [1].

1. « Oui, en honneur, je pense que c'est un malheur dans ma vie que cette journée que j'ai passée, il y a un an, au Moulin-Joli. J'étais bien éloignée d'avoir besoin de former une nouvelle liaison : ma vie et mon âme étaient tellement remplies que j'étais bien loin aussi de désirer un nouvel intérêt, et vous, vous n'aviez que faire de cette preuve de plus, de tout ce que vous pouvez inspirer à une personne honnête et sensible; mais cela est pitoyable ! » (Lettre à M. de Guibert du 21 juin 1773.) Ceci ne prouve pas que M. de Guibert et mademoiselle de Lespinasse ne se soient connus de vue avant le 21 juin 1772. M. de Guibert dans son *Eloge d'Eliza* écrit : Je ne l'ai connue qu'à l'âge de trente-huit ans (éd. Asse, p. 358), — ce qui fait remonter à 1770 l'origine de leur connaissance. Dans sa première lettre à Guibert (15 mai 1773), elle s'écrie : « Ah ! mon Dieu par quel charme et par quelle fatalité êtes-vous venu me distraire ? Que ne suis-je morte dans le mois de septembre ? » M. Asse (p. 2) ajoute en note : « avant sa première rencontre à la fin de juin 1772 chez Watelet, au Moulin-Joli ». Il s'agirait donc, d'après M. Asse, du mois de septembre 1771. Mais s'il s'agit de cette année, il faudrait admettre une première entrevue déjà fatale en octobre 1771 : autrement si l'entrevue décisive de juin 1772 avait été la première, elle souhaiterait la mort pour le mois de mai 1772. Mais rien ne vient confirmer cette hypothèse. Il ne peut être question que de septembre 1772 : elle eût voulu mourir après le départ du marquis en août. Cette mort lui aurait fait expier ses premiers torts et aurait empêché sa faute. M. Asse se trompe encore quand il dit (p. LIII) : « M. de Guibert se présentait à mademoiselle de Lespinasse au moment même où le départ du marquis de Mora laissait un si grand vide dans son cœur » et quand il ajoute (p. LIV) : « ce fut là par une journée de ce mois d'août où l'été concentre ses ardeurs qu'eut lieu l'entrevue fatale... ». Et il y a certainement exagération à croire que l'entrevue du Moulin-Joli fut une scène à la Clarens où mademoi-

Bonjour, excellent et bon Condorcet, je vous embrasse.

selle de Lespinasse fit à M. de Guibert les premiers aveux (p. LIV) ; l'amour de mademoiselle Lespinasse ne se dessine guère qu'après le départ de Guibert (20 mai 1773 et non 15 mai, comme l'écrit M. Asse, p. LVI).

XVII

A CONDORCET.

(Mademoiselle de Lespinasse dictant à d'Alembert.)

A Paris, ce vendredi (juillet 1772).

Mon secrétaire et moi, nous vous écrivons en commun, bon et très bon et trop bon Condorcet. Nous sommes charmés que votre santé soit meilleure; mais nous ne serons pas contents qu'elle ne soit parfaite et en conséquence nous vous exhortons et, si besoin est, nous vous enjoignons de travailler au moral, au moins autant qu'au physique.

M. de Mora continue à se mieux porter, il mène même à peu près sa vie ordinaire et vous fait mille compliments.

Vous aurez su que madame de Meulan a fait une fausse couche la nuit de dimanche à lundi. Mais elle s'en porte bien; tâchez donc d'en faire autant.

Mon secrétaire recevra et lira avec attention et avec intérêt ce que vous vous proposez de lui envoyer.

Je voudrais que vous lussiez le discours préliminaire de l'ouvrage de M. de Guibert [1]; je suis sûre qu'il vous ferait grand plaisir; cela est plein de vigueur, d'élévation et de liberté. Nous avons actuellement une pièce de Voltaire, intitulée *le Dépositaire*; vous la connaissez et vous savez ce qu'elle vaut.

La fausse couche de madame de Meulan retardera son voyage à Ablois d'un bon mois. M. l'archevêque de Toulouse ira en effet à Mouï passer douze heures, du 19 au 20. Les deux nouveaux académiciens [2] ont été reçus lundi. M. de Brequigni [3] a été court et froid. M. de Beauzée [4] a très bien réussi. La Condamine a lu une traduction en vers du discours d'Ajax dans Ovide pour les armes d'Achille, et il a été fort applaudi. On se divertit d'ailleurs à merveille et à faire bâiller; il y avait ces jours-ci quatre mille personnes au Colysée. L'actrice nouvelle tragique a été très mal d'une fluxion de poitrine; elle est convalescente; mais elle ne pourra jouer de longtemps.

---

1. *L'Essai sur la Tactique.*
2. Élus le 23 mai 1772.
3. Né à Montivilliers, dans le pays de Caux, le 22 février 1714, mort à Paris, le 3 juillet 1794; est connu surtout par son ouvrage : *Diplomata, chartæ, epistolæ et alia monumenta ad res franciscas spectantia*, Paris, 1791, 3 vol. in-8° et par sa *Table chronologique des diplômes, chartes, etc, jusqu'en* 1179, Paris, 1763-1783, 3 vol. in-8°.
4. Né à Verdun, le 9 mai 1717, mort à Paris, le 25 janvier 1789; est surtout connu par sa *Grammaire générale*, Paris, 1767, 2 vol. in-8°.

Le tonnerre est tombé le 27 à Paris, chez madame Ledroit, il n'a tué personne, mais il n'a pas laissé de faire du dégât. M. de Saint-Chamans se fait un grand plaisir de vous voir à Givet à la fin de ce mois et pourra vous prêter le livre de M. de Guibert. J'ai vu M. de Guibert chez moi; il continue à me plaire infiniment; j'ai fait connaissance aussi avec M. de Tillot, ministre de Parme, qui sûrement sera fort à votre gré, comme au mien.

Adieu, bon Condorcet, mon secrétaire et tous vos amis vous embrassent, vous aiment et vous regrettent. Vous manquez bien à M. Turgot, qui est bien mal instruit de ce qui se passe depuis votre départ. Je n'ai pas besoin de vous parler de tous les sentiments que je vous ai voués; je me flatte que vous les connaissez.

XVIII

A CONDORCET.

(Mademoiselle de Lespinasse dictant à d'Alembert.)

A Paris, ce 26 juillet (1772).

Bon Condorcet, mon secrétaire et moi, nous vous écrivons toujours de concert et nous voudrions bien l'un et l'autre qu'en effet votre santé et votre tête fussent en meilleur état. Si on en jugeait par votre ouvrage, on aurait beaucoup d'espérance. M. Suard en est fort content : dès qu'il sera de retour de la campagne, il le remettra à M. d'Alembert, qui tâchera d'en faire usage pour votre plus grande satisfaction. Pour moi, je ne l'ai point encore lu, et j'espère bien ne pas toujours dire de même. Vous voilà actuellement avec M. de Saint-Chamans ; tâchez donc de prendre de lui des leçons de raison et de sagesse, et même d'anglais. J'espère que vous me manderez si vous l'avez trouvé en bonne santé, car c'est bien de lui qu'on ne peut pas arracher un mot sur ce *chapitre*. (Chapitre est du secrétaire, j'y renonce).

Ce pauvre secrétaire est dans un état d'ennui et d'abattement que vous ne pouvez pas imaginer. Il dort mal, n'a de goût à rien, pas même à manger, et ne peut ouvrir un livre qui l'intéresse. Je ne sais pas quels sont vos projets; mais mes ordres absolus et les vœux de mon secrétaire sont que vous n'alliez pas à Ablois; on n'y a que faire de vous et vous n'y avez que faire.

Il y a une grande histoire de l'évêque de Rennes, que nous ne vous ferons point. Elle est bien scandaleuse et il se prétend bien innocent; nous ne vous en parlerons pas, parce que cela ne me fait rien : cela ne vous fait, cela ne fait rien à mon secrétaire et fort peu de chose à M. de Saint-Chamans, quelque curieux qu'il soit, et puis cela vous reviendra de partout, les pavés en parlent ici et sont bien embarrassés pour savoir qui est le fripon, de l'évêque de Rennes ou de celui de Verdun, qui l'accuse, ou si, ce qui pourrait être à toute force, ils le sont tous deux.

On donne demain *Roméo et Juliette*, pièce nouvelle de M. Ducis [1]; voilà encore de quoi nous ne vous parlerons pas, et vous avez assez de pénétration pour en deviner la raison.

---

1. Né à Versailles le 14 août 1733, membre de l'Académie française en 1779, il est mort le 30 janvier 1816. Ses œuvres ont été réunies en 1813, 3 vol. in-8.

M. Turgot vous envoie des graines de raves qu'il a adressées à M. Bertin [1]; on a écrit à M. Parent, premier commis de M. Bertin; on ne reçoit ni réponse ni raves. Que voulez-vous qu'on fasse de tout cela ?

Vous voulez donc que je vous dise que j'ai eu des battements de cœur à mourir (il n'y aurait pas grand mal), mais à vivre dans un état de mort désolant? J'ai pris de l'opium qui m'a ôté la moitié de mon existence et enfin je ne puis pas obtenir le seul bien auquel je prétends, qui est d'être presque aussi heureuse que si j'étais morte.

Adieu, bon Condorcet, portez-vous bien et *tâchez* d'être raisonnable et heureux. *Tâchez* est du secrétaire; je ne crois pas que cette sottise-là m'échappe jamais [2]. J'en sais plus long que lui qui, à la vérité, en sait bien court, surtout en ce moment d'abrutissement et de déplaisance. Nous disons mille tendresses à M. de Saint-Chamans.

1. Né en 1719, en 1757 lieutenant-général de police de Paris, en 1759 contrôleur général, favorisa, dit-on, les lettres, les sciences et l'agriculture; l'Académie des Sciences et l'Académie des Inscriptions se l'adjoignirent à titre de membre honoraire.

2. « Ne me répétez plus qu'il faut que je *tâche* de me faire à votre situation. Mon ami, ces mots *il faut tâcher*, quand il s'agit de sentiment ou de patience, sont autant de doutes et d'absurdités; c'est lorsqu'il s'agit de conduite, d'affaires, de choses d'intérêt qu'il faut en effet tâcher, qu'il faut se faire effort, parce que les actions, les démarches sont alors dirigées ou doivent être dirigées par la réflexion... » (Lettre à M. de Guibert du 24 octobre 1775, éd. Asse, pp. 261-262.)

XIX

A CONDORCET.

(Mademoiselle de Lespinasse dictant à d'Alembert.)

Ce 14 août (1772).

Nous ne voulons pas laisser partir Henri sans vous dire un petit mot, mon secrétaire et moi. Pour moi, je suis malade, triste et stupide. Laissez dire à M. d'Ussé toutes les bêtises qu'il voudra sur ma santé et sur mes goûts. Je ne le vois presque plus. Il juge de tout cela comme il a toujours fait, à tort et à travers; mais ce qu'il y a de plus fâcheux, c'est qu'il est en mauvais état; sa santé se délabre par tous les bouts. Je n'ai pas pu l'aller voir, parce que j'étais malade moi-même et que d'ailleurs il sort tous les jours.

M. de Crillon [1] se plaint de votre silence et a écrit pour savoir de vos nouvelles.

Madame de Boufflers m'a chargée de vous dire mille choses.

Je vous exhorte fort à ménager votre santé, et à fortifier votre âme si vous en savez le moyen, et à me conserver un peu d'amitié. Nous le méritons, mon secrétaire et moi, par nos tendres sentiments pour vous.

Henri qui vous remettra cette lettre est un trésor. Il m'a rendu toutes sortes de bons offices et il justifie le proverbe : *tel maître, tel valet*, et mon secrétaire prétend qu'on pourra dire : « *et le bon Condorcet suivi du bon Henri.* »

---

1. François-Félix-Dorothée, comte de Crillon, né en 1748, fils du duc de Crillon-Mahon, maréchal de camp, fut député aux Etats généraux en 1789 et mourut le 27 août 1820.

XX

A CONDORCET.

Ce 23 août (1772).

Continuez, conservez cette bonne disposition et cette excellente intention; si vous pouvez rattraper du repos et du calme, croyez tenir le bonheur. Hélas! y en a-t-il d'autres? Peut-il y en avoir en rendant son existence dépendante d'un autre? Fût-il un Dieu, ce serait trop lui sacrifier. Jouissez, bon Condorcet, d'un avantage inappréciable, celui d'avoir un grand talent qui doit occuper votre vie; l'amitié remplira votre âme, qui est aussi sensible qu'elle est honnête, et fuyez tout ce qui pourrait faire naître ou réchauffer un sentiment qui fait presque toujours des victimes des gens vraiment vertueux.

Ma santé est toujours détestable et je n'espère plus qu'elle puisse devenir meilleure; ainsi je vais la mettre au nombre des malheurs que je sens toujours et dont je ne parle jamais. Je suis touchée, sensiblement touchée des marques de votre intérêt; il aidera à me consoler et à soutenir mon courage, car je vous avoue que je trouve qu'il en faut beaucoup pour vivre. Il en faudrait davantage encore pour mourir. On a des liens malheureux; mais ils sont chers et il faut qu'on se dévoue à la souffrance; mais enfin tout a un terme : cette idée est consolante, et peut-être en suis-je plus près que je n'ose m'en flatter.

Ce pauvre M. d'Ussé s'achemine à sa fin. J'espère que son extrême faiblesse lui épargnera les horreurs d'une mort violente. Je l'ai vu hier; il gardait la maison; mais il compte sortir demain.

Je voudrais bien que vous pussiez lire le poème du bonheur de M. Helvétius, ou plutôt la préface de l'éditeur : c'est un excellent ouvrage, d'un goût exquis, d'une hardiesse adroite et piquante et d'une sensibilité charmante. Vingt fois j'ai eu les yeux remplis de larmes. Le poème est informe : c'est un ouvrage d'esprit; mais c'est un défi. Ce n'est pas lire des vers, c'est labourer. Vous jugerez tout cela à votre retour, car il n'y a pas moyen de l'envoyer; il n'y en a guère même de se le procurer ici : peu de gens l'ont vu.

M. d'Alembert vous aura dit qu'aujourd'hui il lira à l'Académie une manière de préface à l'histoire de l'Académie; cela m'a paru fort bon, je crois que cela aura du succès. M. Saurin[1] lit une épitre, et M. Watelet, de la

---

1. Né à Paris en 1706, mort le 17 novembre 1781, membre de l'Académie française depuis 1761; on lit encore ses

traduction du Tasse [1]. Je n'irai point. Je ne me sens pas goût pour rien de ce qui ne doit plaire qu'à l'esprit.

M. de Mora est parti [2] : cela me fait un grand vide. J'ai toujours oublié de vous demander si vous aviez reçu sa réponse, car, selon ce qu'il m'a dit, je crains que l'adresse ne fût tout de travers [3].

Adieu, travaillez ; mais évitez l'excès, parce qu'avant tout il faut se bien porter. N'écrivez guère à Ablois, si ce n'est à madame de Meulan, la mère. MM. d'Ablois et de la Vrillière y sont, je crois, pour six semaines. M. de Saint-Chamans n'y fera que passer. Je ne sais pas même s'il y a des nouvelles ; M. Turgot est dans une grande privation depuis votre départ. Il est au-dessus de mes forces de m'occuper de ce qui ne me fait rien du tout.

Mœurs du temps, comédie souvent réimprimée. Ses œuvres ont paru en 1783 en 2 vol. in-8.

1. C'est une traduction en vers qui n'a jamais été imprimée. Watelet, peintre et littérateur, conseiller du roi et receveur général des finances d'Orléans, est né en 1718, à Paris ; il est mort le 12 janvier 1786.

2. Le 7 août 1772.

3. Cette lettre du marquis de Mora est imprimée dans notre appendice, précédée d'une autre lettre de lui à Condorcet.

XXI

A CONDORCET.

Mardi, 22 septembre (1772).

Vous me pénétrez de la plus sensible reconnaissance ; j'ai beaucoup souffert et je suis encore dans les plus vives alarmes. M. de Mora est parti de Bagnères pour se rendre à Bayonne, dans un état qui me fait tout craindre pour sa vie. Son médecin le conduit ; mais s'il peut le secourir, il ne pourra pas le garantir d'une rechute, qu'il ne pourra soutenir dans l'état d'épuisement où il est. Il a été saigné neuf fois, et il était si anéanti qu'il n'a pas pu juger du péril auquel il s'exposait en se mettant en route. Je ne sais quand je pourrai avoir de ses nouvelles. Vous êtes le plus excellent et le plus sensible de tous les hommes, jugez ma situation ; vous me plaindrez et vous m'aimerez un peu, et ce sera faire quelque chose pour mon soulagement. Pardonnez-moi de ne pas vous en dire davantage. En vérité, cela est au-dessus de 'mes forces. M. d'Alembert se porte fort bien. Je l'avais prié de vous écrire tous ces jours-ci.

Adieu, bon Condorcet.

XXII

A CONDORCET.

Mardi, 11 heures et demie (octobre 1772).

Je ne vous parlerai plus de ma reconnaissance puisque son expression blesse votre sensibilité et votre délicatesse. Mais je la sentirai toujours, parce, quoi que vous en disiez, c'est un sentiment doux à devoir à ses amis ; il est sec et froid lorsque c'est un devoir et que c'est le seul lien qui nous lie à quelqu'un.

Je suis bien aise de ce que vous m'apprenez de votre disposition ; j'en conclus que votre santé sera meilleure cet hiver et j'en suis ravie. La mienne est un peu moins mauvaise ; j'ai retrouvé un peu de sommeil et je le dois à une bonne créature d'ânesse qui vient me faire une visite tous les soirs.

Il y aura demain quinze jours que moi ni personne

n'avons eu des nouvelles de M. de Mora, ni de sa famille ; ils n'auront pas rencontré le courrier de Bayonne à Saragosse, où ils doivent être du premier ; ainsi je compte apprendre demain des nouvelles de sa santé. La quantité de sang qu'il a perdu lui a ôté la moitié de son existence morale ; le genre de maladie dont il est attaqué ne laisse guère de repos à l'amitié ; il me fait éprouver une disposition qui est antipathique à mon âme : c'est la crainte, et c'est depuis quelque temps mon sentiment habituel. La douleur, les souffrances doivent et peuvent dégoûter d'une passion malheureuse ; mais elles serrent les liens de l'amitié et rendent la tendresse plus vive et plus profonde.

On vous donne des nouvelles de M. d'Ussé ; bientôt on vous dira qu'il n'existe plus. J'ai passé hier une heure au pied de son lit ; il ne sera ni plus effrayant ni plus défiguré après sa mort. Il avait de plus l'air de la souffrance et de l'agitation. Les médecins croient que la gangrène va s'établir et que cela sera fort court, et en vérité c'est de la cruauté de prolonger une vie aussi cruelle. J'avais le cœur navré en sortant de chez lui et j'ai été poursuivie toute la nuit par son image. Mon imagination en est restée frappée au point de ne pouvoir m'en distraire. Au moment où je vous parle je vois ce spectacle effrayant. En vérité cela me prouve bien que nous sommes nés pour la douleur ; ce qui fait mal se grave profondément et tout ce qui plaît n'est que passager et fugitif. Il m'arrive souvent de ne pouvoir me faire une image de ce qui me plaît le plus et de ce que j'aime le mieux. Les objets fuient devant moi sans que mon imagination puisse les fixer ; aussi, l'abbé Arnaud dit que le mal est en creux et le plaisir en relief.

Je ne sais point de nouvelles et je m'y intéresse moins que jamais ; ainsi, bon Condorcet, je ne vous dirai rien qui puisse vous amuser ; mais je vous répéterai que personne au monde ne vous est plus tendrement attaché.

Je vous écris de mon bain. Je ne sais si vous pourrez lire cet affreux griffonnage ; je ne cesserai pas car je manquerais l'heure de la poste. Bonjour, portez-vous bien, et n'écrivez guère aux personnes qui ne doivent mettre ni bonheur ni consolation dans votre vie.

XXIII

A CONDORCET.

Samedi au soir (octobre 1772).

On vous aura mandé la mort de M. d'Ussé; je le re grette fort, mais en vérité il y aurait eu de la cruauté à désirer qu'il vécût dans l'état de souffrance où il était. On vous aura dit aussi le scandale qu'il a laissé à ses amies dévotes; elles n'ont pu le déterminer à recevoir les sacrements. Mais il est vrai qu'elles n'ont point de reproches à se faire; elles ont satisfait à tout ce que leur zèle et leur charité leur prescrivaient. De plus, on ne tarit pas sur le blâme qu'on donne à la conduite de madame d'Ussé: tout cela n'est pas de la pâture à la douleur, mais bien à la médisance, et cela console toujours.

Je suis ravie de l'espérance que vous me donnez de

vous revoir bientôt et de vous revoir plus calme ; je n'ai pas douté que vous n'acceptassiez le logement qu'on vous proposait : cela sera à souhait pour vous et pour ces messieurs. Madame Suard sera bien heureuse ; pour moi, j'espère bien n'y rien perdre, car je ne pousse pas la générosité jusqu'à vouloir sacrifier mon plaisir à celui de mes amis ; mais le bon Condorcet nous contentera tous en nous faisant jouir de son amitié. J'ai en vérité besoin des consolations et des plaisirs qu'elle peut donner, car jamais ma santé n'a été si mauvaise. Je suis dans un état de souffrance qui ne m'inquiète point, mais qui m'abat et me décourage de vivre ; le régime le plus austère et le plus suivi depuis trois mois semble avoir augmenté tous mes maux. J'ai une oppression et une chaleur dans la poitrine qui m'ôtent le pouvoir de parler ; depuis huit jours, je n'ai point du tout de voix. Voilà un détail qui vous prouve à quel point je compte sur votre bonté et sur votre amitié.

Adieu, je ne sais rien et ne me soucie de rien au monde que de mes amis ; ils me consolent de vivre, mais souvent aussi je suis prête à leur faire un tort de m'ôter la force de mourir, car en honneur ce serait mon plus pressant besoin.

A propos (et vous allez voir que jamais rien n'a été plus à propos), avez-vous des nouvelles de M. de Clausonette ? Il y a mille ans que je n'en ai reçu et cela m'inquiète ; ce n'est pas un homme sensible ; mais nous avons tant de rapports dans notre manière de penser que je l'aime.

Oui, j'ai eu des nouvelles de M. de Mora : il est en

convalescence, mais les lettres sont en route vingt jours. D'ailleurs ce n'est qu'avec un grand effort qu'il écrit quatre lignes, et puis ses accidents se répètent souvent. En un mot, cette amitié est justement du poison pour mon âme; mais il n'y a pas eu moyen de l'éviter, il y a des gens pour qui tout est malheur. Que faire à cela ? Subir son tort et attendre la mort comme les matelots désirent le port après la tempête. Mais, bon Condorcet, vous allez croire que je suis plus malheureuse et vous en souffrirez. Non, mon ami, croyez au contraire que je suis beaucoup mieux que je n'ai été depuis longtemps. Je juge ma situation, je puis en parler et longtemps je ne pouvais que sentir et souffrir.

Adieu, adieu.

XXIV

A CONDORCET.

Lundi, 5 avril (1773).

Le bon Condorcet est toujours le plus aimable, le plus rempli de soins et de tout ce qui peut intéresser les gens qu'il aime. J'ai dit à M. d'Anlezy ce que vous me mandiez; il a été bien touché de votre amitié : son incommodité n'a point eu de suite. Il s'est occupé depuis quatre jours à garder madame sa femme, qui a eu une manière de fluxion de poitrine. Vernage [1] l'a fait saigner dix fois et il y a lieu de croire que M. d'Anlezy ne sera pas veuf.

Votre confrère, mon premier secrétaire, n'a point reçu cette feuille; il vous l'enverra par le contre-seing de

1. Médecin connu pour des *Observations sur la petite vérole naturelle et artificielle*, Paris, Didot, 1763, in-12.

l'archevêque de Toulouse, et vous la renverrez sous l'enveloppe de M. Turgot, qui ne paie point de port. Je lui ai donné hier de vos nouvelles ainsi qu'à M. le duc de La Rochefoucauld, qui vous aime beaucoup.

Je crois que vous jugez à merveille la pièce de Sedaine[1]; pour moi, je désirerais la voir jouer, pourvu que je n'arrivasse qu'à la fin du second acte, car les deux premiers m'ont ennuyée au point de ne pas retenir mon attention, et les trois derniers l'ont forcée de manière à ne pas me laisser respirer, et comme l'attention est pour moi un état violent, j'étais morte le soir ; ma machine était affaissée de l'état de tension où avait été mon âme. Il faut avouer que Sedaine ne parle pas son ouvrage ; il lit d'une manière insupportable.

M. de Saint-Chamans tousse moins ; M. de Meulan est mieux ; pour moi, je tousse à crever, et je viens de recommencer cet occimêle cilitique[2] : cela est contraire à l'estomac ; mais ma toux est contraire à ma vie et surtout à mon repos, car je ne dors point.

Il y a un mot dans votre lettre qui m'inquiète. Vous dites que vous êtes dans un nouveau monde et que vous y avez porté les peines que vous aviez dans l'ancien : seriez-vous encore occupé de regrets de n'avoir

---

1. Il s'agit sans doute d'*Ernelinde*, tragédie lyrique de Poinsinet jeune, mise en cinq actes par Sedaine, imprimée en 1773 chez Ballard, in-8°.

2. L'*oxymel scillitique* est un composé de deux parties de miel et d'une partie de vinaigre scillitique, obtenu en faisant macérer pendant quinze jours, dans 1500 grammes de vinaigre, 128 grammes de squammes de scille.

pu toucher une personne qui a peu ou point de sensibilité? Il me semble qu'il y a des guérisons qui doivent être radicales. Si vous faites bien, vous écrirez peu, — ou point, cela serait encore plus raisonnable. Un mot à un des Meulan pour savoir des nouvelles de leur père.

Adieu, bon Condorcet, je m'avise de vous donner des conseils ; cela me fait rire, moi, qui ne suis jamais en mesure, moi, qui souffre sans cesse, moi, qui ne saurais me calmer, en un mot, moi, qui n'ai pas le sens commun et qui ne sais rien faire pour mes amis que de les aimer tendrement et de les plaindre de toute mon âme lorsqu'ils souffrent.

Madame d'Aubercourt est assez malade ; cela me fâche ; c'est une digne femme.

XXV

A CONDORCET.

1773.

Vous me manquez beaucoup, bon Condorcet, je vous regrette fort; et ce n'est pas seulement comme une habitude agréable, c'est comme l'exercice d'un sentiment doux qui répand de la consolation dans ma vie, qui me fait souvent oublier mes maux et qui serait lui-même un bonheur si mon âme était encore susceptible de bonheur.

Je suis ravie de ce que vous m'assurez que la vôtre ne sera plus troublée par les affections ou par l'indifférence de *la rue des Capucines*. Un sentiment profond coûte tant de douleur que du moins faut-il y pouvoir trouver quelque dédommagement, et il n'y en a point lorsqu'on aime quelqu'un qui n'est pas sensible.

Ma santé a toujours été aussi déplorable depuis votre départ. Je sens que je n'ai plus en moi ce qu'il faut pour me bien porter; je sens aussi la destruction de ma machine; rien ne la répare : tout cela a de bon de faire voir le terme de plus près, et il ne se présente à moi que comme le port après l'orage. Je me trouve un peu lasse et fatiguée de ce voyage qu'on appelle la vie. Je n'ai point assez de force pour en terminer brusquement le cours; mais je vois avec consolation que je m'achemine à sa fin.

Je sais assez de nouvelles de la santé de M. de Mora pour être tranquille sur son état. Mais, mon Dieu! qu'il s'en faut bien que l'exactitude de la poste puisse contenter mon amitié! Les lettres se perdent; il y a sans cesse des retards; tout cela est vivement senti lorsqu'on est à trois cents lieues de son ami.

M. d'Anlezy se porte bien et madame sa femme n'a point encore voulu paraître devant Dieu. Tous nos amis communs se portent bien; ils me quittent dans le moment et ils m'ont tous parlé de vous et du jour de votre retour. Vous devriez bien décider madame votre mère à venir à Saint-Germain; vous la verriez bien plus souvent et plus commodément.

Adieu, bon Condorcet, revenez vite et ne vous en allez plus.

N. B. Il faut, s'il vous plaît, écrire plus gros et plus noir; il faut aussi plier vos lettres avec moins de *tortil-*

lage; oui, bon Condorcet, moins de plis en dehors. En un mot, *la simplicité plaît sans étude et sans art*. Voilà de grandes leçons, de bons préceptes et une heureuse citation, il faut en convenir

XXVI

A CONDORCET.

Mardi, 19 octobre 1773.

Vous êtes trop aimable d'avoir eu de l'inquiétude de ma santé, elle vient de recevoir une secousse un peu violente : il m'en est resté une faiblesse, un état de défaillance habituelle qui ne me laisse que la force de former un souhait, c'est de pouvoir achever de vivre ou de mourir, et je le mets à croix ou pile.

Je n'entends pas, bon Condorcet, pourquoi la vie vous paraît aussi pesante qu'à moi; mais soit que ce sentiment soit fondé ou non, je suis fâchée qu'il soit dans votre âme. Avec de grands talents, beaucoup d'activité, une assez bonne santé, beaucoup d'amis, une fortune honnête, comment arrive-t-il que vous soyez à mon ton sur le dégoût de cette triste vie? Moi, qui n'ai connu que la douleur et la souffrance, moi, qui ai été victime de la méchanceté et de la tyrannie pendant dix ans, moi enfin, qui suis sans fortune, qui ai perdu ma santé, et qui n'ai éprouvé que des atrocités des gens de qui je devais attendre du soulagement, et qui, par une singularité inouïe, ai eu une enfance agitée par le soin même qu'on a pris d'exercer et d'exalter ma sensibilité, je connaissais la terreur, l'effroi, avant que d'avoir pu penser et juger. Voyez, bon Condorcet, si je suis fondée dans mon peu d'attache pour la vie et si mon dégoût pour tout ce que les hommes chérissent, les plaisirs de dissipation et de vanité, ne peut pas se justifier. Je ne connais qu'un plaisir, je n'ai eu qu'un intérêt, celui de l'amitié; cela me soutient et me console; mais plus souvent j'en suis déchirée. Voilà vous parler beaucoup de moi, je vous en demanderais pardon si ce n'était pas vous prouver mon amitié.

Oh! que vous êtes mal instruit! Mais le comte de Crillon vous aura mandé le changement de ses projets; il va en Russie; il va faire le tour du monde et vous ne le reverrez que l'été prochain. Je lui ai mandé combien je condamnais cet horrible voyage, et puis, j'ai fini par lui dire que j'avais tort et qu'à son âge il était trop heureux d'avoir l'âme assez libre pour pouvoir contenter pleinement la curiosité de son esprit. J'espère qu'il ne lui arrivera pas comme à M. de Guibert d'être arrêté par une fièvre violente et qui l'a pris à deux reprises, si bien qu'il est bien possible qu'il soit encore à Vienne dans son lit. Il devrait être ici depuis le 15.

Ecrivez donc à M. de Clausonette pour le soutenir

dans son exil ; il ne reviendra pas cet hiver ; il m'en paraît désolé.

M. d'Alembert vous embrasse tendrement.

Tout le monde court à La Chevrette [1] et en revient enchanté. Moi, je regrette mon spectacle, mon plaisir de toutes les soirées, mon cher ambassadeur plus animé et plus aimable que jamais : il est à Fontainebleau pour trois semaines.

Adieu, je vous ai bien regretté pendant ma maladie. Vous me manquez dans tous les temps de ma vie. Adieu, donc.

1. Maison de campagne de madame d'Epinay.

XXVII

A CONDORCET.

Ce lundi soir (avril 1774,

Mon Dieu! Que je suis sensiblement touchée des marques de votre intérêt et de votre amitié. Je vous réponds que mon âme en est digne par le cas qu'elle en fait et par le tendre sentiment qui m'attache à vous. Je ne peux pas vous dire à quel point vous me manquez. Je me surprends à vous attendre et c'est toujours avec un mouvement de tristesse que je reviens de cette illusion.

Vous êtes trop aimable de vous occuper de ce qui a mis tant de chagrin et de douleur dans ma vie. J'ai eu deux lettres samedi; mais jeudi j'appris par M. de Magallon que le 30 il avait eu un ressentiment de son accident. Ses crachats avaient été teints *de sang*. Ce mot me cause toujours de l'effroi. Je n'avais point eu de lettre;

je ne fus plus maîtresse de mes craintes, que le passé ne justifie que trop. Cependant il me rassure entièrement et si j'avais eu sa lettre du 31 mercredi, je me serais épargnée trois jours de souffrance. Vous voyez que je réponds avec détail à l'intérêt que vous me montrez et qui me pénètre de la plus vive reconnaissance.

J'ai eu la fièvre depuis vendredi jusqu'à ce matin quatre heures, mais c'était la suite d'un gros rhume dont je ne suis pas encore tout à fait quitte. Je ne suis pas sortie depuis votre départ; mais tout ce que j'ai vu depuis m'a parlé de votre éloge avec enthousiasme et ceux qui ne le connaissent pas se font inscrire pour le lire à leur tour : jusqu'ici je ne l'ai pas pu garder une heure; il m'est enlevé au même instant où il m'est rendu.

Nous avons lu, M. d'Alembert et moi, des éloges de Fontenelle; il m'a lu des siens, mais, en honneur, il me serait impossible de prononcer quelle est la manière que je préfère, quoiqu'assurément elles ne se ressemblent point. Mais heureusement qu'on peut aimer et admirer tout ensemble Raphaël, Carrache et le Guide. Oui, en vérité, je suis quelquefois tentée de m'enorgueillir du bonheur inouï d'avoir pour amis intimes les plus excellents hommes de leur siècle et qui les auraient honorés tous. Adieu, bon Condorcet, je ne vous loue pas, hélas! que vous feraient mes louanges? Mais je vous regrette, mais je vous aime de tout mon cœur et c'est pour toute ma vie. M. d'Alembert vous aime par goût, par choix et par l'analogie qu'il a avec vos vertus et vos talents. Tout ce que j'aime vous regrette et je leur ai dit de vos nouvelles. La bonté que vous avez eue d'écrire en gros caractères ne m'a pas échappé, ni étonnée. Ménagez vos yeux, je vous en conjure, et prenez des bains; cela fera du bien à votre sang échauffé par le travail.

L'abbé de la Ville était-il mort quand vous êtes parti? Notre ami va rentrer dans ses droits.

XXVIII

A CONDORCET

Lundi, 24 avril (1774).

Votre note sur l'Ambassadeur est pleine de grâce et de gaîté ; il en a été bien flatté. Il s'en va cette semaine ; je crois qu'il me manquera beaucoup, mais il me fera sentir très distinctement la différence infinie qu'il y a entre le plaisir qui dissipe ou celui qui touche et intéresse : ce ne sera qu'une privation négative. Plût au ciel que je n'en eusse jamais connu d'autres, ma santé serait moins détruite. Je vous remercie de ce que vous me parlez de vos yeux ; c'est répondre au tendre intérêt que je prends à votre bonheur ; il ne vous manque rien, bon Condorcet, pour que je vous aime de tout mon cœur. Vous ne faites pas cas de la raison lorsqu'il s'agit de sentiment. Ha ! mon Dieu ! que les gens raisonnables sont froids ! Depuis longtemps je les fuis ; il me semble que nous n'avons pas même une langue commune.

J'ai eu des nouvelles de M. de Clausonette ; il n'est pas sensible, mais il souffre ; il est malheureux, je l'entends, il m'intéresse. Il se plaint de ce que ses amis l'abandonnent ; écrivez-lui. Il faut du moins adoucir les maux avec le baume de l'intérêt et de l'amitié.

Avez-vous reçu pour madame de Meulan un dialogue de Pégase et d'un vieillard ? On lui en avait adressé trois exemplaires. J'ai pris la liberté d'en réclamer un. J'ai pensé que vous auriez fait ainsi : cela m'a donné courage.

L'opéra de Gluck, les disputes, les haines ont fait diversion aux grands talents de M. Tessier, mais cet opéra rend les conversations très aigres et bien monotones. Il m'est impossible d'y prendre part. J'aimais d'abord la chaleur, l'engouement qu'on y mettait ; mais actuellement c'est du mépris, de l'aversion. Je n'y trouve plus le mot pour rire. L'abbé Arnaud a écrit une longue lettre dans la *Gazette de littérature;* [elle] n'a point de succès. Pour moi, je ne l'entends pas et je crois que ce n'est pas ma faute : les ignorants disent que c'est la sienne ; je n'en sais rien.

Je suis toujours enrhumée ; je ne suis pas triste sans en avoir un sujet bien actif, mais enfin mon âme a tant souffert qu'elle en est restée abattue. Je vous ai dit que j'avais eu une charmante lettre du jeune Crillon ; il a si bien fait ma commission que le baron de Hiver (?) m'a écrit une lettre très aimable.

M. d'Alembert lit vos lettres ; il vous aime tendrement et nous vous regrettons ensemble.

XXIX

A CONDORCET.

Ce dimanche au soir, 8 mai (1774).

Ah! mon Dieu! Qu'il s'en faut bien que le roi soit hors de danger! Les nouvelles de cette après-dîner, cinq heures, sont plus alarmantes que jamais ; mais je sais que madame la duchesse d'Anville et M. Turgot vous écrivent tous les jours, ainsi je ne vous dirai aucune nouvelle. D'ailleurs, comme vous le croyez bien, on ne parle que d'une chose.

Je suis ravie que vos yeux aillent mieux, au moins vos amis me le disent, car vous ne m'en dites mot. Vous ne me dites pas si vous vous baignez. Vous voulez que je vous parle de moi et pour m'y encourager vous vous taisez sur vous : cependant je vous défie de douter de mon vif et tendre intérêt. Non, je ne fus pas à *Mé-*

lanie. Vous savez bien que pour les choses de dissipation et de mouvement je n'ai que la force du projet, et quand le moment de les exécuter arrive, je n'ai de désir et de plaisir que d'y manquer. Oh! que non! je n'ai pas besoin de sortir de chez moi pour trouver de quoi exercer ma sensibilité et d'une manière souvent bien douloureuse.

Vous avez bien fait d'écrire à M. de Clausonette : l'amitié adoucit tous les chagrins et je crois qu'il en a ou en aura beaucoup. Hélas ! Il n'est que trop vrai: *tout mortel est chargé de sa propre douleur et nul de nous n'a vécu sans connaître les larmes*. Vous ne connaîtrez pas celles dont j'avais voulu faire un synonyme. Je l'ai relu et je l'ai déchiré, tant je l'ai trouvé mauvais. Il était, je vous assure, à faire pleurer d'ennui : long, lâche et froid, et cela c'est sans me vanter ni m'humilier, c'est la vérité exacte, et il est tout aussi vrai que je ne serai jamais tentée d'avoir avec vous le ton que j'ai eu une fois avec l'abbé Coyer [1]; je ne l'ai plus même avec lui, car je trouve que le persiflage est une perfidie basse et ignoble.

M. de Mora devrait être en route pour revenir ici, du 4 de ce mois : c'était son projet encore le 25 du mois dernier ; mais il était enrhumé, il était faible, ses crachats avaient été teints de sang peu de jours avant, si bien que, dans cette situation, je ne suis bien sûre que

---

1. Né à Baume-les-Dames, le 18 nov. 1707, mort à Paris le 18 juillet 1782. Ses *Bagatelles morales* (Londres, 1754) sont encore lues ; ses *Œuvres complètes* ont été publiées en 7 volumes in-12, en 1782-1783.

de sa volonté et de son désir. Mais tant de choses peuvent être contre qu'il faudra que je le voie pour croire à son retour. Il est si malheureux et moi si peu accoutumée à voir accomplir mes désirs que je me sens toujours cette défiance attachée au malheur.

M. d'Alembert vous embrasse tendrement.

L'ambassadeur n'est pas parti; mais il a été obligé de revenir de Versailles pour un rhume affreux qu'il ménage mal. Vous êtes trop aimable et trop bon de soigner votre écriture pour moi; je n'en fais pas autant pour vous, car voilà un griffonnage effroyable. Adieu.

XXX

A CONDORCET

Ce vendredi, une heure (juin 1774).

Bon Condorcet, dites des nouvelles de M. l'Ambassadeur de Naples à madame la duchesse d'Anville. Il est arrivé le 3 à Naples ; sa lettre est du 6 ; il a été incommodé de la chaleur ; il a les jambes en fort mauvais état ; il a déjà vu trois médecins ; il dit qu'il est encore plus mauvais d'être entre les mains de la Faculté que de se trouver entre les mains de la justice. Il a été très bien reçu ; tout le monde lui a montré du plaisir de le revoir, mais lui en a senti fort peu à les retrouver. Oh ! il nous regrette du fond de l'âme ; il me répète plus d'une fois qu'il sera exact au rendez-vous du 24 décembre. En tout, sa lettre est triste et pleine d'amitié pour tous nos amis. Vous croyez bien qu'il ne vous oublie pas ; il vous nomme deux fois. Mais dites à madame la duchesse d'Anville, car cela lui fera plaisir, que l'aimable Ambassadeur a plus de sensibilité qu'il n'en voulait montrer ; sa lettre a vraiment le ton du regret et de l'amitié ; et priez-la de me charger de quelque chose pour lui, s'il n'est pas assez heureux pour qu'elle lui donne de ses nouvelles directement.

Que de plaisir vous m'avez fait hier au soir ! Nous avons lu Pascal : cela est d'un intérêt, d'un goût et d'une philosophie qui nous ont attachés, ravis et charmés. Bon Condorcet, je vous l'ai déjà dit, vous êtes trop bon de vivre familièrement avec nous. Je vous trouve à une si grande distance de ce que j'avais estimé et admiré jusqu'à vous que je suis quelquefois tentée de croire qu'il se mêle quelque chose de surnaturel ou de diabolique dans tout ce qui compose votre existence. Oui, je n'en rabats rien, de diabolique, car si le bon Condorcet voulait, il serait méchant comme Pascal dans les *Provinciales*[1]. Bonjour, je n'ai pas pu attendre à tantôt. Songez que vous avez à me dédommager du vieux conseiller **d'hier.**

Si vous voyez M. Turgot, dites-lui que notre plaisir n'est pas refroidi, mais que nous en renfermons l'expression *dans nos cœurs*, non pas *royaux*, mais dans nos cœurs sensibles et bien remplis de lui et de tout ce qui peut intéresser son bonheur.

---

1. A noter, cette prescience bien pathologique de mademoiselle de Lespinasse.

XXXI

A CONDORCET.

(*Mademoiselle de Lespinasse dictant à d'Alembert.*)

Ce samedi, 25 (juin 1774).

Vous savez bien, monsieur, que je prends un secrétaire et que, tout de mauvaise humeur qu'il est cependant, il ne fait point de difficulté d'écrire pour vous. Je ne finirais point si je vous disais combien je suis touchée de toutes les marques de votre amitié; j'y réponds par la sensibilité la plus tendre; mais j'ai bien des remords d'être aussi peu occupée de votre plaisir, de ne vous avoir pas mandé de nouvelles, enfin de n'avoir pas fait pour vous ce que sûrement vous feriez pour moi si j'étais absente; mais du moins, si cela peut m'excuser, je ne fais pas mieux pour d'autres.

Votre absence de Paris a dû faire un grand vide à M. Turgot ; il est bien peu informé depuis votre départ. Je vous regrette tous les jours, monsieur, et je vous attends avec impatience ; mais il y a des jours où vous me manquez absolument. Par exemple, j'ai entendu ces jours-ci *les Barmécides* [1] de M. de la Harpe, où il y a de très beaux vers et qui en tout m'ont fait le plus grand plaisir, et je disais : « Si M. de Condorcet était ici, j'aurais encore du plaisir demain ; il aurait retenu tout ce qu'il y a du plaisir à se rappeler. » Il nous a lu avant-hier des stances charmantes, qui sont des regrets d'un amant quitté. Eh bien ! Monsieur, de tout cela nous n'en avons pas retenu un mot, mon secrétaire et moi ; nous savons seulement que cela nous a fait plaisir.

M. de Clausonette, qui vous aime de tout son cœur et qui vous écrit souvent me console un peu de ce que je ne fais pas pour vous, car vraisemblablement il vous mande tout ce qu'il sait et il sait beaucoup mieux que moi. Vous trouverez ici quelques nouveautés à votre retour : par exemple, le Colysée ouvert. M. de Clausonette vous en parlera, car il y a été ; ce qui me fâche fort, c'est qu'il ne réussit pas dans les affaires qui l'ont fait venir à Paris. Il n'y a point de bonheur que je ne lui souhaite et qu'il ne mérite. M. d'Anlezy, qui est dans son château, me parle de vous et, *ce qui vous étonne,* c'est qu'il sent tout ce que vous valez.

Adieu, monsieur ; le secrétaire vous embrasse et

---

1. Représentés pour la première fois le 11 juillet 1778.

trouve qu'*en voilà assez*. Ce mot est son cachet et vous y reconnaîtrez sa grâce enchanteresse.

Les Suard, Morellet et en un mot tous nos amis vous aiment, vous regrettent et vous attendent.

XXXII

A CONDORCET.[1]

Ce jeudi, août 1774.

Premier intérêt : c'est de vous voir ; ainsi, bon Condorcet, si vous arrivez de bonne heure, je vous espérerai. Vous m'avez fait tous ces temps-ci ma part un peu courte, mais c'est un regret et point une plainte. Mon Dieu, se plaindre du bon Condorcet ! Eh bien, M. Turgot veut-il que j'aille dîner chez lui demain vendredi ? Veut-il de M. de Guibert ? je lui dirai aujourd'hui oui ou non.

Bon Condorcet, trouvez le moment de demander à M. Turgot si l'affaire de Châlons se fera, et si M. de Beaumont voudra bien le lui faire savoir. Et puis je n'aban-

---

1. Publiée pour la première fois dans les *Œuvres de Condorcet*, 1847, tome I, page 291.

donne pas mon malheureux de Bicêtre ; encore un mot à M. Dupont, je vous prie.

Si vous pouviez aussi parler de ce malheureux chevalier de Saint-Pierre [1], je le demande à votre bienfaisance.

1. Mademoiselle de Lespinasse et Condorcet sollicitaient alors de Turgot, ministre de la marine, une mission pour Bernardin de Saint-Pierre; laquelle, d'après les désirs de celui-ci, aurait consisté à explorer le golfe Persique, la mer Rouge et les bords du Gange. Dans le cours de ce même mois d'août 1774, Condorcet écrivait sur ce sujet : « Mademoiselle de Lespinasse est toujours souffrante ; elle n'en est que plus ardente pour tirer les malheureux de peine ; elle m'a reparlé du chevalier de Saint-Pierre. Tâchez donc de faire quelque chose pour lui quand ce ne serait que de lui assurer les cent pistoles qu'on lui donne. Il sait d'ailleurs assez de mathématiques pour conduire des travaux, pour lever des plans, et vous pourriez l'employer. Car vous ne devez avoir aucune confiance aux gens des ponts et chaussées. Peyronnet voulait l'autre jour faire l'aqueduc de l'Yvette en forme d'escalier. » — A quoi Turgot répondit, le 17 août : « Je ne crois pas trop possible ce que me propose M. de Saint-Pierre ; mais je chercherai sûrement à l'employer. » Voyez notre *Correspondance de Condorcet et de Turgot*, pages 186-192.)

XXXIII

A CONDORCET.

Ce mardi au-soir (septembre 1774).

J'étais toute prête à vous accuser, si je n'avais pas eu de vos nouvelles aujourd'hui. J'avais compté sur mes doigts et je trouvais qu'il n'était pas impossible que je reçusse un mot du bon Condorcet hier lundi ! Et puis, quand j'ai vu l'heure de la poste passée et point de lettre, je me suis dit que cela était impossible, puisque cela n'est pas. Voilà, bon, excellent Condorcet, l'espèce de confiance qu'inspire votre amitié, et c'est y répondre que d'y croire à ce point-là. Ah ! mon Dieu ! non, je ne suis pas digne de vos regrets. Je ne puis plus faire éprouver qu'un plaisir aux âmes sensibles, et ce plaisir est presque ma douleur ! C'est de leur prouver qu'il y a des malheurs sans remède, sans ressource et que lorsqu'on en est accablé, si l'on se soumet à vivre, c'est à la condition et à l'unique condition qu'on sera aimé : voilà mon remède. Oh ! il est affreux de n'avoir qu'un emploi à faire de la vie : regretter, aimer et souffrir ; je ne puis plus exister que par là. L'espérance, le désir, la dissipation, rien ne peut pénétrer jusqu'à mon âme. J'implore tour à tour la mort et l'amitié. Mais je suis cruelle de vous raconter ce que je souffre. Votre âme sensible y prendra trop de part et j'aurai à me reprocher de vous avoir affecté tristement.

MM. de Saint-Chamans et de Crillon vous ont écrit, et l'un et l'autre se trouvent heureux de vous rendre une partie du plaisir que vous leur avez procuré lorsqu'ils étaient absents. M. de Saint-Chamans n'a plus de goutte, mais il est accablé de vapeurs ; la vie a peut-être été un aussi funeste présent pour lui que pour moi et il n'a jamais rien aimé que lui. J'en conclus qu'il vaut encore mieux être malheureux à ma manière.

J'ai aimé jusqu'à l'abnégation de moi et de tout intérêt personnel, et si j'ai dit souvent que la vie était un grand mal, j'ai senti quelquefois aussi qu'elle était un grand bien, et il ne m'échappera jamais ce souhait si commun dans la bouche des malheureux, qu'ils voudraient n'être pas nés. Et moi, au contraire, animée du besoin actif de mourir, je rends grâces à la nature qui m'a fait naître. Bon Condorcet, je blesse la justesse de votre raisonnement. Je vous fais voir que je suis inconséquente jusqu'à la folie ; mais avant d'être bon raisonneur, vous êtes sensible, et cela fera que vous m'entendrez et que vous serez indulgent. M. d'Alembert a déjà répété vingt fois que vous lui manquiez, que sa journée était vide depuis qu'il ne vous voyait plus ; il vous écrira, mais c'est un si faible dédommagement ! Pour moi, je sens un redoublement de tristesse tous les jours à l'heure où je vous voyais. Je ne sais plus si c'est le mal de mon âme qui pèse sur mon estomac, ou si c'est la souffrance de celui-ci qui ajoute à ma disposition morale ; mais je me sens abîmée de douleur.

Adieu, que vous avez de bonté de vous occuper de mes mauvais yeux en écrivant ! Et les vôtres, comment sont-ils ? bien fatigués sans doute. Avez-vous trouvé madame votre mère en bonne santé ? M. l'archevêque de Cambrai [1] est mort à Moulins ; il revenait des eaux. M. Turgot se porte bien. Dieu le conserve !

1. Léopold-Charles de Choiseul-Stainville, frère du ministre, né le 28 décembre 1724, mort le 11 septembre 1774.

XXXIV

A CONDORCET.

Ce 29 au soir (septembre 1774).

Je veux, non pas me réjouir, car mon âme n'atteint plus là, mais causer avec vous, bon Condorcet, du bonheur de notre ami. Hélas! il y a donc du bonheur sur la terre, et mon malheur est soulagé en pensant que ce que j'aime peut en jouir! Oui, c'est un grand bonheur que ce mariage : beaucoup de biens, point de parents, une fille de vingt ans, qui a de l'esprit ; voilà tout ce qu'on peut désirer pour jouir de la vie d'une manière calme et heureuse. Mais ce que je trouve d'aussi fortuné que notre ami, c'est la jeune personne, qui justement par la grandeur de sa fortune semblait destinée à être victime. Elle devait naturellement épouser le plus mauvais sujet de la Cour, qui lui aurait donné le singulier honneur d'avoir le tabouret. Elle a échappé à cet écueil de la sottise et de la *raison* des gens qui ont de l'influence sur son établissement. La voilà aussi bien mariée qu'elle aurait pu le souhaiter, si elle avait eu trente ou quarante mille livres de rentes, et elle a le bonheur d'en donner cent de plus à un homme qui est digne de son affection et qu'elle aurait dû choisir, si elle avait eu de l'expérience et de la vertu. Mais je suis inquiète du tourment et de la fatigue que cela cause à M. de Crillon. Vous concevez tout ce qu'il y a à faire dans l'espace de dix ou douze jours, car je crois que le mariage se fera la semaine prochaine. Il a fallu louer une maison et cela est déjà fait ; c'est *l'hôtel de la Farine* ou du moins une partie, et ce qui est heureux, c'est qu'il achète tous les meubles de M. de Saint-Pré, qui sont magnifiques, comme vous le croyez bien. Enfin, notre ami sera heureux, à ce que j'espère ; il semble qu'il n'ait été faire le tour du monde que pour trouver la fortune à sa porte.

Je viens d'écrire deux pages sur le bonheur de M. de Crillon et je ne dirai que deux mots sur ce que je sens d'une façon bien plus active : notre ami Suard est souffrant, son état devient tous les jours plus mauvais et cela m'afflige sensiblement. Mon âme n'est plus faite que pour la douleur ; je le sens ; je souffre. Je crains pour mes amis et je ne suis plus au ton de leur joie et de leur contentement. J'ai dîné, moi cinquième, aujourd'hui chez M. Turgot : il se porte bien ; il a bon visage; il est gai, mais cependant il avait un petit sentiment de goutte à un pied; il est allé à Versailles jusqu'à dimanche au soir. Je répète sans cesse : *Dieu le conserve !* Si le bien ne s'opère pas par lui, nous ne serons pas Gros-Jean comme devant, mais mille fois plus malheureux, parce que nous aurons perdu l'espérance, et c'est là le seul appui des malheureux. Il m'a beaucoup demandé de vos nouvelles. J'espère qu'il s'occupe de vous d'une manière solide. Il faut absolument que le bon Condorcet ait un pot au feu et des côtelettes tous les jours chez lui, et il faut qu'il ait un carrosse pour aller voir ses amis et pour les servir, et tout cela s'obtient avec deux mille écus de rentes, qui sont les appointements qui doivent naturellement être attachés à sa place de secrétaire de l'Académie. Cet arrangement est le plus simple et peut avoir lieu à la St. Martin prochaine. J'ai dit tout cela à madame d'Anville, qui est animée du même sentiment que moi et qui a le bonheur d'avoir des moyens de le satisfaire. M. de Vaines est écrasé de travail ; il dépérit à vue d'œil. M. de Clausonette n'espère rien et sa place lui est odieuse. M. de St. Chamans est en enfer, et il y met ceux qui le voient. M. d'Alembert est heureux et bien portant ; il vous aime et il voudrait bien que je fusse moins souffrante, et je n'y vois qu'un moyen qui le rendrait malheureux, au moins quelque temps. Cette pensée m'arrête, mais ne me calme point.

Adieu, mon ami. Comment vont les yeux ?

XXXV.

A CONDORCET.

Ce samedi, 8 octobre (1774).

L'état de madame votre mère n'est pas alarmant pour le moment ; mais ce genre de maladie laisse bien de l'inquiétude pour l'avenir. On a beau se dire qu'on doit mourir ; on ne veut pas en être averti, ni prévoir de quelle manière on sortira de cette triste vie. Pour moi, je n'y trouve de fâcheux que le vague où cela me laisse : la lenteur, la durée, voilà ce qui lasse ma pensée et qui effraie mon âme. Mais heureusement peu de gens sont dans cette disposition. Ainsi, c'est donc un bien que cette ignorance où l'on vit, et en tout je suis forcée de convenir que le malheur est bien plus rare que je ne l'avais pensé. Et, en vérité, cela me soulage, car je n'avais jamais goûté cette horrible consolation qui naît, à ce qu'on dit, de la comparaison des maux. Oh! bon Dieu! quelle dureté! Je dois respirer plus à mon aise parce que mon voisin est accablé! Non, cette pensée pèserait encore sur ma douleur. Mais ce qui la soulage, c'est de voir que l'excès de frivolité des uns et la stupidité des autres composent une espèce de calmant qui engourdit ou préserve la multitude de cette sorte de douleur qui consume les âmes sensibles et qui sont assez malheureuses pour ne pouvoir être enlevées à leurs maux, ni par la sottise, ni par l'occupation. Pour vous, bon Condorcet, qui étiez condamné à souffrir par votre bonté et par votre sensibilité, la nature est venue à votre secours en vous donnant de grands talents ; l'activité de votre esprit soulage celle de votre âme, et en tout vous devez vous joindre à nous pour rendre grâces à la destinée qui a prononcé que vous seriez aussi grand que vous seriez bon. Cet équilibre fait que nous vous aimons autant que nous vous admirons. Bon Condorcet, quoique cet éloge soit vrai, s'il ne venait que de mon jugement, il serait bien fade, mais il est l'expression du plus tendre sentiment : pardonnez-moi-le donc.

Dimanche.

Je viens de voir le comte de Crillon ; nous avons parlé de vous, nous vous avons regretté, et c'est le mouvement le plus naturel lorsqu'on ne vous attend pas, et d'ici à un mois nous serons privés de ce plaisir. Le comte de Crillon me paraît dans la meilleure disposition pour jouir sans trouble de son bonheur : il n'est pas amoureux ; sa *fortune* lui plaît, lui convient ; il se marie mercredi ; il n'y a point de noce, et jeudi ils seront comme s'il y avait un an qu'ils fussent mariés. Cela me paraît bien raisonnable.

J'ai dîné hier chez M. Turgot : il se porte à merveille ; il a le calme d'un homme vertueux, qui espère le bien et qui ne se laisse pas accabler par sa place. M. de Vaines, qui a une besogne qui commande d'une manière plus absolue et qui demande à être faite avec une exactitude qui ne permet pas une distraction, en est plus fatigué. Il est maigri d'une manière qui m'inquiéterait s'il ne dormait pas ; mais le sommeil le soutiendra. D'ailleurs il voit qu'au mois de janvier il pourra avoir quelques moments pour respirer, et cette espérance lui donne du courage. En vérité, amitié à part, tous les honnêtes gens doivent désirer que M. Turgot et M. de Vaines se portent bien : leur santé m'occupe autant et plus que la mienne. Celle de M. Suard m'alarme ; il est en bien mauvais état. Il a vu Tronchin, qui ne connaît pas la cause de son mal. M. de Saint-Chamans est pire que jamais. La mort me paraîtrait bien secourable si j'étais dans sa position ; mais il l'appelle et il la craint. Je dîne demain chez madame la duchesse d'Anville, avec Mylord Shelburne ; il est chef de l'Opposition : à ce seul titre, il aurait de l'attrait pour moi [1].

---

1. Mademoiselle de Lespinasse écrivait à Guibert: « C'est un homme d'esprit ; c'est le chef du parti de l'opposition ; c'était l'ami de Sterne ; il adore ses ouvrages. Voyez s'il ne doit pas avoir le plus grand attrait pour moi » (9 octobre 1774). « Il est sim-

Adieu, bon Condorcet, vous me devez de l'amitié; mais en me l'accordant ne croyez pas acquitter une dette; cela serait exact, mais pas assez sensible. Des nouvelles de vos yeux et de madame votre mère.

ple, naturel : il a de l'âme, de la force ; il n'a de goût et d'attrait que pour ce qui lui ressemble au moins par le naturel... Il a de l'esprit, de la chaleur, de l'élévation. Il me rappelait un peu les deux hommes du monde que j'ai aimés et pour qui je voudrais vivre ou mourir » (22 octobre). « Savez-vous comment il repose sa tête et son âme de l'agitation du gouvernement? C'est en faisant des actes de bienfaisance dignes d'un souverain.... » (7 novembre). Le comte Shelburne, né en 1737, membre du cabinet de Pitt en 1766, retiré avec lui en 1768, ministre de nouveau en 1782, est mort en 1805.

XXXVI

A CONDORCET.

Samedi au soir (octobre 1774).

Bon Condorcet, vous me devez un reproche ; mais je ne vous entends pas. Je veux que vous lisiez la mort du pape [1]. Je joins l'extrait d'une lettre adressée à l'ambassadeur de Suède [2]. Je veux que vous admiriez l'élégance de ce français. M. Duclos aurait dit que c'était parler petite France. Mais que dites-vous de ce genre de mort ? Il est confirmé par toutes les lettres que l'on reçoit de Rome. Et puis, parlez de bonheur ! Ce pape avait fait

---

1. Laurent Ganganelli, né en 1705, pape sous le nom de Clément XIV en 1769, mourut le 22 septembre 1774, empoisonné, disait-on, par les jésuites qu'il avait supprimés (21 juin 1773).

2. Elle envoyait le même extrait à Guibert avec une lettre datée du 14 octobre 1774. (*Lettres*, éd. Asse, page 128.)

une fortune inouïe ; mais n'a-t-elle pas été trop payée par les deux dernières années de sa vie ? Il les a passées dans la crainte, dans la terreur ; il voyait du poison dans tout ce qu'il mangeait et toute cette crainte a été justifiée de la manière la plus cruelle ; il est mort dans des douleurs affreuses. Mon Dieu ! que de tristes réflexions à faire sur ce que les hommes appellent bonheur, fortune, élévation ! Comme tout cela change de forme et de nom sur la route ! Il n'y a donc point de bonheur ? Hélas ! non, il n'y en a point, surtout pour les âmes actives ; elles doivent se borner à avoir quelques moments de plaisir, et de grands malheurs. Ce n'est pas que je croie, comme je vous le disais la dernière fois, que tout le monde souffre. Ho ! que non ! La stupidité et la frivolité garantissent la multitude, et j'en suis vraiment bien aise.

De quoi je le suis aussi, mais c'est avec plus d'intérêt et de sensibilité, c'est du bonheur de notre ami, le comte de Crillon. Je l'ai vu trois fois depuis son mariage, et il est marié de mercredi ; vous voyez qu'il ne néglige pas ses amis. Mais cependant il faut bien qu'ils se préparent à le voir moins. Voilà une nouvelle carrière : il vivait pour l'amitié, il pouvait se livrer à ses goûts, vivre pour ses affections ; à présent, le voilà aux prises avec une grande fortune, qui lui donnera des affaires immenses. Et puis, voilà une femme qu'il aimera, et c'est ce qui peut arriver de mieux. Et s'il ne l'aimait pas, il lui est si obligé que le voilà enchaîné pour jamais. Enfin, ce n'est pas encore là le bonheur que j'envierais ; mais cela ne conclut rien, car j'y serais terriblement difficile. Quand on en est arrivé à ce degré de dégoût qui fait qu'on se demande intérieurement, et sans même le vouloir : *à quoi bon ?* quand on a tout perdu, quand on n'espère plus rien pour la nature, quand enfin on n'a plus même le désir de changer de disposition et que, sans avoir l'activité du désespoir qui fait qu'on se donne la mort, on sent tous les soirs qu'on serait bien heureux de ne pas se réveiller; alors, mon ami, on n'a plus le droit de juger rien. On est de trop dans le monde, puisqu'on pourrait détruire les illusions des gens qui ne vivent que par elles et pour elles. Qu'il y a peu de choses en effet que ce triste éteignoir n'anéantisse ! *A quoi bon?* Il n'y a qu'une seule chose qui y résiste : c'est la passion, et c'est celle de l'amour, car toutes les autres resteraient sans réplique. Parcourez l'ambition, l'avarice, l'amour de la gloire même. En un mot, il n'y a que l'amour passion et la bienfaisance qui me paraissent valoir la peine de vivre. Voyez combien peu de gens sont assez malheureux pour avoir ainsi apprécié la vie. Vous croyez bien qu'en prêchant cette folie ou cette vérité, car je ne sais laquelle des deux, je ne ferais pas de prosélyte. Dieu m'en préserve ! Je parle à un sage, à un homme vertueux, que je ne puis ni entraîner, ni éclairer ; avec tout le reste je souffre et je me tais. J'attends, et je jouis en attendant, autant qu'il est en moi, de la douceur de l'amitié; je n'existe encore que pour aimer et chérir mes amis. Ah ! qu'ils sont aimables ! qu'ils sont honnêtes! et qu'ils sont généreux ! Combien je leur dois ! bon Condorcet, c'est de vous, c'est à vous que je parle.

XXXVII

A CONDORCET.

Samedi (novembre 1774).

Vous avez oublié, bon Condorcet, que vous êtes prié de venir manger une carbonade chez madame d'Héricourt. Vous irez de chez elle à l'Académie, tout comme de chez vous, et puis à *Henri IV* [1], car on m'assure que j'ai la loge. Si vous voyez M. Turgot, dites-lui que M. de Saint-Lambert vous a prié de lui demander s'il veut qu'il aille dîner chez lui mardi. C'est le seul moyen de le voir lorsqu'on n'a point d'affaires à lui. Bonjour ; vous serez quitte des *Henri IV* [2] aujourd'hui. Dites à

---

1. Drame lyrique de Durosoy, musique de Martine, représenté à la Comédie italienne.
2. On avait repris (16 novembre 1774) à l'occasion du *Henri IV* de Durosoy la *Partie de chasse de Henri IV*, comédie en trois actes de Collé, jouée pour la première fois en 1766.

M. Suard que je vais à la comédie. Je ne lui offre pas une place, car je ne me souviens plus de combien de places est cette loge. Mais d'ailleurs MM. les Quarante ont leurs coudées franches à la Comédie française. Dites-lui qu'il serait bien aimable de nous venir voir et indiquez-lui notre loge. Mais ne l'oubliez pas, bon Condorcet que j'aime tous les jours davantage.

XXXVIII

A CONDORCET.

11 heures du soir, vendredi (janvier ou février 1775).

Madame la vicomtesse de La Rochefoucauld, que je ne connais point, vient dans ce moment de m'envoyer demander si j'ai eu ce soir des nouvelles de M. Turgot. Cela m'inquiète: j'ai peur qu'il ne lui soit arrivé quelque chose; je voudrais déjà être à demain; je vais écrire à M. de Vaines. Mon Dieu! que le malheur rend timide et qu'il est pénible d'être averti par la crainte du vif intérêt qu'on prend à ses amis! M. Turgot ne se doute pas à quel point il a troublé, je ne dirai pas mon bon heur, mais mon repos. Dites-moi donc, bon Condorcet, comment vous le trouvez. Je voudrais qu'il ne toussât plus et qu'il eût faim; il ne sera bien guéri qu'alors. Je voudrais bien le voir; si je ne craignais qu'il y eût de l'indiscrétion, je prierais bien madame d'Anville de me mener dimanche, mais peut-être ne va-t-elle que l'après-dîner, peut-être aussi garde-t-elle son carrosse. Je ferai des questions demain, et nous verrons si elles me mèneront à Versailles. Je suis tellement accoutumée à la bonté du bon Condorcet que je me flatte d'avoir demain matin de ses nouvelles. Il se sera souvenu que je lui en ai demandé, et puis il sait bien qu'il contentera mon amitié en me donnant des preuves de la sienne.

Je vous prie de demander pardon à M. Turgot s'il reçoit un paquet de Grenoble pour moi, qu'on a mis à son adresse. J'ai prié une femme de me faire venir six douzaines de paires de gants de Grenoble, et, sans m'en dire un mot qu'après avoir écrit, elle fait mettre ce paquet sous l'adresse de M. le Contrôleur général.

M. d'Alembert vous embrasse. Je fais mille compliments à M. Dupont [1].

Voyez donc M. de Clausonette et dites-lui mille choses pour moi. Il peut dire de cette place, comme ce curé : voilà un enfant bien difficile à baptiser. J'ai besoin d'être à demain.

1. Dupont de Nemours, secrétaire de Turgot.

XXXIX

A CONDORCET.

Dimanche, 10 heures (1775).

Je vous attends, bon Condorcet ; je n'ai pas osé demander une place à madame la duchesse d'Anville. Ce que je crains par dessus tout, c'est d'être à charge ou importune ; je sacrifierai toujours mon plaisir à cette crainte-là. Je suis fâchée de cette toux ; cela tient encore à la goutte, et elle est si mal placée là !

Bonjour. A ce soir !

XL

A CONDORCET.

(1775.)

Vous êtes aimable, bon Condorcet, et vous avez ce degré de *bonté* qui tient l'âme en activité; c'est vous qui m'avez appris à parler de cette vertu. Je vous ai regardé et j'ai écrit. Je viens d'envoyer chez vous, vous dire que j'allais à l'Opéra et qu'à huit heures au plus tard je serais chez moi. Choisissez donc ; que je vous voie et que je sache par vous des nouvelles de M. Turgot !

XLI

A CONDORCET.

Ce mardi au soir (1775).

Si vous êtes malade nous voilà désolés, bon Condorcet. Au nom de Dieu, n'allez pas demain à Versailles, si vous avez la fièvre ou de la disposition à la fièvre. En grâce, dites à M. Turgot que j'envie bien les gens qui vont le voir, et dites-lui que je sens son mal comme si j'en souffrais réellement et par la pensée; sa goutte est une vraie calamité publique. Je vous remercie mille fois de m'avoir dit de vos nouvelles. Je vous aurais [désiré] et j'aurais eu de l'inquiétude de ne pas vous voir venir.

Adieu, bon Condorcet; couchez-vous de bonne heure.

XLII

A CONDORCET.

Ce mercredi, 7 heures (1775).

Bon Condorcet, pouvez-vous, avec beaucoup d'esprit, beaucoup de délicatesse et surtout beaucoup de discrétion, demander à madame la duchesse d'Anville si elle voudrait avoir la bonté de donner deux places à deux personnes qui trouveraient un grand plaisir à avoir l'honneur de faire le voyage de Versailles avec elle et avec vous, bon Condorcet. Ce second voyageur est M. de Guibert. Rapportez-nous la réponse de madame la duchesse ; mais surtout faites que nous ne soyons pas importuns.

XLIII

A CONDORCET.

Ce jeudi six heures du matin (1775).

Je n'ai pas encore dormi ; j'ai souffert toute la nuit et j'avertis le bon Condorcet que je n'irai sûrement pas dîner à la campagne. Je me sens une répugnance effroyable pour les indifférents, et je ne trouverais que cela à Courbevoye. S'il n'y a point de course de chevaux au Colysée, le bon Condorcet est prié de venir plus tôt que l'heure indiquée, car je ne sortirai point du tout. Je le prie aussi d'engager M. l'abbé Arnaud à venir entendre M. d'Alembert ; il nous fera grand plaisir. Faites-en souvenir M. Suard ; il m'a promis sa soirée. Bonjour ou bonsoir ; car je vais essayer de dormir. Je me sens triste jusqu'à la mort. Oui, bon Condorcet, le sommeil éternel me serait meilleur que le plaisir et la consolation que j'ai à vous voir et cependant j'en ai beaucoup : votre bonté, votre amitié soutiennent mon âme.

XLIV

A CONDORCET.

Ce mercredi au soir (mai 1775).

Mon Dieu ! que je vous trouverais heureux d'avoir quitté Paris, si en vous éloignant vous aviez pu vous séparer des pensées et des affections qui troublent votre vie ! Mais le mal est partout et la nature, qui vous a doué d'un grand talent, c'est-à-dire d'un grand remède pour cette maladie qui s'appelle la vie, vous a donné en même temps une âme active et sensible qui vous détourne et vous enlève à votre talent et qui vous fait sentir et partager les maux de tout ce que vous aimez. Oh ! il n'y a pas de repos pour une âme aimante et animée de l'amour du bien. C'est bien certainement la passion la plus malheureuse que puisse avoir un homme en place et cela ne vous est que trop prouvé. Notre ami en sera la victime. On vous aura mandé tous les troubles de ces jours-ci [1]. On vous aura dit que les révoltes étaient annoncées, et qu'elles ont eu lieu comme si elles avaient été imprévues. Notre ami est resté calme dans l'orage ; son courage et sa bonne tête ne l'ont point abandonné ; il a passé les jours et les nuits à travailler. Mais je me meurs de peur que sa santé ne succombe à d'aussi violentes secousses. Pour moi, qui n'ai ni son courage ni ses vertus, je me sens pénétrée de tristesse et de terreur. Je crois tout ce que je crains et je ne pense qu'avec effroi à l'avenir. Le roi a montré dans toute cette affaire beaucoup de sagesse, de bonté et de fermeté. Il a écrit hier deux lettres à M. Turgot, qui font grand honneur à son âme et à son bon esprit. N'est-il pas désolant de voir qu'avec un roi qui veut le bien et un ministre qui en a la passion, ce soit le mal qui se fasse et que la grande partie du public ne veuille que le mal ? Oui, l'Ambassadeur a raison : nous sommes en général de grandes canailles. Bon Condorcet, mettez de la modération dans le ton et une grande force dans les choses. C'est la cause de la raison et de l'humanité que vous défendez. Gardez-vous d'employer ce moyen si commun et si faible de dire des injures [2]; la matière que vous traitez n'est pas suscep-

---

1. La guerre des Farines. L'émeute éclata à Pontoise le 1er mai ; le 2, elle arrivait à Versailles ; le 3, à Paris; le 4, elle se calmait devant le déploiement des troupes. Quelques individus furent arrêtés, deux furent jugés en cour prévôtale et pendus. Lille, Amiens, Auxerre, etc., eurent aussi leurs troubles. Il est généralement admis que ces mouvements furent excités par les ennemis de Turgot.

2. Condorcet ne suivit pas le conseil. Il y a dans les *Lettres sur le Commerce des grains* autant d'injures que de raisons.

tible de plaisanteries, ainsi il faut que ce soient la raison et la vertu qui combattent la méchanceté et l'ignorance. Enfin, bon Condorcet, écrivez d'après vos lumières et d'après votre âme honnête et élevée, et vous ne nous laisserez rien à désirer.

Adieu. M. d'Alembert vous embrasse tendrement.

XLV

A CONDORCET.

Ce samedi au soir (15 mai 1775).

Oui, assurément, bon Condorcet, il y avait longtemps, bien longtemps que je n'avais eu de vos nouvelles directement, car, comme vous, j'en ai eu tous les jours, aussi je ne me plaignais pas, je ne vous accusais pas, mais je regrettais un plaisir. Mon Dieu ! oui, j'ai souffert, et beaucoup. J'ai été frappée de terreur ; mon âme ne connaît plus de mouvement modéré. Je croyais tout ce que je craignais, et pendant huit jours il y avait prétexte à tout craindre. Je distinguais pourtant notre ami de la chose publique ; mais je tremblais que sa santé ne succombât. Oui, oui, il leur a appris qu'avec beaucoup de vertu et beaucoup d'esprit il avait un grand caractère et une âme aussi forte qu'élevée. Mais ne croyez pas qu'il ait vaincu tous ses ennemis. Mon ami, personne sur la terre ne vaincra les sots et les fripons ; on les fait trembler quelquefois, mais rien ne les fait taire. Mais si vous entendiez quelles bêtises, quelles méchancetés remplissent les soupers délicieux de Paris ! Je bénis le ciel qui m'a fait prendre le parti de me retirer du monde : ce qui m'en revient m'en donne un dégoût mortel.

Non, je n'ai pas été à la campagne, d'abord parce que si j'y avais été, j'en serais revenue pendant ce temps de trouble : je ne voyais pas M. Turgot ; mais j'avais de ses nouvelles dix fois par jour et elles m'étaient nécessaires. Et puis, voilà le mois de mai passé ; c'est ce mois que j'aurais voulu jouir du bon air et vivre seule. D'ailleurs j'ai su que M. d'Alembert me cachait la peine que je lui faisais : cela m'ôte le courage de remplir mon projet, et il deviendrait d'autant plus pénible à remplir que je crois votre retour assez prochain. N'est-il pas arrêté pour le 3 ou le 4 juin ?

C'est aujourd'hui que M. de Duras [1] a été reçu ; il n'y a qu'une voix sur son discours : court, simple, noble et convenable à tous égards. Aussi dit-on qu'il a été très applaudi ; celui de M. de Buffon moins mauvais que le dernier, mais voilà tout. L'abbé Delille a lu le chant de Didon qui a été fort applaudi ; mais ce qui l'a été à l'excès, c'est l'éloge de Bossuet. M. d'Alembert avait eu l'a-

---

1. Emmanuel-Félicité, maréchal duc de Durfort-Duras, né en 1715, mort à Versailles le 6 septembre 1789, prit part à presque toutes les guerres de Louis XV; ambassadeur en Espagne (1752), pair de France (1757), il fut premier gentilhomme de la Chambre du roi et gouverneur de la Franche-Comté.

dresse d'y faire entrer de justes louanges de la lettre de l'archevêque de Toulouse à ses curés, et cet endroit a été saisi avec transport par le public, qui a applaudi à enfoncer la salle. Je regrette de n'avoir pas entendu cet hommage rendu à un homme de mérite qui fait le bien, et avec les vertus de son état et avec les lumières d'un homme d'Etat. C'est le plus beau moment de sa vie, car le public ne le voit point dans le Ministère. Ainsi, l'éloge est pur et, quoi qu'il arrive, il n'y aura rien à y retrancher. Tout le monde n'a pas été si heureux que M. d'Alembert, n'est-ce pas? bon Condorcet.

M. de Guibert est malade [1] : il a la fièvre très fort et presque une inflammation d'entrailles. Vous croyez bien que son sang est bien près de cette indisposition, même en santé. Il n'a pas encore donné son éloge à la censure ; le chevalier ne l'a pas persuadé, mais inquiété, et je crois que c'est à tort.

Bonsoir. M. d'Alembert vous embrasse de tout son cœur, et moi, je vous aime comme il vous embrasse.

1. A la veille de son mariage.

XLVI

A CONDORCET.

Ce lundi au soir 21 mai (1775).

Je reçois votre lettre et j'y réponds. Je commence d'abord par ce qui m'intéresse le plus, votre retour. Je vous attendais le 3 du mois prochain, et voilà que vous remettez au 11, sans avoir l'air de rien changer à votre premier projet. Celui d'aller en Bourgogne n'aura pas lieu. Je crois que M. Turgot restera à Paris pendant le sacre pour se remettre au courant des affaires. Sa maladie et les derniers troubles doivent l'avoir mis fort en retard. Pour moi, à mon grand regret, je ne peux pas me reprocher de lui avoir enlevé une minute. Je ne le vois point et je ne sais pas comment on peut aborder un homme accablé d'affaires lorsque, soi, on n'en a point. Quelle conversation pourrait intéresser une tête remplie des affaires de l'Etat ? Je vois des gens qui, pour avoir l'air d'être son ami, se font un devoir d'aller chez lui assidûment et qui reviennent de la campagne pour dîner chez lui. Ces mêmes gens le voyaient une fois dans quinze jours dans le temps que nous allions passer nos après-dîners avec lui, lorsqu'il avait la goutte, dans la rue de la Chaise. Mon Dieu ! que la vanité est bête et plate ! Quelqu'un disait tout à l'heure qu'il y a bien plus de bêtises dans le monde qu'il n'y a de bêtes et cela est bien juste, parce qu'il y a la vanité des gens d'esprit, qui est bien plus féconde en bêtise que ne le sont les bêtes. Vous concluez, bon Condorcet, que je viens de souffrir du mal dont je me plains, et vous aurez raison de tirer cette conséquence de ma pesante remarque sur la vanité. Si je vous nommais les gens qui étaient tout à l'heure avec moi, vous verriez que je n'exagère rien.

Mais pourquoi donc les *Lettres provinciales* ne sontelles pas répandues parmi les fidèles de Paris ? J'ai vu deux petites feuilles de Genève qui, j'espère, vous sont parvenues : le *Monopole*, cela est du meilleur ton et du meilleur sel ; mais il ne nous faut pas mieux, mais plus que cela. L'autre feuille est du vieillard de Ferney, qui a la vigueur, la gaîté et la frivolité de vingt ans ; cela est intitulé : *Diatribe à l'auteur des Ephémérides*. Sûrement, vous l'avez reçue. Il y a de fort bonnes choses et quelques traits excellents ; ce qu'il dit sur l'édit de M. Turgot est vraiment touchant : « *L'humanité tenait la plume et le roi a signé.* »

Savez-vous que nous sommes menacés de perdre

M. le cardinal de la Roche-Aymon [1] ? Il était si mal hier qu'on le soutenait avec des gouttes du Général La Motte. Il y a une grande dispute entre   et le coadjuteur [2] pour savoir qui est-ce qui suppléerait au cardinal. Cette question a dû être décidée aujourd'hui, mais la mort du cardinal trancherait la difficulté. Il a donné une abbaye de cent mille livres de rentes à l'archevêque de Toulouse. J'aimerais mieux qu'il lui eût légué sa feuille.

On nomme pour cet héritage l'ancien évêque de Limoges, M. de Narbonne, et M. l'abbé de Véry [3]. Pour lequel prononceriez-vous ?

Madame de Périgord est morte en deux fois vingt-quatre heures, de la goutte dans les entrailles, cet hiver. J'implore la mort tous les jours et je vis ! Oh ! mon Dieu ! Je trouve la mort plus cruelle que la fortune et tout aussi aveugle ! Tout le monde va voir les magnificences du sacre, les carrosses, la couronne, le ciboire,

1. Né au château de Mainsat le 17 février 1697, mort à Paris le 27 octobre 1777.
2. Alexandre-Angélique de Talleyrand-Périgord, né le 18 octobre 1736 à Paris, successeur du cardinal de la Roche-Aymon dans la présidence de l'Assemblée du clergé en 1777, cardinal et archevêque de Paris en 1817, mort le 20 octobre 1821.
3. Né à Séguret (Comtat Venaissin) le 10 octobre 1724, de Louis de Véry et de Jeanne de Breton de Crillon ; condisciple de Turgot ; fut député à l'Assemblée générale du clergé en 1745, grand vicaire du cardinal de la Rochefoucauld, archevêque de Bourges en 1749 ; se lia alors avec M. de Maurepas ministre disgrâcié de Louis XV ; devint auditeur de rote à Rome ; mourut en 1802, après avoir été emprisonné pendant la Terreur. M. le comte des Isnards-Suze possède des mémoires et des papiers de l'abbé de Véry.

etc., etc. Pour moi, je tiens tout pour vu. Je m'afflige seulement de ce que le roi n'a pas exigé que cela se fît avec moins de faste et de dépense ; il n'en serait pas moins grand et son peuple aurait pu être soulagé. Mais s'il persiste à aimer le ministre vertueux qui lui consacre sa vie, le bien se fera sûrement.

Adieu. Tous vos amis vous attendent avec impatience, et moi avec celle du sentiment le plus tendre.

XLVII

A CONDORCET.

Jeudi au soir, premier juin (1775).

C'est a moi, bon Condorcet, que vous devez vous en prendre si la quatrième et la cinquième lettres [1] ne paraissent pas depuis huit jours : j'ai conjuré M. Dupont d'attendre la sixième pour les faire paraître ensemble, et je suis assurée que c'est votre intérêt et le bien de la chose qui m'ont animée ; et cela est si vrai que M. Turgot et M. Dupont se sont rendus à mes raisons. Je ne vous les dirai pas : cela serait trop long à discuter dans une lettre ; mais encore une fois pour faire effet, pour remplir votre objet, il fallait cette sixième lettre qui entrera en matière et qui intéressera pour ce qui doit la suivre. Il ne suffit

1. *Lettres sur le Commerce des grains*, Paris, Couturiet, 1775, in-8º.

pas d'être piquant, de bon goût, agréable, il faut avoir raison, et de cette raison qui se prouve et se démontre par de bons raisonnements, et je vous demande s'il y a quelqu'un dans le monde de qui on doive en attendre, si ce n'est du bon Condorcet. Il faut absolument qu'il fasse dire : il a fait un excellent ouvrage et, par le ton et par la manière, il l'a rendu agréable. Et quand M. Necker et l'abbé Galiani seront oubliés, votre livre restera avec la force que donne la vérité soutenue de l'instruction. Vous aurez éclairé les ignorants et vous aurez confondu les méchants. Voilà, bon Condorcet, la tâche qu'il faut remplir et nous vous bénirons. Mais revenez donc. M. de La Rochefoucauld me dit que vous retardiez encore votre retour. Pourquoi cela ?

Vous savez que M. Turgot va au sacre. Mon premier mouvement a été d'en être fâchée. Je voyais que cela lui donnerait bien du temps, qu'il se remettrait au courant ; mais tout ce qui l'entoure dit qu'il fallait qu'il y allât, que cela était absolument nécessaire. Sans en pénétrer les motifs, je me joins à eux. Je dis que c'est bien fait et je suis contente.

L'ambassadeur de Naples est de retour, aussi gai, aussi aimable que jamais, mais guère mieux portant. Il est revenu *pour le sacre* [1]. Paris sera désert pendant ce sacre. Mon Dieu ! que je l'aurais trouvé beau s'il coûtait moins cher ! Mademoiselle de Lorraine est coadjutrice de Remiremont, avec cinquante mille francs de pension. Vous voyez donc qu'il n'était pas si frivole de

---

1. Le sacre eut lieu le 11 juin 1775.

vouloir danser le premier menuet ; elle en fait payer les violons aujourd'hui. Pour moi, qui n'ai point d'élévation, je gémis de toute mon âme de tant d'abus.

Bonsoir.

XLVIII

A CONDORCET.

Ce 7 au soir (juin 1775).

Tout le monde me dit que vous ne revenez que le 18 et personne ne peut me dire la raison de ce retard. Je sais si bien celle de votre lenteur à répondre que je ne m'en plains pas, et vous voyez, bon Condorcet, que je ne vous attends pas. Mais je veux vous prier de m'accorder un moment. D'abord, lisez la proposition ci-jointe [1]; elle est de l'ambassadeur de Naples; nous lui avons dit qu'elle était spécieuse, mais non pas *satisfactoire*. Vous voyez les éclats de rire. Et moi, je lui ai promis la réponse à cette proposition, et je lui ai dit

---

1. Voici cette proposition : *Le désir de changer le blé en argent n'a aucune proportion avec le besoin de changer l'argent en blé.*

qu'il recevrait une lettre de Montargis. Je vous prie donc, bon Condorcet, de mettre en grosses lettres la question de l'ambassadeur et, au-dessous et sur la même feuille, la réponse bien précise et qui l'écrase bien. Vous ne vous nommerez point. Vous ne direz pas un mot hors de la question, et vous la daterez de Montargis, et vous l'adresserez à Reims, si vous jugez qu'il puisse la recevoir avant le 14, car c'est le jour qu'il en doit partir pour revenir à Paris. En grâce, bon, excellent Condorcet, prêtez-vous à cette plaisanterie, qui n'est pas si frivole si elle peut éclairer un homme d'esprit, que je crois peu ou, ce qui est pis, mal instruit sur cette matière. Si la réponse à cette proposition ne pouvait se réduire à un seul point, alors, il faudrait traiter le principal et finir la lettre par *le reste à l'ordinaire prochain* et, ce reste, vous le lui diriez vous-même, et vous disputeriez, et vous l'instruiriez, et tout en plaisantant vous auriez fait le bien.

M. le duc d'Aiguillon a reçu hier, par M. de la Vrillière, ordre du roi d'aller et de rester à Aiguillon. Je ne connais pas M. d'Aiguillon, mais son exil m'afflige et me fait peur pour les conséquences que cela peut avoir. M. de Maurepas est d'une philosophie stoïcienne, il est à Pont-Chartrain; il doit y recevoir M. d'Aiguillon qui y est allé ce soir et qui part de là pour son exil. Vous remarquerez qu'Aiguillon est à deux cents lieues, qu'il n'est pas bâti et que sa femme ne peut y aller. L'exil de Chanteloup était plus doux. M. le duc de Choiseul est au sacre; ses amis ne se possèdent pas de joie de cet exil; ils espèrent sans doute... enfin, nous verrons;

mais ce qu'il y a de vrai, c'est que M. de Maurepas n'est pas curieux. Je ne sais, mais je crains de grands, de bien grands changements d'ici à peu de temps. Bonsoir, je suis triste et malade. Je vois bien noir. Dieu veuille que ce soient mes yeux qui aient tort !

Revenez donc, bon Condorcet, revenez voir des amis à qui vous manquez à tous les moments. Si votre réponse ne peut arriver à Reims avant le 14, vous n'avez pas oublié que l'ambassadeur loge rue Montmartre, près du boulevard; à Reims, à la Cour.

XLIX

A CONDORCET [1].

Ce mercredi (1775).

J'ai vu M. de Vaines. Le bon Condorcet n'a point de reproches à se faire, à moins qu'il n'ait oublié mon petit billet d'hier au soir ; mais ce n'est pas lui que j'accuse, mais celui à qui il s'adressait, qui, sans avoir d'équation dans la tête, l'a souvent perdue. Voici ma journée : je dîne chez madame Geoffrin ; à cinq heures, je vais chez madame de Marchais [2] ; à six, je rentre chez moi, et je vais, à neuf et un quart, passer la soirée chez M. Bertin. Voyez, bon Condorcet, quel temps vous

1. Publiée pour la première fois en fac-simile par M. Asse.
2. Née en 1735, épousa E.-J. de Laborde, valet de chambre du roi, puis M. d'Angevilliers, et mourut le 14 mars 1808.

m'accordez, car je veux votre présence et je n'exigerai même pas tant qu'hier. Je vous demandais vingt paroles, je me contenterai de quatre mots et je vous en dirai trois du fond de mon cœur : *je vous aime.*

L

A CONDORCET.

(25 août 1775.)

Eh bien ! comment les aveugles ont-ils jugé avec les lumières de leur esprit et la sensibilité de leur âme ?

Je suis un peu pressée de savoir l'avis du bon Condorcet ; il me consolera de n'en pas pouvoir avoir un. Mon Dieu ! que je suis fâchée ! Vous n'avez pas jugé du spectacle, c'est perdre beaucoup [1].

---

1. Il s'agit, croyons-nous, de la décision de l'Académie française dans le concours sur l'éloge de Catinat. La Harpe eut le prix ; Guibert, un premier accessit, et l'abbé d'Espagnac, un second accessit. La séance publique eut lieu le 25 août 1775. Quelques jours avant, mademoiselle de Lespinasse écrivait à Guibert : « Un accessit seul aurait été une platitude choquante ; mais deux accessits me paraissent une impertinence offensante, et il ne m'importe de savoir quelle modification ou quelle dis-

Bonsoir. Nous dînerons ensemble. Engagez-y M. Suard; il sera bien aimable, bien selon mon cœur, et dites aussi à M. l'Ornandi (?)

tinction on y mettra le jour de l'assemblée publique. Si Voltaire avait concouru et qu'on vous eût donné l'accessit, cela serait tout simple; mais être à la suite de M. de la Harpe et à côté d'un jeune homme de vingt ans! cela me révolte à un degré que je ne puis exprimer, et que je n'ai pu contenir; cela blesse mon orgueil, cela me rend injuste, cela pousse mon âme jusqu'à la haine pour celui qui vous a été préféré. » Cependant, si l'on en croit les *Mémoires* de Bachaumont, c'est elle qui fit entrer la Harpe à l'Académie française (20 juin 1776).

LI

A CONDORCET.

(1775.)

Après l'opéra, je vais chez madame de Châtillon [1], qui est malade [2]. Venez-y, bon Condorcet, vous lui ferez

[1]. Adrienne-Emilie Félicité de la Baume le Blanc, née le 29 août 1740, fille de Louis César de la Vallière, célèbre bibliographe, et d'Anne-Julie-Françoise de Crussol d'Uzès, devint, en 1762, veuve de Louis Gaucher, duc de Châtillon qu'elle avait épousé en 1756. Mademoiselle de Lespinasse écrivait le 26 octobre 1774 à M. de Guibert : « Je suis interrompue et toujours par madame de Châtillon. Je commence à croire que la première de toutes les qualités pour se faire aimer, c'est d'être aimant. Non, vous n'imaginez pas tout ce qu'elle invente pour aller jusqu'à mon cœur. Mon ami, si vous m'aimiez comme elle, non je ne le voudrais pas : me préserve le ciel de connaître deux fois un pareil bonheur ! »

[2]. C'est dans des lettres datées de 1775 que mademoiselle de

plaisir, et je ne passerai pas un jour sans vous voir. Madame la duchesse d'Anville a la bonté de désirer une copie du mauvais portrait que j'ai fait du plus excellent original [1]. Dites-lui que je lui en fais hommage de toute mon âme et que je suis comblée de ce que l'amitié qu'elle a pour vous lui donne de l'indulgence pour moi.

Bonjour, venez, bon Condorcet, chez madame de Châtillon.

Lespinasse parle à M. de Guibert de cette maladie de madame de Châtillon (*Lettres*, éd. Asse, pages 186 et 194).
1. Le portrait du marquis de Condorcet, qu'on trouve dans notre *Appendice*.

LII

A CONDORCET.

(Mademoiselle de Lespinasse dictant à d'Alembert).

A Paris, ce 24 septembre (1775).

Vous êtes trop aimable, bon Condorcet, de trouver le temps, au milieu de tout ce qui vous occupe et vous accable, de penser encore aux souffrances d'une personne qui n'a plus le droit d'intéresser, puisqu'il est bien décidé que ses maux sont incurables. Mais s'ils peuvent au moins être soulagés par des calmants, ce sont vos soins, vos bontés, votre amitié qui leur en serviront. Je me porte un peu mieux depuis quelques jours, c'est-à-dire que je dors quelques heures, ce qui me donne le degré de force qu'il faut pour me taire sur mes autres maux. Ce que vous me dites de l'indécision de vos parents m'affligerait beaucoup, si je ne connaissais pas le pouvoir de l'activité sur la faiblesse et la paresse. Quand vous le voudrez, vous les mettrez en mouvement, et il est impossible que vous ne vouliez pas fortement les attirer dans ce pays-ci : votre commodité, votre plaisir, votre bonheur y sont attachés. Vous allez donc faire des voyages. Ils ont sûrement pour but des choses si utiles que je ne vous plains pas, car, sans avoir été élu l'avocat du bien public, vous satisfaites le premier besoin de votre âme en faisant le bien.

J'ai dîné aujourd'hui chez M. Turgot ; il se porte à merveille ; il est calme et point encore découragé. Il espère qu'avant qu'il soit peu, le blé diminuera autour de Paris et que l'abondance triomphera de la malveillance. En vérité, ce sera bien établir sa force, car la mauvaise volonté n'a jamais été plus violente.

Demain le clergé va *en entier* à Versailles ; l'archevêque de Toulouse portant la parole, ils demanderont au roi, que pour empêcher les mauvais livres, les auteurs soient obligés de mettre leur nom à leurs ouvrages. Voilà le beau préservatif qu'ils ont trouvé contre l'incrédulité. A la place du roi, je les enverrais tous dans leurs diocèses prêcher et convertir les incrédules [1].

M. et madame Suard sont déjà en possession de votre propriété ; ils y ont été s'y enfermer et vous les y trouverez peut-être encore à votre retour.

Vous aurez su que M. Turgot a fait donner à M. de Vaines, pour réponse au libelle que vous savez [2], la place

1. Voir dans nos *Opuscules philosophiques et littéraires de d'Alembert*, 1886, in-8, pages 124 et suiv., les discours que le secrétaire met dans la bouche du roi.

2. *Lettre d'un profane à M. l'abbé Baudeau, très vénérable de la scientifique et sublime Loge de la Franche Economie*, publiée en août 1775. Le 2 novembre paraissait un second pamphlet : *Lettre écrite à M. Turgot par un de ses amis*.

de lecteur ordinaire de la Chambre du roi, avec toutes les entrées, prérogatives, etc., qui y sont attachées. M. Turgot a écrit à M. de Vaines une lettre qui ne vous étonnera pas plus que moi par le ton de fermeté qui y règne. Elle sera si publique que vous la lirez sûrement dans les gazettes, où je souhaite qu'elle ne soit pas défigurée [1].

M. de Saint-Chamans est mieux, mais sensiblement mieux : pour le coup, le voilà en convalescence ; sa sœur est partie pour Ablois. Le secrétaire qui a écrit cette lettre vous embrasse de tout son cœur.

Nous sommes à la fin de nos expériences, et quant à votre affaire *secrétariale*, j'espère qu'elle s'arrangera convenablement [2].

Vous méditerez sur ceci : *tout homme faible est un gueux qu'il faut mépriser*. C'est un apophthegme que j'ai entendu aujourd'hui professer à M. d'Angevilliers. Il n'y a que deux classes, selon lui, dans l'espèce humaine, dont l'une mérite des statues et l'autre la Grève : autre apophtegme du même auteur.

Adieu, bon Condorcet, j'ai bien regretté que vous ne fussiez pas là.

---

1. Cette lettre datée du 18 septembre 1775 nous est conservée dans la *Correspondance Métra* (tome II, pages 191-192 ; 7 octobre 1775).
2. Voyez notre *Correspondance de Condorcet et de Turgot*, pages 214 et suiv., et nos *Opuscules de d'Alembert*, pages 50 et suiv.

LIII

A CONDORCET.

Ce jeudi au soir, 28 septembre (1775).

M. et madame de Saint-Chamans et moi, nous avons été à trois heures faire une visite à votre campagne. J'ai été enchantée de sa situation. Il n'y a rien de si gai, de si varié, ni d'aussi agréable. Le jardin est vraiment beau, et quand il sera cultivé il y aura du fruit excellent et en grande abondance. J'y ai cueilli une figue et un grain de raisin muscat et je doute que celui de Fontainebleau, si vanté, soit aussi bon ; mais je vous demande en grâce de laisser ces beaux arbres debout. Ils sont non seulement agréables, mais ils sont nécessaires. Il serait trop incommode d'aller gagner la seconde terrasse, s'il n'y avait pas d'arbres dans la première. D'ailleurs, savez-vous bien que tant de meurtres ne vous vaudraient que cin quante louis? c'est le dernier mot de ceux qui savent estimer ces choses-là. Ah! bon Condorcet, ne vous rendez pas si coupable pour si peu d'argent. Il faut au moins que vous disiez comme cette reine : *vous m'en direz tant!* A l'égard de la maison, elle est en bien mauvais état et il faudra bien des portes et des fenêtres pour la rendre habitable en hiver. D'ailleurs, l'on dit qu'il faut refaire les plafonds. En ce cas, il est incroyable que vous vouliez risquer que madame votre mère l'habite cet hiver. Cela est d'un danger qu'il y a de la folie à braver. Vous ne vous consoleriez jamais si elle devait à ce déplacement des infirmités qui lui rendraient la vieillesse insupportable. Bon Condorcet, ne mettez ni impatience, ni précipitation à cet établissement! Donnez-vous le temps de faire faire les réparations d'absolue nécessité : les plâtres, les peintres, tout cela a besoin de temps. De plus, vos parents arriveront qu'il n'y aura plus ni vert ni feuille. Cette belle vue, ce joli jardin seront tristes, et leur maison serait affreuse si le vent y venait de partout, et elle serait dangereuse s'il y avait des plâtres neufs. J'en dis bien long parce que j'ai réellement fort à cœur que vous évitiez d'avoir un repentir qui troublerait votre vie. Mon ami, ce n'est pas pour l'acquit de ma conscience que je parle, c'est pour contenter tout à la fois ma raison et mon amitié.

M. de Saint-Chamans est un peu moins mal, mais voilà tout. Il est encore plus près de la maladie que de la santé. Ses parents s'accoutument à son état et ils s'en tiennent à Lorri, que j'aime et j'estime fort. C'est peut-être lui que je croirais de préférence ; mais je voudrais qu'il en consultât un autre et surtout qu'il se fît tâter par le plus habile anatomiste. Je dis bien cela, mais je ne persuade pas, et trop d'insistance alarmerait peut-être. Et assurément je ne veux pas faire mal à ce que je chéris tendrement.

J'envoie à madame d'Anville des vers que je la prie de vous faire passer : cela ne fait pas mourir de jalousie, mais bien de plaisir, le barbouilleur qui a été peindre le même original [1].

Il y a un journal de Linguet qui fait crever de rage M. de la Harpe. Nous savons que penser de Linguet; mais, de bonne foi, n'a-t-il pas à se venger de M. de la Harpe? Et lorsqu'on a voulu le tuer à coups d'épingles, et puis à coups de poignard, et qu'on ne l'a pas laissé mort sur la place, faut-il s'étonner que cet homme se venge comme il peut? Eh bien! M. de la Harpe ne se possède pas; il a de plus un petit mécontentement qu'il n'ose pas prononcer. M. de Voltaire a beaucoup loué son éloge de Catinat; il ne disait mot de celui de M. de Guibert; ce silence n'était pas pénible à M. de la Harpe; mais c'est que M. de Voltaire n'avait point l'éloge de M. de Schomberg, que je n'ai pas laissé dans la poche de M. de Schomberg, et j'espère bien qu'il ira dans la vôtre. Je prie aussi madame d'Anville de vous le faire passer. Si j'avais un copiste prompt, je ne donnerais ce soin-là à personne.

M. d'Alembert vous aura mandé que l'expérience de l'abbé Bossut est finie. Il est bien content de M. Turgot:

1. Ces vers sont publiés dans mon édition des *Opuscules philosophiques et littéraires de d'Alembert,* pages 66 et 67.

il est bien juste que les gens honnêtes l'aiment et le louent; les fripons et les sots sont si acharnés ! Bonsoir, voilà un volume ; mais il est si naturel de s'oublier en causant avec vous. Ma santé est toujours aussi mauvaise. Vous devriez m'entendre tousser. Madame Suard m'a assuré qu'on pouvait encore vous écrire à Ribemont : j'en doute un peu.

LIV

A CONDORCET.

Ce 9 octobre 1775.

Que vous êtes aimable, bon Condorcet, d'avoir trouvé le moment de me donner de vos nouvelles de partout. Il y a un temps infini que je ne vous ai écrit et c'est assurément à mon grand regret. L'histoire de la princesse de Poix m'a charmée et la circonstance du soufflet y ajoute un intérêt infini. Ce que vous dites de ce prince de Croisy, ce mélange de vertus et de sottises, contraste d'une manière singulière. Mais, comme vous dites, il est bien fâcheux d'être forcé de se moquer de ce qu'on estime. J'ai été bien contente de ce que vous m'avez répondu sur les réparations de votre maison et sur le danger dont pouvaient être les plâtres neufs. Vous dites que vous les ferez éviter à madame votre mère : cela est bien. Il n'y aura que dans votre chambre où il y en aura ; *mais vous êtes bien sûr que qu'ils ne vous feront pas mal?* De bonne foi, cela peut-il s'entendre ? Avez-vous un secret, un art, un préservatif contre l'influence du plâtre ? Et si vous n'en avez point, y a-t-il de la raison à vous y exposer ? Mon ami, croyez-moi, ne prodiguez ni votre santé, ni votre vie ; il n'y a plus de bonheur avec de certaines privations, et quand ce n'est plus qu'à force de vertu ou de philosophie qu'on supporte la vie, ce n'est pas la peine d'y rester.

J'ai fait vos deux commissions auprès de M. d'Aranda, et voilà sa réponse dans une note ci-jointe. Si vous faites bien, vous vous adresserez à M. le chevalier de Magallon, qui a une place qui le met à portée de faire ce que vous désirez ou par lui ou par son crédit. Il est aussi obligeant que M. d'Aranda l'est peu.[1] M. Magallon doit être à présent à Madrid ; il est conseiller ou président du conseil des Indes ; vous devriez lui écrire.

M. de Guibert trouve la pension bien chère ; il attendra encore ; il m'a bien demandé de vos nouvelles ; il a

---

1. Né le 18 décembre 1718; partisan des idées philosophiques, il fit des réformes importantes pendant son ministère (1766-1773); envoyé ambassadeur à Paris, il eut la joie de contribuer en 1783 au traité de Paris; il revint au ministère à la mort du comte de Florida-Blanca en 1792; mais la cour frivole de Charles IV ne put longtemps le supporter ; il se retira dans l'Aragon, où il mourut en 1799.

passé huit jours ici en revenant de Metz ; il a emporté cent volumes in-quarto pour répondre à M. Duménil-Durand[1] ; il va écrire sur l'art de s'égorger avec plus ou moins de célérité. MM. de Broglie et toutes les troupes sont entraînés par l'avis de M. Duménil-Durand. Cependant le procès n'est pas encore jugé. M. de Guibert va faire le métier de rapporteur et d'avocat général. Je lui ai recommandé de se rendre aussi intéressant que M. Séguier.

Vous savez que M. Suard a été au Havre avec M. et madame de Vaines. Ils ont fait ce voyage pour distraire M. de Vaines, qui est resté accablé sous le coup de massue qu'il a reçu [2]. Les gueux qui l'ont porté ne sont point découverts. Il y a eu dans cette affaire des circonstances bien affligeantes [3]. Il y a un siècle que je n'ai vu

---

1. François-Jean de Graindorge d'Orgeville, baron de Ménil-Durand, né en 1729, colonel d'état-major en 1760, se fit le défenseur de l'*ordre profond* contre l'*ordre mince* recommandé par Guibert. C'est pour le réfuter que celui-ci composa sa *Défense du système de guerre moderne.*

2. Le fameux libelle dont il est question dans la lettre LII.

3. Un secrétaire de d'Alembert, Ducroc de la Cour, avait chez lui un ballot d'exemplaires et avait promis de livrer l'édition entière moyennant cinquante louis. Il trompa de Vaines en en gardant un exemplaire qu'il fit passer en Hollande. D'Alembert dut chasser ce malhonnête serviteur. L'auteur était un avocat nommé Blondel ; ayant appris qu'il était découvert, il écrivit à Malesherbes une lettre où il se glorifiait d'avoir écrit le libelle pour le bien de l'Etat : il se faisait fort de prouver toutes ses assertions. On l'enferma à la Bastille ; mais le Parlement ayant évoqué l'affaire, il fut mis en liberté. Il y a dans les papiers de d'Alembert un fragment d'un amusant pamphlet dirigé contre lui par Ducroc.

M. Turgot ; l'on dit qu'il a été respirer, se délasser *au Tremblai*, chez madame sa sœur. J'avoue que voilà un délassement qui me paraît mille fois plus pénible que le travail le plus violent.

M. Trudaine ne vous a donc point fait de réponse sur cette affaire de M. de Montigny, de Lorient ? Jugez par cette misère du malheur affreux qu'il y a de dépendre de M. Trudaine. Ah ! mon Dieu ! combien il y a de gens qu'on dit honnêtes, qui font le mal sans scrupule et sans remords !

M. de Saint-Chamans est un peu mieux ; mais c'est si peu qu'en vérité on ne peut pas y prendre grande confiance. Il ne veut voir que M. Lorri. Ma confiance aux médecins est si faible que je n'ai pas beaucoup de force pour combattre la répugnance qu'il a pour les voir. Cependant je crains que Lorri ne se méprenne. C'est un grand malheur que d'avoir besoin des secours des aveugles. Il semble qu'on tomberait bien sans eux et que l'appui qu'on cherche n'est bon qu'à nous précipiter plus vite dans l'abîme.

Je ne crois pas que le comte de Crillon vous écrive ; il n'a le temps de rien : sa fortune et sa femme rempliraient l'éternité entière. Vous n'en parlerez jamais, mais il faut que vous sachiez que madame de Crillon nous disait il y a deux jours qu'elle n'avait point trouvé d'amour dans Clarisse. N'est-il pas bien ravissant d'être aimé par une âme aussi bien exercée et qui se connaît si bien en passion ! Son mari fut de son avis, et ce qu'il y a de fâcheux, c'est que ce ne fut point par complaisance. Qu'ils sont heureux ! Adieu, bon Condorcet, je me suis dédommagée aujourd'hui d'avoir été si longtemps privée du plaisir de causer avec vous. Parlez-moi de votre retour. M. d'Alembert se porte bien. M. Saurin a craché hier beaucoup de sang : cela me fâche fort.

LV

A CONDORCET.

Ce mardi, 17 octobre 1775.

Il y avait un temps infini que je n'avais eu de vos nouvelles, bon Condorcet, et je m'en serais plainte si j'en avais eu la force. Mais je viens d'avoir un redoublement de tous mes maux, qui ne m'a laissé aucun usage de mes facultés. J'ai gardé mon lit. J'ai souffert ; j'ai haï la vie ; j'ai invoqué la mort ; mais, depuis le bûcheron, elle est sourde aux malheureux ; elle a peur d'être encore repoussée. Oh ! qu'elle vienne ! et je fais serment de ne lui pas donner de dégoût et de la recevoir au contraire comme ma libératrice [1].

[1]. « Pourquoi donc voudriez-vous me rendre inconséquente comme le bûcheron ? Hélas ! il ne manquerait plus pour compléter mon horrible destinée que d'aller me mettre à regretter ce que je ne puis plus contenir ou retenir. » (Lettre à Guibert, 17 octobre 1775, éd. Asse, page 301.)

Le courage M. du Muy, ses souffrances, le subit de sa mort, tout cela a fait effet sur les gens qui l'aimaient le moins, et puis les yeux se sont tournés bien vite sur son successeur. Le premier jour, il n'y avait pas de doute, c'était M. de Castries ; aujourd'hui, il n'en est plus question, ni de M. Taboureau. Ce sont MM. de Breteuil, de Contade, du Châtelet et je ne sais plus qui encore. C'est aussi un Conseil de Guerre et à la partie des Finances, M. Turgot. Voilà les nouvelles des rues et il n'y en a pas de meilleures dans les chambres. Vous savez que tous les ministres sont depuis hier jusqu'à jeudi à Montigny. Je ne sais si c'est pour choisir un ministre [1], mais je serais bien étonnée si dans cette maison on finissait ou terminait quelque chose ; l'air qu'on y respire doit donner de l'irrésolution, de la paresse et du vague ; tout au plus pourrait-on y conserver l'activité de l'écureuil. A propos de cette maison, le maître [2] vous a-t-il répondu sur l'affaire de cet homme de Lorient ?

J'avais espéré vour revoir avant la fin du mois ; il faudra encore attendre. Je ne sais si c'est ma mauvaise santé, mais jamais je n'ai été si pressée de vivre. Il me semble que je vais échapper à tout ce qui me plaît et m'intéresse, et si je suivais mon mouvement, je donnerais à toutes mes volontés l'expression de celles des mou-

1. Les principaux débats des comités tenus à Montigny portèrent, d'après le continuateur de Bachaumont, sur la suppression les enterrements dans les églises, la mendicité, les hôpitaux, les maîtrises dans les arts et métiers, etc., tous projets fort avancés que vinrent suspendre les attaques de goutte de Turgot. (*Mémoires secrets*, tome VIII, page 290, 15 novembre.)
2. Trudaine.

rants. Il me semble que c'est toujours pour la dernière fois que je veux ou que je désire. Vous voyez que voilà une espèce de folie ou de faiblesse qu'il ne tiendrait qu'à moi de nommer pressentiment; mais j'ai un sentiment si profond, si douloureux dans l'âme qu'il ne laisse pas place à toutes ces sottises.

Vous avez sûrement beaucoup entendu parler des comédies de La Chevrette; cela va toujours en augmentant de plaisir et de perfection. M. Suard est au courant de tout cela. M. de Saint-Chamans est réellement un peu mieux; il vous fait mille tendres compliments, ainsi que M. d'Alembert. Adieu, bon Condorcet; ne fût-ce que par justice, vous devriez m'aimer un peu, car je vous aime tendrement.

LVI

A CONDORCET.

Mardi matin.

J'ai souffert toute la nuit. Je souffre encore ; mais cela ne trouble pas ma tête pour les choses qui intéressent mon plaisir. En conséquence, je prie le bon Condorcet de se souvenir que *cette dame* doit souper chez M. Forni, qu'ainsi elle y arrivera tard, et qu'*ainsi* il faudrait que le bon vînt d'abord chez moi, et puis il irait le soir entendre cette voix qui ressemble à tous les cris et à tous les chants qu'il a jamais entendus. Il faudrait dire à M. Suard qu'il serait digne de sa bonté de me donner quelques moments entre son dîner et son souper, car l'homme ne vit pas seulement de son plaisir ; il faut encore donner quelque chose à celui des malheureux.

LVII

A CONDORCET.

Jeudi matin (janvier 1776).

Mon Dieu ! que je vous aime d'être bon ! J'aurais envie de vous remercier du bien que font votre bonté et votre activité. Mon ami, si vous revenez bien tard, ne venez pas chez moi, parce que, si j'en ai le courage, je me ferai mener ce soir chez madame de Meulan; je vous y verrai car deux jours c'est trop. Vous m'êtes devenu bien nécessaire et je devrais vous en haïr, car ce qui m'est nécessaire peut me faire souffrir beaucoup.

Nous avons de bonnes nouvelles de M. de Saint-Chamans 1; il a eu une étrange maladie et il n'est pas tout à fait guéri.

Bonjour, j'ai été bien souffrante hier.

1. En février 1776, mademoiselle de Lespinasse écrivait à Guibert: « J'ai eu un plaisir bien doux, bien sensible ; j'ai embrassé M. de Saint-Chamans ! il est mieux, mais il n'est pas guéri, et sa mauvaise santé l'attriste, car il voudrait vivre. » (*Lettres*, éd. Asse. page 298).

LVIII

AU COMTE DE CRILLON [1].

Paris, ce 14 janvier 1774.

En vérité quand on vient à penser que ce ne sera que dans six semaines que vous lirez l'expression du sentiment de ce moment-ci, on se sent glacer, et on serait tenté de rester dans le silence tout le temps où vous ne pourrez pas répondre. Je ne sais comment vous vous trou-

1. M. Guillaume Guizot possédait les quatre premières pages autographes de cette lettre, lorsqu'il a eu la bonne fortune de retrouver aux Archives du Ministère des Affaires étrangères (France, tome 319, folios 325-326) copie d'un long fragment commençant à ces mots : « Vous a-t-on mandé un événement ?... » et complétant heureusement l'original qui s'arrêtait sur ce trait : « elle était jolie et n'avait que vingt-cinq ans ». M. Guillaume Guizot a mis à notre disposition ses richesses et sa découverte. Le manuscrit des Affaires étrangères nous paraît provenir des indiscrétions de la poste.

vez à six cents lieues de tout ce qui vous intéresserait ; pour moi une telle absence me paraît une mort anticipée, et je sens bien distinctement qu'il m'en coûterait moins pour mourir que pour m'arracher ainsi à tout ce qui me rend la vie chère et malheureuse tout ensemble ; mais vous êtes bien jeune ; vous avez l'âme bien vive, bien active ; il lui fallait de la pâture et vous lui en donnez par la diversité des objets dont vous vous occupez ; vous n'aurez rien sacrifié, et vous reviendrez plus instruit et, j'espère, dégoûté des voyages. Alors vous regarderez autour de vous, et vous verrez que le bonheur n'était pas si loin ; vous le trouverez dans votre cœur, dans le besoin de lier votre vie à celle de ce que vous aimerez, et vous direz peut-être un jour comme le Tasse : « J'ai perdu tout le temps que j'ai passé sans aimer. » Je ne sais pourquoi je suis toujours entraînée à vous faire des reproches ; cela vous prouverait-il seulement que je suis injuste ? Mais y a-t-il de l'injustice à désirer des marques d'amitié dont on ne se sent pas indigne et auxquelles on a presque droit par le sincère intérêt qui avive ? Par exemple n'auriez-vous pas dû écrire en partant de Berlin ? Vous aviez reçu de moi une lettre de Stockholm qui vous avait été renvoyée, vous aviez donc à répondre ; et puis est-ce qu'il faut compter, dans cet éloignement ? on ne répond pas ; mais on a besoin de parler, et vous le voyez bien, puisque voilà ma six ou septième lettre et qu'à peine en ai-je deux de vous. Il semble que ce soit une tâche pour vous que d'écrire ; le même jour vous vous débarrassez de toutes vos lettres. Vous avez écrit tout à la fois à quatre personnes que vous saviez bien qui se communiquaient de vos nouvelles, et puis voilà qui est fait pour trois mois : ho ! vous avez tort, je vous le dis pour la dernière fois, car si mon plaisir vous importe si peu, je ne prétendrai plus en trouver dans ma liaison avec vous. N'allez point croire que j'aye la sottise de penser que ce soit là une menace : non, c'est l'expression toute simple d'un sentiment éclairé par la raison.

Le bon Condorcet vous aura mandé toutes les nouvelles. Pour moi, je les ignore comme si je vivais dans un désert. Je deviens bien vieille, car mon intérêt se concentre tous les jours davantage. Tout ce qui est général, tout ce qui occupe et dissipe les gens du monde m'est étranger comme ce qui se passe à Pékin. Si je n'étais pas animée, agitée par mes affections, je serais absolument dans l'apathie. Ce qu'on appelle esprit, pensée, est absolument anéanti en moi ; j'y survis et je n'en regrette pas la perte. Mais vous a-t-on mandé un événement qui est aussi sensible que douloureux ? [1] Ecoutez-moi et voyez si cela pénétrera jusqu'à votre âme ; la mienne en est remplie. Il y a eu ces jours passés [2] un duel entre M. de Rohault et de la Moussetière : ce dernier a tué MM. de Rohault qui était amoureux et éperdument aimé de madame de la Moussetière. M. de Rohault a survécu une heure à sa blessure. On lui a proposé de voir sa femme, il l'a refusé et a chargé de lui demander pardon du malheur qu'il lui avait causé, mais dont il n'avait pas été maître puisqu'il

---

1. Voir la *Correspondance inédite de Condorcet et de Turgot*, page 161. Dans sa lettre du 16 janvier Condorcet raconte à Turgot le même événement.

2. Il y avait un mois environ, d'après Condorcet.

était entraîné par la plus violente passion, et qui remplissait son cœur. En mourant, il a prié son frère d'aller dire à madame de la Moussetière que son dernier soupir était pour elle et qu'il la conjurait de vivre. Sa tête s'est troublée, et dans ses derniers momens on lui entendait prononcer : «ha! la malheureuse femme! Elle en mourra.» Après avoir blessé à mort M. de Rohault, M. de la Moussetière est rentré chez lui ; sa femme était dans son lit, un peu incommodée ; il lui a jeté son épée sur son lit : « Tenez, elle vient de tuer votre amant, elle est encore mouillée de son sang. » Madame de la Moussetière a eu un accès de rage ; elle a dit à son mari qu'elle voudrait que ce fut là son sang, qu'elle s'enivrerait de joie à ce spectacle. Après ce premier mouvement de fureur, elle est tombée aux genoux de son mari ; elle lui a demandé pardon, elle a perdu connaissance et elle est restée la tête égarée de douleur ; elle a eu de si violents accidents qu'on a été chercher du secours ; elle a été saignée quinze fois. La raison est revenue par intervalles ; elle a toujours dit qu'elle ne voulait pas revoir son mari. Hier au soir elle était à l'agonie et j'espère apprendre sa mort aujourd'hui. Son mari est au désespoir : il était amoureux de sa femme ; il ne s'était marié que par amour et il y avait deux ans qu'il était jaloux de M. de Rohault. Cette femme ne pouvait contraindre sa passion et pour la justifier elle en meurt. Elle était jolie et n'avait que vingt-cinq ans. Si elle meurt, ou si elle est morte, je ne la plains pas. Son lot a été excellent. Elle a connu tout le prix de la vie et l'a fait sentir à ce qu'elle aimait. Un an d'une pareille vie vaut mieux que le siècle qu'a vécu M. de Fontenelle ; et c'est au milieu de Paris, au milieu de la dissipation et de la frivolité qui détruisent et effacent toutes les impressions, que cette malheureuse femme a nourri une passion plus tendre et plus forte que celle qu'on met sur nos théâtres. Ah ! que cet amour est rare ! qu'il est grand ! qu'il est sublime ! Je l'honore et je le respecte comme la vertu. Qu'il y a loin de l'âme de madame de la Moussetière à celles de nos belles dames dont l'amour donne à peine l'idée de la galanterie ! Monsieur le comte, si, par miracle, il y avait quelque Russe ou quelque Laponne qui fût animée de l'âme de feu madame de la Moussetière, je vous conseille de tout abandonner et de lui donner votre vie, et dût-elle finir d'une manière aussi tragique, vous aurez à rendre grâces aux Dieux. Si votre âme est froide, si votre tête est dissipée, vous me croirez folle ; mais rentrez un moment en vous-même ; lisez une lettre de Clarisse, une page de Jean-Jacques, et je vous réponds que vous entendrez ma langue ; non pas que je croie parler la leur, mais j'habite le même pays, et mon âme est souvent à l'unisson du cœur douloureux de Clarisse. Si ce long récit vous a ennuyé, je ne vous en demande pas pardon ; n'en concluez pas que le sujet de cette histoire ne soit intéressant, mais croyez comme moi qu'il y a un degré dans la passion qui perd à être exprimé. Suppléez-y par votre sentiment ; il n'y manquera rien.

Je vois beaucoup M. de Guibert. Je le trouve très aimable, mais on voit que c'est lui qu'il a peint lorsqu'il a dit du Connétable : « Ses talents l'agitaient et pesaient sur son âme. » Il a une activité qui le dévore et qui fait qu'il épuise trop vite tous les objets d'intérêt qui l'occupent successivement. Il est incompréhensible l'emploi qu'il a fait du temps dans son voyage ; la vie de Paris ne lui convient point; la dissipation, le torrent du monde l'entraînent sans l'intéresser. Il s'ennuie de ce qui fait jouir les autres, et puis je crois qu'il a à se reprocher d'avoir fait une grande méprise. Cela met bien du trouble et de l'agitation dans son âme. Il a rencontré quelqu'un qui a arrêté tous ses mouvements. S'il est pénible de marcher sur la pointe des pieds, il doit l'être bien davantage de se faire cul-de-jatte ou de marcher sur ses genoux, surtout lorsqu'on se sent de fermes jambes ; enfin il n'a point rencontré madame de la Moussetière. Il en était digne.

Adieu, M. le Comte, faites donc signe que vous entendez, car cette absence est le silence de la mort.

LIX [1]

AU COMTE DE CRILLON.

Paris, le 21 décembre 1773.

M. d'Alembert et le bon Condorcet m'ont apporté tout courant vos lettres. Ils avaient vu mon inquiétude ; ils étaient pressés de la calmer. Vos lettres sont charmantes, pleines d'esprit, de naturel et d'agrément. Je ne prétends pas vous louer, mais seulement vous dire qu'indépendamment de l'intérêt de l'amitié, qui sent plus qu'il ne juge, elles m'auraient fait un plaisir infini par ce qu'elles contiennent d'intéressant et par le ton facile et aimable avec lequel elles sont écrites. Voilà donc encore votre retour éloigné, et ce ne sera pas là votre dernier mot. Oui, je vous le répète, que vous êtes heureux et

1. Ministère des Affaires Étrangères, *France*, tome 319, folio 315. *Copie.*

que vous me paraissez à plaindre d'être aussi libre ! Mais voilà la disposition où il faut être quand on veut acquérir de l'instruction et des connaissances, et je suis persuadée que vous tirerez un grand parti de ce voyage. Vous avez été content de la réception du roi de Prusse ; vous le serez bien davantage de celle de la czarine. On dit qu'elle a la séduction d'une femme aimable. J'ai vu des lettres de Pétersbourg où on la peint d'une manière à faire regretter qu'elle règne sur des esclaves.... [1]

---

[1]. Le reste n'est que compliments. (*Note manuscrite.*) Ces lettres de Pétersbourg sont publiées dans mes *Opuscules littéraires et philosophiques de d'Alembert*, pages 193 et suiv.

LX[1]

AU COMTE DE GUIBERT.

Paris, le 17 octobre 1773.

Je ne sais pas si cette lettre vous parviendra jamais ; je le souhaite même, car si elle vous trouvait encore à Bâle, cela prouverait que la fièvre vous serait revenue, et je meurs de peur. Mon Dieu ! la désolante chose qu'un ami maladroit[2] ! Quel inutile et funeste avis il va vous donner ! J'ai beau me dire que son intention a été excellente, je ne saurais lui pardonner sa gaucherie. Eh ! qui est-ce qui n'était pas informé des sots bruits publics ? Mais croyez que ce n'est que cela. Croyez que

---

1. Ministère des Affaires Étrangères, *France*, tome 319, folio 297. *Copie*.

2. Lire plus loin, pages 213-216, les lettres de Guibert et à lui sur cette affaire.

c'est une méprise de nom. M. de Guliberg a été mêlé dans cette affaire et de là on en a fait M. de Guibert, parce qu'il était plus connu, plus intéressant, et que le récit devenait plus piquant. Croyez encore une fois que cet avis, ce maudit avis, n'a pas d'autre fondement; et d'où M. de Ni[vernais] aurait-il cette certitude? Il est bien loin d'être au degré de traiter avec les ministres qui pourrait faire soupçonner que ce secret lui a été confié. Il a répété ce qu'il avait entendu dire comme tout le monde, et pour pouvoir fronder le gouvernement qui lui déplaît. Il a pris à cette nouvelle le degré de certitude qui pouvait autoriser ses critiques. Encore une fois je vis avec les amis intimes de M. de Pir..., et s'ils avaient eu quelque connaissance de cette affaire, je suis sûre qu'ils m'en auraient fait part. Je saurai pourquoi on a cité M. de Pir... Un de mes amis va demain dans une campagne où il est, et il lui demandera pourquoi et comment il est cause que cette fâcheuse nouvelle s'est établie. Ah! le grand mal de cela, c'est que vous en ayez été informé. Cela vous a agité. Vous aviez besoin de repos, la fièvre est revenue et ce mal physique est plus fâcheux encore que les calomnies des gens du monde de ce pays-ci, qui se mêlent de tout et ne s'intéressent à rien. Quand je viens à penser que c'est au travers des brouhaha d'une société de comédie, qu'on vous fait donner un avis fait exprès pour troubler votre tranquillité et peut-être propre à vous faire prendre quelque parti violent si vous n'aviez pas une aussi bonne tête et une âme aussi pure et aussi éloignée de toute intrigue. En un mot, je suis outrée de la légèreté avec laquelle on se joue du bonheur de ce qu'on appelle ses amis. D'ailleurs, il faut que vous sachiez que cette affaire de MM. Dumouriez et Favier n'est rien moins qu'importante [1]. Ils ne sont pas encore jugés ; mais le bruit public est que ce n'est rien du tout et qu'ils sont coupables de quelques imprudences, et puis, que vous importe, puisque vous n'avez aucun rapport avec eux ? Revenez, revenez, ne craignez point une atrocité, car c'en serait une que de vous *en aller*. Je vous parlerais jusqu'à demain sur cette affaire ; mais je ne saurais réparer ce mal qu'on vous a fait, qui me désole.

1. Dumouriez avait conçu le projet d'appuyer la révolution que Gustave III voulait accomplir en Suède ; le duc d'Aiguillon ayant appris que Dumouriez levait des troupes à Hambourg et dans les autres villes hanséatiques et ignorant le but, le fit saisir par voie diplomatique à Hambourg et ramener à Paris.

LXI [1]

LETTRE SUR « L'ÉLOGE DES FEMMES » PAR M. THOMAS.

Entendrez-vous que l'on puisse être abattue et en quelque manière épuisée pour avoir pris trop de nourriture ? c'est pourtant ce qui vient de m'arriver après avoir entendu ou plutôt rentendu le morceau de M. Thomas sur les femmes. Philosophie, profondeur, finesse, élévation, sensibilité, tout s'y trouve. Ajoutez à cela un style enchanteur, éloquent et élégant, tout à la fois intéressant et précis ; il faut se récrier presque à chaque phrase ; mais quand on s'est bien récrié, quand on a eu la sensibilité bien exaltée et l'esprit bien exercé, on tombe,

---

[1]. Liasse de papiers, provenant de mademoiselle de Lespinasse, possédée par M. Guillaume Guizot. Autographe. Ces mots ont été barrés : « Je vais vous rendre victime de ma disposition ; peut-être en êtes-vous un peu coupable : mais ce n'est pas ce que je veux examiner ni surtout prononcer. »

non pas d'inanition, mais de fatigue ; on trouve que tout ce qu'on a entendu a pesé sur l'âme, l'a surchargée et rendue trop passive. Enfin, je vois que ce qui coûte le plus lorsqu'on lit ou qu'on a l'âme active, c'est de se séparer de lui. Il n'y a pas un sentiment, pas une pensée, pas une nuance, pas un cheveu qui ne soit prononcé, exprimé et tordu. Je ne dirai donc pas qu'il manque quelque chose à M. Thomas, car il regorge, ou plutôt je dirai que ce qui lui manque en effet, c'est qu'il ne lui manque rien et qu'il croit devoir tout dire parce qu'il voit tout. Je me plains donc de ce qu'il n'omet rien ; ce qu'il n'aurait fait que m'indiquer aurait animé mon âme ; son abondance m'écrase et m'éteint. En un mot, je crois que M. Thomas ne sera pas l'auteur des gens d'esprit ni des âmes sensibles, parce qu'il leur ôte l'exercice de leurs facultés, et encore moins celui des sots, parce qu'il les fatigue sans les instruire, et que les nuances sont si fines que les couleurs ne tranchent pas assez ; mais si je continuais à vous dire combien j'ai été fatiguée de ne point penser, je finirais par vous écraser aussi. Cependant c'est pour me remonter un peu comme on remonte *Arlequin-Statue* que j'ai voulu vous rendre compte de l'impression que cette lecture m'a laissée. Vous remarquerez cependant que cet homme qui semble avoir dit tout ce qu'on peut dire de bien sur les femmes n'a pas assez démêlé ce qui vient en elles de l'éducation et ce qui vient de la nature, et cette *omission*, la seule peut-être qu'il aura à se reprocher de la vie, fait qu'à certains égards il les loue trop et à d'autres pas assez. Le vice de notre éducation doit faire valoir les bonnes qualités qu'on nous trouve et nous faire pardonner celles que nous n'avons pas. Enfin, si j'avais à prendre un amant, ce ne serait pas M. Thomas ; il me semble que l'expression de son sentiment m'enlèverait tout le mien : il me *déroberait mon cœur*, comme à Mascarille, et je pourrais dire comme lui « *au voleur ! au voleur ! au voleur !* » Si bien donc (je vais peut-être dire un blasphème) qu'avec un peu moins d'esprit et un peu plus d'art on pourrait faire, non pas un plus bel ouvrage, mais un ouvrage plus agréable, car cette fureur de tout dire et de détailler toutes les nuances fait que toutes sont composées d'énumérations, ce qui les rend monotones et fatigantes. Rien ne sort parce que tout est sur la même ligne ; mais je m'aperçois que ce genre est très contagieux, car j'en dis beaucoup trop sans en voir autant que lui. Conclusion : M. Thomas est l'homme le plus vertueux, le plus sensible, le plus spirituel, le plus éloquent même ; son plus grand défaut est de *n'être jamais bête*. Pour moi, le mien est de l'être toujours et, Dieu merci, je n'ai pas besoin de le dire.

LXII[1]

HISTOIRE DE DON MELOS.

Don Melos, jeune Portugais, était passionnément amoureux de Doña Maria, jeune personne qui lui était destinée en mariage. Les deux familles se brouillèrent ; le mariage fut rompu et la famille de Doña Maria défendit à Don Melos de voir la jeune personne. Malgré cette défense, les deux amants conservèrent quelque intelligence. Pour la rompre, le père de Doña Maria s'adressa au comte d'Ocras, ministre ; il en obtint un ordre pour faire passer le jeune homme au Brésil. Avant que de le donner, le ministre parla au jeune homme avec menace et, n'ayant pu l'effrayer, lui ordonna de partir. Don Melos au désespoir se soumit à la force. Pendant qu'il était

[1]. Autographe. Papiers de mademoiselle de Lespinasse possédés par M. Guillaume Guizot.

au Brésil, le roi de Portugal fut assassiné. On fit toutes les recherches pour découvrir les complices de cet assassinat et on sut qu'un d'eux, nommé Don Francisco, était passé dans l'Amérique méridionale. Le ministre envoya les ordres les plus rigoureux pour le découvrir. Il s'était écoulé plus de deux ans dans des recherches inutiles. Enfin Don Melos fut instruit de cet ordre et des soins qu'on se donnait pour découvrir le coupable. Il imagina de se faire passer pour Don Francisco. Il confia ce prétendu secret à des gens qu'il savait devoir le trahir. En effet, il fut arrêté, mis dans les cachots avec les fers aux pieds et aux mains. On délibéra même si on ne le ferait pas écarteler au Brésil sans le renvoyer en Portugal. Il fut décidé qu'on écrirait à M. d'Ocras qui, dans l'espérance de découvrir de nouveaux complices, répondit qu'on lui envoyât le criminel. Il fut conduit en Portugal avec les traitements les plus barbares. Il fut longtemps dans les cachots sans qu'on pût rien tirer de lui, sinon qu'il était Don Francisco. Cette fermeté et ce secret donèrent à M. d'Ocras envie de le voir et de l'interroger lui-même. Il se le fit amener la nuit. Il fut frappé d'étonnement en reconnaissant Don Melos : « Ah ! malheureux ! lui dit-il, à quoi vous êtes-vous exposé ? Savez-vous bien que, sous le nom de Don Francisco, vous avez risqué d'être écartelé au Brésil ? — Je le sais, monsieur, répondit Don Melos, j'ai vu tout le péril et je m'y suis précipité. Les supplices sont moins affreux pour moi que le malheur de vivre sans ce que j'aime. Je ne puis plus y résister. Il faut que je la revoie ou que je meure. » Le ministre l'écoutait en silence : une passion si forte prit de l'ascendant sur son âme endurcie ; il fut touché pour la première fois de sa vie ; il leva les yeux avec compassion sur le jeune homme. « Il est juste, dit-il, que tant d'amour soit récompensé. Je vais parler moi-même à la famille de Doña Maria, en obtenir votre grâce et la sienne et négocier votre mariage. » Ces mots payèrent toutes les souffrances de Don Melos. Sa maîtresse lui était restée fidèle ; elle avait refusé plusieurs partis et elle s'était retirée dans un couvent, où elle comptait finir sa vie. Le ministre qui avait employé sa puissance à faire le mal fut assez heureux pour le réparer. Doña Maria épousa son amant. L'expression affaiblirait la peinture de leur bonheur ! Cet événement, qui n'est ni altéré ni exagéré dans aucune circonstance, prouve qu'en fait de sentiment la nature va plus loin que la fiction. Quelle distance, pour l'énergie et le courage, de l'âme de Don Melos à celle de tous nos héros de romans ou de tragédies !

LXIII[1]

A D'ALEMBERT.

A 6 heures du matin, jeudi (16 mai 1776).

Je vous dois tout [2]. Je suis si sûre de votre amitié que je vais employer ce qui me reste de force à supporter une vie où je n'espère ni ne crains plus rien. Mon malheur est sans ressources comme sans consolation ; mais je sens encore que je vous dois de faire effort pour prolonger des jours que j'ai en horreur. Cependant, comme je ne puis pas assez compter sur ma volonté et qu'elle pourrait bien céder à mon désespoir, je prends la précaution de vous écrire pour vous prier de brûler, sans les lire, tous les

1. Bibliothèque de l'Institut. Copie.
2. « Hélas ! j'ai perdu avec vous seize années de ma vie... » *Aux mânes de mademoiselle de Lespinasse*, par d'Alembert, 22 juillet 1776 (éd. Asse, page 375) : ce qui fait remonter à 1760 la date de la passion de d'Alembert et de mademoiselle de Lespinasse.

papiers qui sont dans un grand portefeuille noir. Je n'ai pas la force d'y toucher. Je mourrais en revoyant l'écriture de mon ami. J'ai aussi dans ma poche un portefeuille couleur de rose, où il y a de ses lettres, que je vous prie de brûler. Ne les lisez pas, mais gardez son portrait pour l'amour de moi. Je vous prie aussi de faire exécuter ce que je demande dans mon testament, que vous avez entre les mains. Je ne laisse d'argent que cinquante louis et je vous dois mille livres ; mais il m'est dû beaucoup plus que je peux devoir. M. de Vaines, M. Matignon vous aideraient à toucher ce qu'on me doit. M. de La Borde [1], le duc d'Orléans et M. d'Albon me doivent les derniers quartiers. J'entre dans ce détail, parce que je serais fâchée que mes dettes et les petits legs que je fais ne fussent pas acquittés. Je ne me rappelle pas si j'ai disposé du secrétaire où vous trouverez cette lettre ; mais dans ce doute, je vous prie de l'envoyer chez M. de Guibert, en le priant de le recevoir comme une marque de mon amitié.

Adieu, mon ami, ne me regrettez pas. Songez qu'en quittant la vie je trouve le repos, que je ne pouvais plus espérer. Conservez le souvenir de M. de Mora comme de l'homme le plus vertueux, le plus sensible et le plus malheureux qui exista jamais. Demandez à M. de Magallon s'il peut ravoir mes lettres. Je suis sûre qu'il les avait avec lui, dans un grand portefeuille. Informez-vous ce qu'on en a fait à Bordeaux ; et, si elles peuvent vous

---

1. Jean-Joseph de La Borde, marquis de Méreville, né en 1724, guillotiné le 18 avril 1794, célèbre par son goût pour les arts et son immense fortune.

revenir, brûlez-les sans les lire. Encore une fois, oubliez-moi. Conservez-vous : la vie doit encore avoir de l'intérêt pour vous. Vos vertus doivent vous y attacher. Adieu, le désespoir a séché mon cœur et mon âme ; je ne sais plus exprimer aucun sentiment. Ma mort n'est qu'une preuve de la manière dont j'ai aimé M. de Mora. La sienne ne justifie que trop qu'il répondait à ma tendresse plus que vous ne l'avez jamais pensé. Hélas ! quand vous lirez ceci, je serai délivrée du poids qui m'accable. Adieu, mon ami. Adieu !

LESPINASSE.

Un mot de moi à madame Geoffrin : elle aimait mon ami.

Je veux être enterrée avec la bague que j'ai au doigt ; faites remettre tous ces paquets à leur adresse.

Adieu, mon ami, pour jamais.

Adresse :

A Monsieur

Monsieur d'Alembert.

LETTRES

A

MADEMOISELLE DE LESPINASSE

I[1]

Mademoiselle,

Comme je désespère de pouvoir vous porter moi-même aujourd'hui les vers de mylord Palmerston, je vous les envoie. J'y ai joint une copie de la traduction que j'en ai faite pour madame Geoffrin qui vous sera parfaitement inutile à vous-même, mais qui vous dispensera de traduire l'anglais à ceux qui pourraient désirer chez vous de l'entendre. Faites dire à mon petit commissionnaire si vous avez passé la nuit *bien* ou *mal*. Je vous salue très humblement et je vous recommande de manger des poires de M. d'Alembert le plus que vous pourrez.

A 10 heures.

---

[1]. Liasse de papiers, provenant de mademoiselle de Lespinasse, possédée par M. Guillaume Guizot. — Autographe d'origine inconnue.

II [1]

N'est-il pas vrai que vous croyez avoir à vous plaindre de moi ? et moi je me plains des circonstances. Chaque jour j'ai voulu vous aller voir le matin ; et chaque jour
je [ne] l'ai pu ; vendredi j'ai été vous chercher et je ne
vous ai pas trouvée. Aujourd'hui je vais à Versailles et
je n'en reviens que demain. Après le premier jour de l'an,
nous reprendrons nos mardis si cela vous convient. Croyez
que c'est un véritable regret pour moi que de ne vous
avoir pas vue et que j'ai un très grand empressement.

Ce dimanche.

Mademoiselle de Lespinasse.

1. Liasse de papiers, provenant de mademoiselle de Lespinasse, possédée par M. Guillaume Guizot, autographe presque illisible en certains mots; diffère du précédent.

III[1]

GUIBERT A CHASTELLUX ET A MADEMOISELLE DE LESPINASSE.

Vienne, le 7 septembre 1773.

Il y a 10 ou 12 jours que je devrais être parti d'ici, mon cher chevalier, mais la fièvre m'y retient toujours. On m'a trouvé des commencements d'obstructions et on me traite en conséquence. Cela va enfin mieux, et si l'accès me manque encore aujourd'hui, comme je l'espère, je serai en état de partir après-demain. Je meurs d'envie de vous revoir. On me mande vos inquiétudes : elles sont l'effet de votre amitié ; mais soyez tranquille, de toute tranquillité. Il est très vrai que je connais MM. Favier et Dumouriez. La guerre de Corse n'avait beaucoup lié

[1]. Ministère des Affaires Étrangères, *France*, tome 319, folio 276.

avec le second. J'ai dîné plusieurs fois chez eux l'hiver dernier, mais moi, douzième ou quinzième ; ainsi je défie qu'on y trouve rien de suspect. Du reste, je n'ai jamais eu connaissance de leurs affaires. Je n'ai jamais trempé de près ni de loin dans aucune intrigue. M. Dumouriez m'a écrit quelquefois cet été. J'ai ses lettres et je permets qu'on les imprime, ainsi que mes réponses. Voilà ma déposition : faites-en l'usage que vous croirez convenable. Il serait inouï que sur des apparences de liaisons on attentât à ma liberté. Je ne peux ni ne dois le craindre. Faites-moi le plaisir de remonter à la source des bruits qui ont couru à cet égard. On me mande que M. le duc de Nivernais a dit qu'il était sûr que les ordres étaient donnés. En attendant, je ne changerai certainement rien à ma marche. Si la fièvre ne me revient pas aujourd'hui, je partirai après-demain. Je prends la route de Munich et de Bâle. Je serai dans cette dernière ville le 15 ou le 16. Adressez-y votre réponse, poste restante. Je ne vous parle pas de votre voyage, du plaisir qu'il doit vous avoir fait, de celui bien plus grand de votre retour. Je suis encore si faible, si languissant, qu'il ne me reste que la force de vous assurer de mon éternelle et tendre amitié. Vous voyez par cette lettre combien je compte sur la vôtre.

Après avoir parlé de sa santé, comme au chevalier de Chastellux,— il ajoute pour mademoiselle de Lespinasse :

Savez-vous enfin pour me raccommoder ce qu'on me mande par le courrier d'aujourd'hui? C'est qu'on dit que je suis impliqué dans l'affaire de MM. Favier et Dumouriez, mis décidément à la Bastille, et qu'en conséquence, on doit m'arrêter encore à ma rentrée dans le royaume, que les ordres sont donnés en conséquence. C'est M. de Nivernais qui l'a assuré. C'est le chevalier de Chastellux qui m'en fait donner l'avis. Il est très vrai que je connais ces deux malheureux prisonniers : l'un, Favier, parce que c'est un homme de beaucoup d'esprit et fort instruit sur des matières que j'étudiais ; l'autre, M. Dumouriez, parce que c'est aussi un homme très instruit et avec lequel la guerre de Corse, que nous avons faite ensemble, m'a beaucoup lié. Je n'ai aucune connaissance directe ni indirecte des intrigues dont on les accuse. Je n'y ai jamais trempé ni de près, ni de loin, ni de bouche, ni par écrit. Convenez que si l'avis qu'on me donne est fondé on *minute*, là une grande infamie. Quoi qu'il en soit, comme ma conscience est irréprochable, comme dans quelque genre que ce soit je n'ai jamais connu ni intrigue, ni correspondance suspecte au gouvernement, j'arriverai la tête levée à Paris. J'espère trouver de vos nouvelles à Bâle.]

Je suis triste. Je suis indigné de la méchanceté des hommes. Il y a vraiment des moments où on voudrait cesser de vivre.

Cette lettre est suivie de la lettre suivante :

N*** A M. DE GUIBERT.

Paris, 18 octobre (1773).

Mademoiselle de Lespinasse vous a écrit hier à Bâle ; au hasard que vous ne receviez pas sa lettre, elle m'a chargé de vous mander, avant le départ du courrier, qu'elle a vu hier au soir un ami de M. de Ni[vernais], qui lui a dit que loin de pouvoir s'autoriser de M. de Ni[vernais] sur des sots bruits qu'on vous a mandés, il avait été à la source de ces bruits, par intérêt pour vous et au premier mot qu'il en avait entendu dire, pour s'éclairer et pour vous servir, et qu'il lui a été répondu que cette nouvelle était sans aucun fondement, et que vous n'aviez été nommé ni directement ni indirectement dans rien qui eût rapport à cette affaire, qu'on lui en répondait et qu'il pouvait être parfaitement tranquille sur vos intérêts. Depuis ce jour-là, toutes les fois que M. de Ni[vernais] a entendu cette impertinente nouvelle, il a répondu affirmativement qu'elle était fausse, sans rendre compte de la démarche qu'il avait faite pour s'assurer de la vérité. Soyez donc tranquille, non-seulement d'après le témoignage de votre conscience qui ne vous reproche rien, mais d'après les faits qui sont tous contraires à l'avis qu'on vous a donné. Je voudrais pouvoir vous faire parvenir cette lettre dans la minute, pour vous calmer et vous marquer le tendre intérêt qui m'attache à vous. Mademoiselle de Lespinasse doit vous écrire à peu près la même chose, ce matin, à Vienne, dans la crainte que votre fièvre ne vous y ait retenu.

IV [1]

GUIBERT A MADEMOISELLE DE LESPINASSE.

Vienne, 20 septembre 1773.

Qu'on est peu de chose quand la machine se dérange tant soit peu ! Soyons fiers de notre âme, de notre esprit. J'ai fait cette route de Breslau ici comme un paquet, ne pouvant ni lire, ni écrire, ni penser, songeant quelquefois à Paris, à vous; mais y songeant comme à quelque chose de bien loin, bien loin, qu'on désespère d'atteindre. Vous vous êtes bien rapprochée depuis que je suis ici : j'y ai trouvé cinq lettres de vous, cinq, tout autant; je les ai bien comptées, bien lues. Vous voulez que je convienne que les vôtres n'étaient pas les seules que j'espérais. Hélas ! oui, j'en espérais d'autres et j'en ai eu trois. Que dites-

[1]. Ministère des Affaires Étrangères, *France*, tome 319, folio 282.

vous d'un sentiment qui, devant être plus vif que le vôtre, reste toujours en arrière du vôtre ? Ah ! ne me le dites pas ! Vous m'affligeriez en m'éclairant. Après tout, je n'ai pas raison de me plaindre : c'est tout ce que sent, c'est tout ce que peut sentir son âme. Puis-je exiger qu'elle me ressemble, qu'elle vous ressemble? Croyez-vous enfin, que si j'en étais le maître, je ne changerais pas ses facultés contre les vôtres ? J'aime votre amitié comme elle est. Sa vivacité fait mon bonheur et j'espère qu'elle ne nuira point au vôtre. Je l'aime telle qu'elle est, et ce n'est pas parce qu'elle me flatte. Je ne conçois pas ce bonheur qui vient de la vanité. C'est parce que je sens que je la paye de retour, d'un retour très égal. Avec cela, pourquoi vous ai-je si peu écrit pendant mon séjour en Silésie? C'est que, dans la vérité du fait, j'ai toujours été agité, occupé, que le soir en rentrant, bien fatigué, il fallait encore me rendre compte de ce que j'avais vu, rassembler mes idées. Toutes mes forces étaient absorbées. Je me disais toujours : demain j'écrirai. Et les jours s'écoulaient : je n'ai écrit à personne au monde. Quand je ne vous écris pas, soyez donc sûre une fois pour toutes que je suis mort pour l'univers entier. Quel ridicule compte faites-vous de toutes ces personnes qui passent avant vous! Madame de M. et vous, je vous jure que vous êtes les deux premiers objets vers lesquels se porte ma pensée. Je ne saurais dire à laquelle j'écris la première. Aujourd'hui par exemple, c'est à vous. Ensuite vient mon père, puis le chevalier d'Aguesseau. Voyez mon injustice. Le chevalier a passé après vous, lui, l'ami dès mon enfance, l'ami de toute ma vie. Pour les autres correspondances, ne m'en parlez pas : c'est devoir, c'est société, c'est ce qui remplit les vides quand il en reste. Mais de combien d'autres injustices vos lettres sont pleines ! Si je voulais les recueillir ! Une que je ne devrais jamais vous pardonner, c'est un soupçon d'indiscrétion de ma part vis-à-vis du chevalier. Mon Dieu ! que ce soupçon est petit ! qu'il est commun ! qu'il est peu fait pour votre âme ! Et, j'oserai ajouter, pour la mienne ! Mais je ne veux m'arrêter que sur votre amitié, sur votre intérêt, sur un intérêt si bon, si honnête dont vos lettres abondent ! Et vous pouvez craindre d'avoir moins de plaisir à me revoir que vous n'en aviez à me voir avant mon départ ? D'où pourrait naître cette diminution ? J'en aurai tant ! J'en aurai de si bonne foi que je vous le communiquerai ; mais non, ce sera le vôtre que vous sentirez et non le mien. J'avais envie de passer par l'intérieur de la Suisse, que je [ne] connais pas, d'aller voir le vieillard de Ferney ; mais ces vers, cette lettre de lui que vous m'avez envoyés me font pitié : je ne me soucie plus d'aller voir le génie qui s'éteint et qui se prostitue. Enfin j'ai envie d'arriver : ne m'écrivez plus ici.

V [1]

GUIBERT A MADEMOISELLE DE LESPINASSE.

Vienne, le 9 octobre 1773.

Pour le coup, je pars; et je l'assure parce que je n'ai pas la fièvre depuis quatre jours, parce que ma voiture est attelée, parce que j'y serai dans deux minutes. Actuellement il me semble qne je n'arriverai jamais. On n'a pas d'idée de ce qu'un mois de maladie et d'ennui ajoutent à l'impatience de quitter le pays où on a essuyé ces contre-temps et de s'en retourner dans celui où on a ses amis, où on se flatte qu'on est attendu, qu'on a été inquiet, qu'on sera bien aise. J'en suis comme un enfant. Je n'irai cependant pas à trop grandes journées. Je ne courrai pas la nuit. Je

---

1. Ministère des Affaires Étrangères, *France*, tome 319, folio 295

chéris les conseils que vous me donnez à ce sujet. Je trouve avec plaisir que ce sont ceux de quelqu'un qui veut s'assurer de me revoir. Et moi, je vous dirai à mon tour : ménagez-vous donc d'ici à ce que j'arrive; tâchez de calmer votre âme. Faites que je ne vous trouve point malade, point souffrante, afin que rien n'altère ma joie : elle sera grande ; elle sera vive. Je n'en prévois aucune autre à côté de laquelle elle ne fut encore bien sentie. Je vous verrai avant *Elle.* C'est sans doute parce qu'il faut que j'arrive à Paris d'abord ; mais *Elle* serait sur le chemin de Paris, que si je croyais que vos souffrances, votre santé, votre âme eussent besoin de moi, à un moment près, j'arriverais droit à vous. L'amitié telle que je la sens, ou plutôt telle que vous me l'avez inspirée, a des droits sur moi dont vous n'osez pas assez concevoir l'étendue. Je voudrais que les occasions vous donnassent cette connaissance. Enfin je suis rapproché ; j'arrive. Je vous verrai dans onze, dans douze jours ; *mais encore,* je peux compter. Les autres fois que je vous ai annoncé mon départ, je calculais un pied dans le lit. Je calculais par l'espérance. Ma curiosité sur l'Empereur a été pleinement satisfaite. J'ai eu une audience particulière de ce prince, d'une bonne heure. Il m'a parfaitement traité. Je vous dis cela pour M. d'Alembert, à qui j'avais mandé que c'était ce qui me faisait repasser par Vienne. Que je suis bien aise qu'il ait de l'amitié pour moi ! Et que je le serai de le revoir ! Je lui dois une réponse. J'en dois une au comte de Crillon ; mais arriver, c'est répondre. Que ces alarmes, que je vous ai mandé dernièrement qu'on a voulu me donner, sont ridicules ! Moi, dans des intrigues ! Ah ! ce n'est jamais là qu'il faudra me chercher ! Non, je ne trouve pas votre phrase sur l'ambition mauvaise. Plus que vous, je déteste cette passion. Je trouve les gens qui en sont atteints secs et *crus*. Vous confondez ; c'est la gloire que j'aime, que j'aimerais, si nous vivions dans un siècle où il restât les moyens de l'acquérir, et je [vous] l'expliquerai encore cet hiver de quelle gloire mon âme serait éprise. Ce ne serait pas de celle du Roi de Prusse. Je l'ai vu de trop près pour nepas le haïr.

Adieu, adieu ! Je pars !

VI [1]

LE COMTE DE SCHOMBERG A MADEMOISELLE DE LESPINASSE.

Chanteloup, le 28 mai 1772.

J'ai beaucoup souffert de votre toux, qui m'a effrayé on ne saurait davantage, et qui me déchire encore. Je me trouve, je vous le jure, le plus malheureux du monde d'y avoir contribué, tandis que je voudrais n'exister que pour la satisfaction d'une personne qui réunit autant de sensibilité que de charmes, et dont aucun ne m'échappe, d'une personne qui a tous les genres d'amabilité, qui inspire toute espèce d'intérêt et d'attachement, qui enfin possède et possédera à jamais tous mes vœux, s'il en est... pourquoi, hélas! faut-il que la fatalité m'arrête à ce point? cette fatalité, qui gouverne tout avec un sceptre

---

1. Ministère des Affaires Etrangères, *France,* tome 319, folio 47.

de fer, à laquelle on ne saurait se soustraire, sous le joug de qui doit plier la liberté même par d'invisibles nœuds sous des lois prisonnière ; c'est à le concevoir qu'il faut faire servir la raison, dont le triomphe doit être ajouté à tous ceux de l'esprit, de la sagesse, de la vertu et des agréments. Quelque absorbé que je sois par toutes ces réflexions, je partage néanmoins, comme vous le voulez, le malheur que l'humanité vient d'éprouver : c'en est un qui de nouveau préparera pour longtems des triomphes à ce vilain Bouvard [1] et des deuils à la pauvre France, car tel est le bon plaisir du destin. La nouvelle proposition de l'Académie fera époque peut-être pour les rivières ; il n'y aura guère que M. le *Mire* [2] qui puisse en faire désormais.

J'ai chassé hier ; je n'ai ressenti aucune douleur à mon pied, ni de fatigue ; j'en ai eu davantage à faire la partie de piquet de Mme du Deffand. De tout temps je me suis senti de l'aversion pour elle avant même que je ne pusse m'en rendre compte. Certainement, il y a de ces choses-là. Aujourd'hui, ce serait l'honorer trop ; elle me paraît fixée

---

1. Né à Chartres, le 11 janvier 1717, membre de l'Académie des sciences en 1743, professeur de la Faculté de médecine en 1747, et au Collège de France, médecin pendant quelques années de l'hôpital de la Charité et des Enfants-Trouvés, il est mort le 18 janvier 1787.

2. Noël Lemire, graveur, né à Rouen en 1724, mort à Paris en 1801, élève de Le Bas, a fait de jolies vignettes dans les *Contes de la Fontaine*, les *Métamorphoses d'Ovide*, etc. ; entre autres choses on a de lui quelques exemplaires d'une pièce rare, *Le Partage de la Pologne ou le Gâteau des Rois*, dont la planche fut brisée par ordre de l'autorité.

de tout point, du moins ici est-elle de toute nullité. Peut-être cela tient-il aussi à ce que la méchanceté, qui faisait vraisemblablement tout son prix, ne saurait avoir accès dans ce lieu de bonhomie, de candeur et de simplicité, et où je suis très heureux par là de me trouver, sans éprouver néanmoins aucun sentiment exagéré.

VII

GRIMM A MADEMOISELLE DE LESPINASSE [1].

Un bel esprit goguenard sans gaieté,
Du petit coin de la petite clique [2],
Ose annoncer au public révolté
Du grand Lulli l'insolente critique;
Et par un tour aussi froid que rusé
Se dit prophète et n'est que fanatique.
Mais Apollon justement irrité
Et fatigué de la longueur étique
De cet écrit court, sans brièveté,
Veut qu'à l'instant un extrait véridique
Du pauvre auteur montre la nudité.

1. Papiers de d'Alembert conservés à la Bibliothèque de l'Institut. Autographe.
2. Allusion aux deux coins de l'Opéra dans lesquels se groupaient les adversaires et les partisans de la musique italienne : Grimm était du coin de la reine.

Pis ne serait bon mot doux et caustique.
Voici l'extrait tel qu'on nous l'a dicté :
L'auteur bannit du théâtre lyrique,
(Apparemment pour la Variété)
Les dieux, la danse et le pouvoir magique ;
De Tell [1] il vante avec sagacité
L'énorme voix et le ton pathétique,
Plaint de Lulli le génie écourté,
Prend d'un calcul la basse mécanique
Pour l'art divin par Mercure inventé.
Fut-il jamais style plus énergique ?
Il nous fait voir dans un si court traité,
Par son esprit très encyclopédique,
L'enchaînement de toute absurdité.
Mais pour finir par un trait frénétique,
Triste bouffon, notre auteur enchanté,
Dès qu'il entend notre récit rustique,
Nos longs fredons, le *point d'orgue hébété*,
Crie à grand bruit : « oh ! oh ! quelle musique » ;
Mais le lecteur, au sommeil excité,
Dès qu'il le lit, froid et mélancolique,
Crie en baillant : « quelle imbécillité ! »

Vous avez exigé de moi, mademoiselle, de vous envoyer ces vers que le fiel m'a dictés, mais j'espère que vous voudrez bien ne les donner à personne. C'est un fruit de ma vieillesse et de mon antipathie pour la musique italienne ; je compte sur votre indulgence et votre discrétion. Au reste malgré ma prévention je rends justice

---

1. Jolie chanteuse de l'Opéra dont Grimm était tombé amoureux fou.

dans le fond à la dissertation que j'attaque et je sais qu'elle est écrite avec beaucoup d'esprit et qu'aux opinions près elle méritait beaucoup d'éloges. A l'égard de mes vers ils ne peuvent avoir guère de sel que lorsque les petits prophètes[1] ont paru ; c'est l'à-propos qui fait le mérite de ces sortes de petits ouvrages.

1. Allusion à son petit Prophète de Bœhmischbroda.

DOCUMENTS COMPLÉMENTAIRES

I

PORTRAIT DE M. LE MARQUIS DE CONDORCET

avec corrections de d'Alembert.

Ce portrait a été édité pour la première fois sous le nom de mademoiselle de Lespinasse dans les *Œuvres de Condorcet*, Paris, 1847-1849, t. I, p. 626. D'Alembert y a collaboré : nous le rééditons en précisant la part des deux collaborateurs d'après une copie de la main de madame O'Connor conservée à l'Institut, dans les papiers de d'Alembert; peut-être jugera-t-on que les corrections de d'Alembert ne sont pas toujours heureuses.

Si vous ne cherchiez que la vérité, et non le plaisir, j'aurais le courage de faire ce que vous exigez de moi ; mais en peignant un homme supérieur, en vous faisant connaître une des productions de la nature les plus originales et les plus extraordinaires, vous exigez encore que je vous rende les contrastes qui composent cet homme rare, [et que je les rende] [1] d'une manière piquante. Il ne vous suffit [pas] [2] que je peigne ressemblant, il faut encore que le dessin soit exact sans être froid, et que le coloris soit agréable sans rien faire perdre à l'expression. Ah! vous m'en demandez trop; et si vous m'obligez à m'occuper de moi, de mon ton et de ma manière, ce sera autant d'attention que j'enlèverai à l'objet que je veux vous faire connaître. Je vais donc ne regarder que lui, ne penser qu'à lui; je le peindrai, et d'après mes observations, et d'après l'impression que j'ai reçue [3].

La figure de M. de Condorcet annonce la qualité la plus distinctive et la plus absolue de son âme, c'est la bonté; sa physionomie est douce et peu animée; il a de la simplicité et de la négligence dans [le] [4] maintien. Ceux qui ne le verraient qu'en passant diraient plutôt : Voilà un bon homme — que : Voilà un homme d'esprit; et [ce jugement serait une sottise][5]. Car si M. de Condorcet est bon, et s'il est bon par excellence, il n'est point ce qu'on entend par un bon homme. [Ce qu'on appelle] [6] un bon homme est presque toujours faible et borné; cette sorte

1. Addition de d'Alembert.
2. Mademoiselle de Lespinasse avait écrit *point*; « pas » est de d'Alembert.
3. Mademoiselle de Lespinasse avait ajouté puis raturé « des qualités de son esprit et de celles de son âme. »
4. Mademoiselle de Lespinasse avait écrit « son. »
5. Mademoiselle de Lespinasse avait écrit : « dans ce jugement qui ne contient que deux mots il y aurait deux sottises et je ne me contredis point »; « serait une sottise » est de d'Alembert.
6. Addition de d'Alembert.

de bonté [ne consiste qu'à] ¹ ne pas faire le mal, et assurément ce n'est point par les qualités négatives que je peindrai M. de Condorcet. Il a reçu de la nature le plus grand esprit, le plus grand talent et la plus belle âme ; son talent aurait suffi pour le rendre célèbre, [et] ² son esprit pour le faire rechercher ; mais son âme lui fait des amis de tous ceux qui le connaissent un peu particulièrement. Je ne [m'étendrai pas sur] ³ son talent ; la réputation dont il jouit en Europe ne me laisse rien à dire sur un genre de mérite qui a si peu de juges, et qui cependant assure la célébrité à tout ce qu'ils apprécient et qu'ils admirent ⁴. A l'égard de son esprit, on pourrait ⁵ lui donner un attribut qu'on n'accorde qu'à Dieu : il est infini et présent sinon partout, du moins à tout ⁶ ; il est profond et subtil ⁷, il est fort et il est fin, il est clair et précis, et il est juste et délié ; il a [la facilité et la grâce de] ⁸ celui de Voltaire, le piquant de celui de Fon-

---

1. Mademoiselle de Lespinasse avait écrit : « n'est autre chose que de ; » « ne consiste qu'à » est de d'Alembert.
2. Addition de d'Alembert.
3. Mademoiselle de Lespinasse avait écrit : « parlerai point de », « m'étendrai pas sur » est de d'Alembert.
4. Condorcet n'était alors connu que par ses travaux mathématiques, et en particulier par son *Essai sur le calcul intégral*.
5. « Sans exagérer » — supprimé par mademoiselle de Lespinasse.
6. « Quand on l'aura peint comme le littérateur le plus éclairé, le plus instruit et du meilleur goût, on n'aura fait qu'indiquer la moindre partie des qualités de son esprit. » Supprimé par mademoiselle de Lespinasse.
7. Omis dans l'édition Arago et O'Connor.
8. « Il a toutes les nuances de » effacé.

tenelle, le sel¹ de celui de Pascal, la profondeur² et la perspicacité de celui de Newton ; [il joint enfin aux connaissances les plus étendues, les lumières les plus profondes, et le goût le plus exquis et le plus sûr]³. Et ne dites point que c'est ici un portrait d'imagination, et que la nature n'a jamais produit un homme si extraordinaire ; je vous répondrai : la nature n'a point de bornes ; et si vous croyez que j'aie mis de l'exagération dans ce que je viens de vous dire⁴, jugez vous-même M. de Condorcet ; causez avec lui, lisez ce qu'il a écrit ; parlez-lui philosophie, belles-lettres, sciences, arts, gouvernement, jurisprudence, et, quand vous l'aurez écouté, vous direz cent fois par jour que c'est l'homme le plus étonnant que vous ayez jamais entendu. [Il n'ignore rien, pas même les choses les plus disparates à ses goûts et à ses occupations : il saura les formules du Palais et les généalogies des gens de la cour, les détails de la police et le nom des bonnets à la mode ; enfin rien n'est au-dessous de son attention et sa mémoire est si prodigieuse qu'il n'a jamais rien oublié⁵.]

Les qualités de son âme sont analogues à celles de son esprit ; elles sont aussi étendues et aussi variées, et, ce qu'il y a de singulier, c'est que, pour peindre M. de Condorcet, on ne doit pas dire : c'est un homme vertueux, parce que le mot de vertu entraîne l'idée d'effort

1. « tout » effacé.
2. « et toute » effacé.
3. Addition de d'Alembert.
4. « De l'esprit de M. de Condorcet » barré.
5. D'Alembert a placé ici cette phrase qui se trouvait plus loin Voyez page 238, note 2.

et de combat, et que jamais aucune de ses actions, aucun de ses [mouvements][1] ne porte ce caractère. En un mot, que vous dirai-je? la nature semble l'avoir [formé][2] parfait, et [ce n'est que][3] la réflexion qui rend vertueux. [On admire][4] les effets de la vertu, et toutes les qualités de M. de Condorcet le font chérir[5]. Sa bonté est universelle, c'est-à-dire que c'est un fond sur lequel doivent compter tous ceux qui en auront besoin[6] ; mais c'est un sentiment profond et actif pour ses amis. Il a tous les genres de bonté : celle qui fait compatir, secourir, celle qui rend facile et indulgent, celle qui prévient les besoins d'une âme délicate et sensible ; enfin, avec cette seule bonté, il serait aimé à la folie de ses amis et béni par tout ce qui souffre. Avec cette bonté il pourrait se passer de sensibilité : eh bien, il est d'une sensibilité profonde, et ce n'est point une manière de parler. Il est malheureux du malheur de ses amis, il souffre de leurs maux, et cela est si vrai que son repos et sa santé en sont souvent altérés. Vous croiriez peut-être, comme Montaigne, qu'une telle amitié peut se doubler et jamais se tripler? M. de Condorcet dément absolument [la maxime][7] de Montaigne : il aime beaucoup, et il aime

1. Expression de d'Alembert.
2. D'Alembert; mademoiselle de Lespinasse avait écrit d'abord « l'a fait. »
3. Mademoiselle de Lespinasse avait écrit d'abord « et c'est. »
4. « On estime » barré.
5. « Et aimer » barré.
6. « Et ses soins (?) seront assurés à tout ce qui souffre »; barré par mademoiselle de Lespinasse.
7. « Le précepte » barré par mademoiselle de Lespinasse.

beaucoup de gens. Ce n'est pas seulement un sentiment d'intérêt et de bienveillance qu'il a pour plusieurs personnes : c'est un sentiment profond, c'est un sentiment auquel il ferait des sacrifices, c'est un sentiment qui remplit son âme et occupe sa vie, c'est un sentiment qui, dans tous les instants, satisfait le cœur de celui de ses amis qui vit avec lui. Jamais aucun d'eux n'a pu désirer par-delà ce qu'il lui donne, et chacun en particulier pourrait se croire le premier objet de M. de Condorcet [1].

Mais j'écrirais un livre, et ce ne serait plus un portrait, si je continuais de détailler les effets de toutes ses qualités. Il en a que je me contenterai [d'énoncer] [2]. Par exemple, je dirai que son âme est noble et élevée, qu'elle est ennemie de [l'oppression] [3], qu'elle [méprise] [4] les esclaves et [hait] [5] les tyrans, qu'elle ne connait ni l'intérêt ni l'envie. Je dirai que son âme est grande et forte ; elle sait souffrir et non plier. Les privations de la pauvreté ne sont rien pour lui, et les soins qu'il faudrait pour rendre sa fortune meilleure lui seraient antipathiques. Il n'a pas cet orgueil qui fait qu'on se met au-dessus des autres ; mais il a cette noble fierté qui fait craindre la

---

1. « Et cependant il n'a jamais dit à aucun : je vous aime... il reçoit et il garde. » Ici se place un passage que d'Alembert a reporté plus loin.

2. D'Alembert : mademoiselle de Lespinasse avait écrit « nommer. »

3. « Tyrannie » barré par mademoiselle de Lespinasse.

4. D'Alembert ; mademoiselle de Lespinasse avait écrit « hait également. »

5. D'Alembert.

dépendance qu'imposent les services et les obligations ; il recevrait de son ami, et il ne demanderait rien à un homme en place.

Mais je vous entends dire : il n'a donc pas de défauts? où sont donc les contrastes que vous m'aviez promis ? tout ce que vous venez de me dire est du même ton et de la même couleur ; après m'avoir peint une bonne qualité, vous m'avez montré une vertu. La vue se lasse, et on veut des ombres et du repos dans tout ce qui fixe l'attention, [et surtout dans ce qu'on doit admirer[1].] Ah! c'est ici où l'art d'écrire ajouterait de l'intérêt à ce que j'ai à dire; mais il faut y suppléer par la simplicité, il faut se résoudre à [tracer][2] d'une manière commune les traits piquants qui caractérisent et distinguent M. de Condorcet[3]. Il y a des portraits aussi ressemblants sur le pont Notre-Dame que dans le cabinet de La Tour. Ecoutez-moi donc avec indulgence. Je ne me suis engagée qu'à peindre ressemblant; si je réussis, ma tâche est remplie.

Je vous ai dit que M. de Condorcet avait tous les genres d'esprit ; vous en concluez que sa conversation est animée et pleine d'agrément. Eh bien, il ne cause point en société : il y parle quelquefois, mais peu, et il ne dit jamais que ce qui est nécessaire aux gens qui le questionnent et qui ont besoin d'être instruits sur quel-

---

1. D'Alembert : mademoiselle de Lespinasse avait écrit : « et qui doit exciter une sorte d'admiration. »
2. D'Alembert ; mademoiselle de Lespinasse avait écrit « dire. »
3. « Il n'est pas sans exemple qu'un grand homme ait été peint par un barbouilleur » : barré.

que [matière]¹ que ce puisse être². On ne peut donc pas dire qu'il [soit]³ d'une bonne conversation, au moins en société ; car il [y] parait⁴ presque toujours ou distrait ou profondément occupé. Mais ce qu'il y a d'extraordinaire, c'est que rien ne lui échappe ; il a tout vu, tout entendu, et il a le tact le plus sûr et le plus délié pour saisir les ridicules et pour démêler toutes les nuances de la vanité ; il a même une sorte de malignité pour les peindre, qui contraste d'une manière frappante avec cet air de bonté qui ne l'abandonne jamais. Il dédommage bien, dans l'intimité, du silence qu'il garde en société ; c'est alors que sa conversation a tous les tons. [Il a]⁵ de la gaieté, de la méchanceté même, [mais]⁶ de celle qui ne peut nuire, et qui prouve seulement qu'il pense tout haut avec ses amis, et que rien de ce qui tient à la connaissance des hommes ne peut échapper à la justesse de son esprit et à la finesse de son goût. Je vous ai peint la sensibilité de M. de Condorcet et les effets de cette sensibilité profonde ; les gens qui ne le connaissent pas intimement doivent le croire insensible et froid. Il n'a peut-être jamais dit à aucun de ses amis : *je vous aime*, mais il n'a jamais perdu une occasion de le leur prouver. Il ne loue jamais ses amis, et sans cesse il leur prouve qu'il les estime et qu'il se plaît avec eux ; il ne connait

1. Mademoiselle de Lespinasse avait écrit d'abord « chose. »
2. Ici se place la phrase transcrite page 234 par d'Alembert.
3. « Soit » est de d'Alembert ; mademoiselle de Lespinasse avait écrit « est. »
4. « Y » supprimé.
5. « C'est » supprimé.
6. Addition de d'Alembert.

pas plus les épanchements de la confiance que ceux de la tendresse. On ne fait point une confidence à M. de Condorcet, on n'ira point le chercher pour lui dire son secret ; mais jamais on n'emploie aucune réserve avec lui ; on ne lui demande pas son jugement parce qu'on est sûr de son indulgence ; on ne lui confie pas le secret de son cœur, mais on lui ferait la confession de sa vie. Enfin jamais personne n'a inspiré tant de sûreté, et cependant on ne s'avise pas de le louer de sa discrétion, car la discrétion fait taire et cacher ce qu'on sait, et M. de Condorcet n'a aucun de ces deux mouvements ; il reçoit et il garde. Il écoutera le récit d'un malheur avec un visage calme et [qui vous paraîtra] [1] quelquefois riant, [et s'il peut soulager le malheureux dont vous lui parlez, il y volera sur le champ sans vous le dire] [2]. On lira devant lui une tragédie qui transportera tout le monde d'admiration ou d'attendrissement, et lui n'aura pas eu l'air de recevoir la plus légère impression, on doutera même qu'il ait écouté ; et au sortir de cette lecture, il rendra compte de cette pièce, et ce sera avec enthousiasme qu'il en citera les beautés. Il aura retenu les plus beaux vers, il aura tout senti et tout jugé, car il donnera les conseils les plus justes et les plus éclairés à l'auteur, et il sera en état de faire l'extrait de [la] [3] pièce de manière à la rendre intéressante aux gens qui ne l'auront pas entendue ; en un mot, aucun

---

1. Addition de d'Alembert.
2. Addition de d'Alembert.
3. De d'Alembert, au lieu de « cette » par mademoiselle de Lespinasse.

des mouvements de son âme ne se peint sur son visage ni dans ses actions : on le croirait impassible ; son activité est entièrement concentrée. En travaillant dix heures par jour, il ne semble pas attacher beaucoup de prix au temps : il a l'air de le perdre, de le donner au premier venu ; il agit sans cesse, et il a toujours l'air du repos et de n'avoir rien à faire. On ne l'entend jamais se plaindre des importuns, et il est accessible à tout le monde. Jamais sa porte n'est fermée, parce que son premier besoin est [1] d'être utile aux gens qui viennent le consulter. Il a renoncé à la vie des gens du monde ; il a fait plus encore, car il a sacrifié à son travail la société des gens de lettres qui le chérissent le plus, et avec qui il se plait de préférence. On dirait qu'après un tel renoncement à ses goûts, il doit être contrarié quand quelques circonstances changent l'arrangement de sa vie ? Il ne paraît pas seulement s'en apercevoir. S'il agit pour rendre service à quelqu'un ou pour faire plaisir à son ami, il ne voit plus que cela, et il retrouve dans cet intérêt de quoi le dédommager du sacrifice qu'il fait. Jamais on n'a été moins personnel, moins occupé de soi, plus prêt à abandonner son plaisir et ses goûts. Il ne tient fortement qu'à ses affections, il y sacrifierait tout, et, pour les satisfaire, [il s'est affranchi de ce qu'on appelle si improprement] [2] devoirs de société. Il ne fait point de visites, il vit avec ses amis, et il va voir les gens qu'il

---

1. « De faire le bien et qu'il peut ». effacé par mademoiselle de Lespinasse.
2. Mademoiselle de Lespinasse avait écrit : « il a renoncé à ce qu'on appelle devoirs de société. »

peut servir ou ceux à qui il a affaire. Il aimait les spectacles, il n'y va point parce que cela prendrait sur les heures qu'il a consacrées à l'amitié, c'est-à-dire au premier besoin de son âme. [Quoi qu'il soit][1] peu caressant et peu affectueux [cependant] [2], si par quelque circonstance il a été séparé des gens qu'il aime, il a besoin en les revoyant de leur donner une marque de tendresse ; il embrasse son ami non parce que c'est l'usage, mais parce que son cœur a besoin de se rapprocher de lui.

Cette âme, calme et modérée dans le cours ordinaire de la vie, devient ardente et pleine de feu s'il s'agit de défendre les opprimés, ou de défendre, ce qui lui est plus cher encore, la liberté des hommes et la vertu des malheureux: alors son zèle va jusqu'à la passion ; il en a la chaleur et le tourment, il souffre, il agit, il parle, il écrit, avec toute l'énergie d'une âme active et passionnée [3].

A l'égard de la vanité, qui est dans presque tous les hommes le fond le plus solide de toute leur existence et le mobile le plus commun de toutes leurs actions, je ne sais pas où s'est placée celle de M. de Condorcet ; je n'en ai jamais pu découvrir en lui ni le germe ni le mouvement. Je n'ose pourtant affirmer qu'il n'en ait point, parce que je crois qu'elle est de l'essence de la nature

---

1. Mademoiselle de Lespinasse avait écrit : « il est peu affectueux. »

2. Mademoiselle de Lespinasse avait écrit : « mais ».

3. « Enfin il faut se redire et finir ce portrait qui devient un livre en disant que M. de Condorcet avec toutes les qualités et les contrastes que je viens de peindre est l'homme qui annonce le plus de simplicité et de froideur. » — Barré.

humaine : mais tout ce que je puis faire, c'est de vous promettre d'observer encore M. de Condorcet, et si jamais je découvre en lui un seul mouvement de vanité, je l'ajouterai en note à cette longue rapsodie. J'ajoute encore que, s'il est exempt de vanité, et s'il remarque si finement celle des autres, il ne la blesse jamais : les sots, les gens ridicules, les ennuyeux, tous les défauts qu'on rencontre dans la société, ne l'incommodent ni ne l'importunent; il laisse tout passer, et il dirait volontiers, [comme Helvetius] [1], qu'il n'est pas plus étonnant que les hommes fassent et disent des sottises, qu'il ne l'est qu'un poirier porte des poires. Aussi n'affiche-t-il jamais aucun principe, aucune maxime de morale; il ne donne ni conseil ni précepte ; il observe, il pense, car je crois en vérité que la nature [2] ne lui a rien laissé à faire ; elle semble avoir pris plaisir à le créer pour le bonheur de tout ce qui devait être en liaison avec lui. C'est une production rare dont elle a bien voulu faire jouir quelques gens qui en sont dignes pour le prix qu'ils y attachent.

1. Addition de d'Alembert.
2. « En le créant. » — Barré.

II

SUITE DU « VOYAGE SENTIMENTAL »
avec corrections de d'Alembert.

CHAPITRE XV
Que ce fut une bonne journée que celle des pots cassés.

La bibliothèque de Genève possède un manuscrit de ce chapitre lequel provient de M. le Dr François Coindet qui le tenait sans doute de M. Guizot, s'il en faut croire un petit carré de papier épinglé sur le premier feuillet. Ce chapitre est intitulé par erreur: «*Chapitre XV qui ne vous surprendra pas*» et il diffère de l'imprimé en un point intéressant : «*Madame de B.*» au lieu de «*Madame Geoffrin*»

« Je vous suis », dis-je à mon hôte ... Mais, comme il ouvrait la porte, je vis arriver deux ouvriers qui m'apportaient les vases de marbre que j'avais commandés au faubourg Saint-Antoine.... « Entrez. mes amis ; et quoique j'aie une affaire, je veux faire la vôtre avant que de sortir.... » Ils posèrent à terre mes deux vases. Je les regardais, je les trouvais beaux [1] et je cherchais sur le visage de ces deux hommes à voir s'ils partageaient mon approbation. [2] En les regardant, je levai un couvercle; pour le remettre, je me baissai , et je le vis cassé. Je rele-

---
1. Mademoiselle de Lespinasse avait écrit « *bien.* »
2. « Et »

vai la tête pour parler ; l'un de ces hommes me regarde avec douleur : « Hélas ! oui, Monsieur, il est cassé ; mon camarade en mourra de chagrin ; il n'a pas osé venir ; il a craint votre colère. Si notre maître le sait, oh ! oui, Jacques en mourra. » Le son de voix de cet homme, l'émotion de son âme avaient déjà remué la mienne. «Hélas! disais-je en moi-même, j'ai eu une fantaisie, et aux yeux d'un Anglais, une fantaisie est une sottise. Je voulais avoir du plaisir, et j'ai fait descendre la douleur dans l'âme de ces bonnes gens... » Je les regardais et je crus m'apercevoir que mon silence avait augmenté leur trouble ; les yeux de celui qui venait de parler étaient pleins de larmes.... « Eh non, non, dis-je, en élevant la voix, Jacques ne mourra pas... Vous êtes donc son ami ? — Ah, monsieur, Jacques est un si bon garçon, il travaille si bien, il a tant de malheur, une femme, quatre petits enfants ! c'est lui qui fait vivre tout cela.... Oh ! mon bon mylord, ayez pitié de lui, de sa pauvre famille et de moi : si notre maître vient à savoir le malheur qui lui est arrivé, il renverra Jacques, il sera perdu, et ses enfants, et sa femme. — Votre maître ne le saura jamais, mes amis ; allez-vous-en, calmez le chagrin de Jacques, et dites-lui bien que je ne suis point en colère. Adieu ; soyez tranquilles, je suis content... » Je rendis la joie à l'ami de Jacques, et à celui qui était venu avec lui. Leurs yeux et leurs gestes m'exprimaient leur reconnaissance avec plus d'éloquence qu'un orateur de la chambre des Communes n'en met à [attaquer un ministre en place.].. [1] Je sortis

1. Mademoiselle de Lespinasse avait écrit — ce qui est bien d'elle — « *défendre un malheureux* ».

avec eux ; je ne trouvai plus mon hôte : mais Lafleur venait m'avertir qu'il était temps d'aller dîner chez [madame Geoffrin], [1] où j'avais promis d'aller il y avait deux jours... « Monsieur veut-il un carrosse, me dit Lafleur ? [vous en irez][2] plus vite ? Oui, dis-je, mais ce ne sera pas pour y être plus tôt, ce sera pour jouir de l'émotion que je viens d'avoir... » J'ai déjà dit que mon âme aimait le repos, lorsqu'elle était animée par sa propre sensibilité ou par celle des autres.... Lafleur revint dans l'instant. « Voilà, dit-il, le carrosse. » J'y montai sans voir Lafleur, je ne voyais plus que Jacques... « Il a souffert, me dis-je : il sera rentré chez lui hier [au][3] soir sans plaisir ; ses enfants l'auront embrassé, il leur aura ouvert ses bras : mais son âme aura été fermée à la joie ; sa femme aura pressé ses joues, mais son cœur n'en aura rien senti.... Ah ! mon Élisa, conçois-tu bien tout le mal qu'on me ferait, si l'on m'enlevait à la tendresse et au charme qui me pénétrera, lorsque ton cœur sera près du mien, lorsque ta main sera dans la mienne.... Je t'ai fait mal, Jacques, je t'ai privé de la plus douce consolation que la nature ait donnée à ses enfants.... » J'en étais là lorsque [le carrosse s'arrêta][4]. Lafleur vint ouvrir ma portière : « Mon ami, lui dis-je, il faut que tu soulages mon cœur, il est opprimé par ce qu'a souffert Jacques. — Et où est Jacques ? quel est-il ? quel mal a-t-il ? — Écoutez-moi, Lafleur : vous êtes un bon garçon, vous avez pitié des

---

1. « Madame de B. »
2. « Il en ira » (Mademoiselle de Lespinasse.)
3. « le » (Mademoiselle de Lespinasse.)
4. Addition de d'Alembert..

malheureux... » Le visage de Lafleur, qui était toujours épanoui, commençait à prendre une teinte de sensibilité [1], sa tête se baissait, et il semblait me remercier de le connaître [si] [2] bien et de le lui dire.... «Oui, mon ami, il nous faut secourir un malheureux : je suis cause qu'il a souffert ; ce Jacques est un ouvrier qui a cassé le couvercle d'un de mes vases de marbre. — Et cela a mis Monsieur en colère contre lui ? Je vais, je cours lui dire que vous n'êtes plus fâché. Et Lafleur courait déjà.... Je le pris par le bras : Écoutez-moi, mon ami : je n'ai point vu Jacques ; il craignait trop, il était trop affligé pour se montrer. — Le pauvre malheureux ! disait tout bas Lafleur. — Il m'a envoyé [son ami] [3] ; oh ! la bonne âme que cet ami ! il souffrait autant que Jacques. Il m'a dit que si je me plaignais à leur maître, Jacques en mourrait, qu'il serait renvoyé, et que, s'il n'avait plus d'ouvrage, il serait perdu et toute sa famille. — Il a une femme, me dit Lafleur avec attendrissement. — Oui, Lafleur, et quatre petits enfants que son travail fait vivre. — Oh ! Monsieur, allons, reprit Lafleur, il faut que nous délivrions Jacques de son malheur. — C'est bien mon intention ; tiens, mon ami, il faut que tu ailles le trouver ; tu lui diras que je ne suis pas fâché contre lui, mais que j'ai du chagrin de ce qu'il a souffert... » ; et en disant cela, je tirais ma bourse : « Tiens, Lafleur, voilà douze francs que tu donneras à ce pauvre Jacques ; cela lui fera plaisir, cela fera du bien à sa

1. « et » (Mademoiselle de Lespinasse).
2. « Aussi » (Mademoiselle de Lespinasse).
3. « Un de ses amis » (Mademoiselle de Lespinasse).

femme... — La bonne femme, disait Lafleur, elle aime sûrement son mari, c'est un si brave homme ! — Oui, dis-je, il est pauvre, il est sensible, il a des enfants... », et je soupirai en prononçant ce dernier mot... « Ce n'est pas tout, Lafleur, il faut que vous alliez chercher l'ami de Jacques, que vous le tiriez à part. — Oui, vraiment, dit Lafleur, il faut que le maître ne sache rien de tout cela. — Vous lui direz que ce Monsieur chez qui il a été ce matin a été si content de la manière dont il a demandé grâce pour son ami, qu'il lui envoie six francs pour boire et pour l'engager, non seulement à défendre son ami, mais à ne jamais accuser ses camarades. — Oui, oui, Monsieur, votre commission va être faite. Jacques ne sera plus malheureux : son ami, sa femme, vous, et moi, nous serons tous contents. J'embrasserai sa bonne femme, je verrai ses petits enfants ; je cours et je reviens... » Que je me sentis soulagé par le peu de bien que je venais de faire ! j'étais doucement ému par la bonté active de Lafleur. « L'honnête créature, disais-je. Pourquoi la Providence ne l'a-telle pas placée dens la classe des hommes qui peuvent secourir leurs semblables, et dont la plupart ont le cœur inaccessible aux malheureux? » En disant cela, je me trouvai dans l'antichambre de madame Geoffrin. « Bon ! disais-je, j'en dînerai mieux, je serai de meilleure compagnie, mon pauvre Jacques va être content... » Et j'entrai dans la chambre où il y avait dix ou douze personnes qui dînaient tous les mercredis chez madame Geoffrin.

CHAPITRE XVI

Qui ne vous surprendra pas.

Je dois à la gracieuseté de M. W. Brolemann communication de l'autographe de ce chapitre. Le titre de l'autographe est à tort : « *Que ce fut une bonne journée que celle des pots cassés.* »

Le dîner fut excellent. La maîtresse de la maison n'en faisait pas les honneurs; mais elle s'occupait de ses amis. Depuis que j'étais en France, je n'avais point rencontré tant de bonté, de simplicité et d'aisance réunies. Tous les gens qui étaient à ce dîner me parurent aimables ; ils étaient [1] bien aises d'être ensemble. L'air de franchise et de contentement de [madame Geoffrin][2] se répandait autour d'elle... Oui, [ma Lisette][3], toi seule y manquais. Partout où je suis bien, [je][4] te regrette. Ton plaisir est le

---

1. Correction de d'Alembert. Mademoiselle de Lespinasse avait écrit successivement : « ils avaient l'air d'être, ils paraissaient.»
2. Mademoiselle de Lespinasse avait écrit d'abord : « la maîtresse de la maison », puis : « madame G. »
3. Les éditions précédentes portent : « Mon Elisa. »
4. Mademoiselle de Lespinasse avait écrit d'abord: « mon cœur.»

premier besoin de mon [cœur] 1. Un Français dirait que la conversation animée, gaie et variée qu'il y eut pendant ce dîner, l'[avait]2 fort amusé. Pour moi, je suis [un peu]3 comme mon oncle Toby, je n'entends guère mieux le mot *amusement* que la chose. Un jour il venait de secourir le capitaine le Fèvre qui se mourait de chagrin et de misère dans une hôtellerie ; [il demandait au] 4 caporal Trim : « Dis-moi, mon ami, nous sommes-nous amusés aujourd'hui ? Mon frère Shandy dit quelquefois qu'il vient de s'amuser, et je ne l'entends pas. — Monsieur, répondit le caporal, [votre âme n'a pas besoin de] 5 comprendre M. Shandy ; [elle] 6 est bonne, vous avez du plaisir à soulager les malheureux ; je ne sais pas ce que c'est que l'amusement, mais ni vous ni moi n'en avons besoin 7. — Tu as raison, mon [cher Trim] 8, je laisserai parler d'amusement mon frère Shandy, et je me contenterai d'avoir du plaisir à sentir mon âme émue des maux de nos amis. — Oui, reprit Trim ; ce sont tous les malheureux, et nous

1. Mademoiselle de Lespinasse avait écrit d'abord : « âme. »
2. Correction de d'Alembert. Mademoiselle de Lespinasse avait écrit d'abord : « l'aurait. »
3. Manque dans les éditions précédentes.
4. Correction de d'Alembert. Mademoiselle de Lespinasse avait écrit «Il demandait un jour où..... »
5. Correction de d'Alembert. Mademoiselle de Lespinasse avait écrit : « en s'avançant un peu et puis se courbant en avant et regardant autour de lui : Votre honneur n'a que faire de. »
6. Correction de d'Alembert. Mademoiselle de Lespinasse : « Votre âme. »
7. Mademoiselle de Lespinasse avait écrit après ce mot deux lignes dont je n'ai pu restituer le sens sous les ratures.
8. Addition de d'Alembert. Mademoiselle de Lespinasse avait écrit : « souvent même j'y passe les nuits. »

n'en manquerons jamais... » [O mon cher oncle Toby ! je n'ai pas l'âme aussi bonne, aussi douce que toi][1], cependant, je l'avouerai, je n'écoute avec intérêt que ce qui parle à mon âme. Je ne louai jamais un trait d'esprit ; mais j'ai toujours une larme à donner au récit d'une bonne action ou à un mouvement de sensibilité : ce sont les seules touches qui répondent à mon [cœur][2]. Oh ! qu'il fut doucement et délicieusement ému par ce qui se passa après diner !... Nous rentrâmes dans le cabinet où il y avait une table à l'anglaise pour servir le café : c'était la maîtresse de la maison qui en prenait le soin. Tout le monde se mit autour de la table, chacun prit sa tasse et madame Geoffrin [prit][3] la cafetière. Il y avait un pot de crème ; elle en offrait, et plusieurs en prirent : un abbé qui était à côté de moi remuait cette crème, la mêlait dans son café, la goûtait avec un peu de lenteur, ce qui fut remarqué par madame Geoffrin. « Madame, dit-il avec un ton où il y avait plus d'affection que de critique, tout ce qu'on mange ici, tout ce qu'on y prend est tellement au point de la perfection, que j'ose vous faire une représentation : il n'y a que la crême qui ne soit pas bonne. — Je le sais bien, reprit doucement madame Geoffrin; elle est mauvaise, j'en suis bien fâchée (et ce dernier mot fut dit en regardant ses

---

1. Correction de d'Alembert. Mademoiselle de Lespinasse avait écrit : « L'âme douce et placide de mon oncle Toby ne connaissait pas l'amusement : il ne tient qu'à l'esprit, et mon oncle Toby n'avait pas les connaissances et les goûts qui peuvent faire goûter l'amusement, ce que les Français appellent les riens et dont ils font leur principale occupation. »
2. Mademoiselle de Lespinasse avait écrit : « âme. »
3. Manque dans les éditions.

amis) ; mais cela ne peut pas être autrement. — Comment donc, reprit plus gaîment l'abbé, comment ! il est nécessaire que vous ayez de mauvaise crême ? Cela me. paraît plaisant. — Oui, oui, mes amis, cela est nécessaire ; et si vous voulez m'écouter, vous serez forcés d'en convenir. » Tout le monde se tut, mais avec l'expression du désir de l'entendre. — « J'avais une laitière de campagne qui venait apporter le lait et la crême tous les matins ; un jour, je vis entrer mon portier avec l'air triste... — Que venez-vous m'apprendre, Follet, lui dis-je ? — Madame, votre laitière est en bas, elle est toute en larmes, elle vient vous dire [1] qu'à l'avenir elle ne pourra plus servir Madame ; sa vache est morte, et elle s'en désole. — Faites-moi monter cette pauvre femme ; [et il fut bien vite] [2], car la laitière semblait l'avoir suivi. On ouvrit ma porte, elle s'y tenait, essuyait ses yeux, elle paraissait vouloir étouffer les sanglots qui la suffoquaient, et elle ne pouvait avancer..... J'ai remarqué souvent que les malheureux croient que c'est manquer de respect que de se livrer [à l'expression] [3] de leur douleur ; je voyais ce mouvement dans l'effort qu'elle [se] [4] faisait pour se calmer... — Approchez, ma bonne, approchez, lui dis-je... Elle voulait marcher, et elle n'avançait point ; elle levait les pieds, et ils se retrouvaient à la même place... — Venez, venez, ma chère amie ; vous avez donc eu bien du malheur ? Ce mot la soulagea, elle fondit en larmes... — Bien du malheur ! Oh ! oui, Ma-

---

1. Les éditions portent : « faire dire. »
2. Les éditions portent : « il revint aussitôt. »
3. Mademoiselle de Lespinasse avait écrit : « au mouvement. »
4. Manque dans les éditions.

dame..; et elle leva les yeux pour me regarder : jusque-là elle les avait eus baissés. Alors il me sembla qu'elle [cherchait]¹ dans mon visage si elle aurait la force de parler... — Eh bien ! dites-moi, ma bonne femme, vous avez perdu votre vache ; elle vous faisait vivre, n'est-ce pas ? — Hélas, dit-elle en joignant et en élevant les mains, que deviendra mon pauvre père et ma mère ! ils sont si vieux ! ils ne peuvent plus travailler, notre vache et moi étions tout leur bien ; elle est morte ², mon mari dans son lit depuis deux mois... Alors les sanglots l'étouffèrent ; elle mit son visage dans son tablier, elle s'abandonna à toute sa douleur, elle me faisait mal à l'âme... — Ma chère amie, calmez-vous, votre douleur me fait [une plaie] ³. Je vous donnerai une vache, vous l'achèterez aussi belle que vous pourrez, et j'espère qu'elle remplacera celle que vous avez perdue... Elle leva la tête, laissa tomber ses bras : je ne vis plus de larmes sur son visage, elle était sans mouvement, elle ouvrit la bouche, elle essayait de prononcer... J'ajoutai : — Et ce sera tout à l'heure que vous irez chercher la meilleure vache. — Oh ! Madame, oh ! ma bonne dame, vous sauvez la vie à mon père... Alors je vis couler des larmes ; mais elles étaient douces et lentes, son visage était calme... C'est alors que je remarquai sa figure. Elle était jeune et fraîche, de belles dents, de la douceur dans les yeux... — Quel âge avez-vous, ma chère? — Je vais avoir trente ans, vienne

---

1. Mademoiselle de Lespinasse avait écrit d'abord : « regardait. »

2. Mademoiselle de Lespinasse avait ajouté : « Que faire ! »

3. Les éditions présentent ces mots: « trop de peine. »

la Saint-Martin, dit-elle, en faisant révérence. — Eh bien, ma bonne, actuellement que vous voilà un peu consolée, dites-moi tous vos malheurs, je les soulagerai peut-être. — Madame est trop charitable, reprit-elle avec un sourire qui ressemblait au bonheur. — Allons, dites-moi, aimez-vous votre mari ? — Charles et moi, nous nous aimons depuis que nous allions ensemble au catéchisme de notre [curé] [1]. Charles est un brave homme, bon travailleur ; avant le malheur qu'il a eu de se blesser à la jambe, nous ne manquions de rien ; il aime mon père comme s'il était le sien, et il pleurait hier en me disant : Va, Madeleine, va dire demain à tes pratiques que tu n'as plus de lait, que notre vache est morte... Et en prononçant ce mot, ma bonne femme essuyait ses yeux qui se remplissaient encore de larmes. — Votre mari sera donc bien content ce soir, quand il verra que vous ramenez une vache ? — Content ! oh ! [il ne le croira pas] [2]. Je lui dirai la bonté de Madame ; [qu'il] [3] vous bénira ! que mon pauvre père va prier le bon Dieu pour la conservation de Madame ! — Mais vous ne dites rien de votre mère..? car j'avais remarqué que son père était toujours l'objet de son attendrissement et de sa douleur ; est-ce que vous ne l'aimez pas ? — Pardonnez-moi, je l'aime bien ; mais la pauvre femme, elle gronde tant ! Si ce n'était que moi... c'est ma mère ; ainsi... Mais elle tourmente

---

1. Mademoiselle de Lespinasse avait écrit d'abord : « paroisse. »
2. Correction de d'Alembert. Mademoiselle de Lespinasse avait écrit : « il croira avoir la berlu. »
3. Les éditions portent : « comme »

Charles, elle le querelle, et elle l'a souvent fait sortir de la maison ; oh ! c'est cela qui me chagrine ; car le chagrin de Charles me fait plus de mal que le mien : mais il n'a point de rancune, il a soin de ma mère. La pauvre femme ! il le faut bien ; à peine peut-elle se remuer [1]. Je dis quelquefois à Charles : Mon ami, quand nous serons vieux et infirmes, nous serons peut-être aussi grincharts que ma mère : il faut bien prendre patience. Et Charles rit, il m'embrasse et nous sommes contents... — Eh bien ! ma bonne, je veux encore ajouter à votre bien-être : je veux vous donner une seconde vache, pour vous consoler de ce que vous avez souffert depuis deux jours. — Ah ! c'est trop, Madame, c'est trop, dit-elle avec l'expression de la joie et du désir : nous serions tous trop heureux ! — Mais, dites-moi, pouvez-vous soigner deux vaches ? — Oui, moi et mon cousin Claude nous en aurons bien soin. Claude a un bon cœur ; il a pleuré trois jours, et n'a rien voulu manger tout le temps que notre vache refusait le foin : il la gardait tout le jour, et moi je me couchais à côté d'elle la nuit : nous parlions ensemble... Comment te va, Blanche, lui disais-je ? Elle me regardait, elle se plaignait, et quelquefois je croyais qu'elle pleurait... Veux-tu du pain, ma mie ? Elle le prenait, mais elle ne pouvait pas l'avaler. Elle me regardait, je la flattais, et il semblait que cela lui faisait du bien... Hélas ! le bon Dieu est le maître ; il a compté nos jours, il a voulu que Blanche soit morte hier au matin : mais il nous aime

---

1. Mademoiselle de Lespinasse avait ajouté : « elle a un rhumatisme qui la fait tant souffrir. »

bien ; c'est mon pauvre père qui est la bénédiction de notre famille ; c'est pour le récompenser que le bon Dieu a voulu que j'aie trouvé une si charitable dame qui a fait tant de bien à mon cœur ; il était mort quand je suis arrivée à la porte de M. Follet ; qu'il va me trouver joyeuse en sortant ! Mon Dieu ! que le bon Dieu est bon !... Et elle joignit les mains avec action ; ses yeux, son visage ne me peignaient plus que le plaisir, mon âme s'en laissait doucement pénétrer... Mes amis, je n'ai guère passé de matinée qui m'ait laissé une impression plus agréable : je devais bien plus à ma laitière qu'elle n'avait reçu de bien de moi... Adieu, ma bonne, lui dis-je : car je m'aperçus qu'il était onze heures. J'avais été plus d'une heure avec cette bonne femme ; je l'avais consolée, je ne regrettai pas mon temps, je crus l'avoir bien employé... Vous voyez donc, d'après tout ce que je viens de vous conter, que je ne peux pas avoir de bonne crême. Me donneriez-vous le conseil, et aurais-je le courage de quitter ma laitière ! Je l'ai consolée de la mort de sa vache ; qu'est-ce qui la consolerait du mal qu'elle sentirait si je venais à la quitter ? Ne vaut-il donc pas mieux, mon cher abbé, en se tournant de son côté, que nous prenions de mauvaise crême ? Mes amis, en la prenant, penseront à ma bonne laitière, et ils me pardonneront, [n'est-il pas vrai ?][1]... Il y eut une acclamation générale : chacun louait la bienfaisance, la bonté de madame Geoffrin. Pour moi, [j'avais les yeux attachés sur tous

---

1. Mademoiselle de Lespinasse avait écrit d'abord : « n'est-ce pas ? »

ses mouvements]¹ et je ne disais mot : mon âme était trop occupée pour me laisser des expressions : pendant ce récit, il m'était échappé des larmes que je sentais venir de mon cœur... Bon, m'étais-je dit souvent, il y a donc encore une aussi bonne âme que celle de mon oncle Toby ! les malheureux ont donc encore une amie qui veille pour eux, qui est près de leurs cœurs... Tandis que je réfléchissais, ou plutôt que je sentais et jouissais de la vertu de cette excellente dame, elle s'approcha de moi : « Vous ne dites rien, monsieur Sterne, en me regardant avec [bienveillance]² ; cependant mon histoire ne vous a pas ennuyé : j'en ai vu des preuves certaines sur votre visage, j'ai vu couler une larme pour ma laitière, et cela m'a fait plaisir ! — Hélas ! Madame, dis-je en la regardant avec la tendresse et le respect dont elle avait pénétré mon âme, je ne ne sais point louer tant de bonté et de simplicité à faire le bien : mais je chérirai la Providence qui a accordé aux malheureux une aussi excellente protectrice ; je la bénirai de me l'avoir fait connaître, et je dirai à tous mes compatriotes : « Allez en France, allez voir « madame Geoffrin, vous verrez la bienfaisance, la bonté ; « vous verrez ces vertus dans leur perfection, parce que « vous les trouverez accompagnées d'une délicatesse qui « ne peut venir que d'une âme dont la [sensibilité a été « perfectionnée par l'habitude de la vertu]³. Oh ! l'excel-

---

1. Mademoiselle de Lespinasse avait écrit d'abord : « Je ne la perdais pas des yeux. »
2. Mademoiselle de Lespinasse avait écrit d'abord : « douceur. »
3. Correction de d'Alembert. Mademoiselle de Lespinasse avait dit : « dont l'habitude de la vertu a perfectionné la sensibilité. »

« lente femme que vous connaîtrez ! Allez, mes amis,
« faites le voyage de Paris ; et à votre retour, si vous
« m'apprenez que vous avez vu ou que vous avez connu
« cette respectable dame, je ne m'informerai plus si vous
« avez eu du plaisir à Paris, si vous êtes bien aises d'a-
« voir été en France. Pour moi, je n'y ai connu le bon-
« heur que d'aujourd'hui... » Il s'était fait un profond silence pendant que je parlais ; madame Geoffrin n'avait pu m'interrompre. J'avais parlé avec véhémence : c'était mon cœur qui donnait de la chaleur à ce que je disais, et je vis que j'avais été entendu de celui de madame Geoffrin ; ses yeux s'étaient [mouillés]¹ de larmes... « Ah! que je suis heureuse, dit-elle avec simplicité ! je suis donc bonne ! M. Sterne, vous venez de m'en récompenser, je veux vous embrasser pour le bien que vous m'avez fait... » Elle se baissa, je me levai avec transport, je la serrai dans mes bras... Oui, mon Eliza, je sentis pour la première fois de ma vie que les mouvements qu'inspire la vertu, ont leurs délices comme ceux de l'amour ; mon âme eut un moment d'ivresse... Son retour fut pour toi.. J'en serai plus digne de mon Éliza, me dis-je. Elle pleurera avec moi, lorsque je lui conterai l'histoire de la laitière de madame Geoffrin.

---

1. Mademoiselle de Lespinasse avait écrit : « remplis. »

III

PORTRAIT DU MARQUIS DE CARACCIOLI.

Nous attribuons à mademoiselle de Lespinasse ces lignes qui ont paru pour la première fois dans les *Œuvres posthumes* de d'Alembert. Elles ne peuvent être de lui puisque nous les avons retrouvées copiées d'une main inconnue, avec ce seul titre : « *On voudrait savoir si M. D*** reconnaîtra l'original du portrait suivant* » dans une liasse de papiers provenant de mademoiselle de Lespinasse, qui nous a été communiquée par M. Guillaume Guizot. Cette tournure « *on voudrait savoir si...* » est bien féminine. D'autre part, elle est remarquablement dans l'esprit de mademoiselle de Lespinasse et dans le style de ses relations avec d'Alembert. Les *Œuvres posthumes* renferment les deux chapitres de la suite du *Voyage Sentimental* de Sterne par mademoiselle de Lespinasse : toutes les probabilités sont donc en faveur de notre attribution.

C'est un des esprits les plus *complets* que l'on connaisse, c'est-à-dire, qui réunit à un degré très distingué le plus de différentes sortes de mérite. L'étendue de ses connaissances est très grande, et ce qui en fait surtout le prix, c'est de savoir nettement et sûrement tout ce qu'il sait, et de le rendre avec autant de précision que d'agrément : il n'y a pas jusqu'à la théologie à qui il a fait l'honneur de l'étudier : il est vrai que la Théologie ne s'en est pas bien trouvée, car il n'en a que mieux connu toute la sottise de cette production absurde de l'esprit humain. Il a l'esprit très fin, très clair et très juste ; et il joint à ces qualités une gaieté qui se communique à tous ceux avec qui il se trouve, le ton de la meilleure plaisanterie, une vérité franche et naïve pour se montrer tel qu'il est, une conversation facile, un caractère aimable et une bonté dont les effets dispensent de s'informer s'il est sensible.

IV

LA SANTÉ DE MADEMOISELLE DE LESPINASSE.

1. D'après les lettres de d'Alembert à Turgot [1].

12 juin 1763. — Elle a beaucoup souffert d'un mal d'oreille pour lequel elle a été saignée deux fois du pied. Elle est mieux à présent et commence à sortir.

11 novembre 1772. — Mademoiselle de Lespinasse qui est toujours souffrante et languissante.

2. D'après les lettres de Condorcet à Turgot [2].

1770, ce mardi. — Mademoiselle de Lespinasse a une fièvre d'accès depuis jeudi dernier. Cette fièvre paraît double tierce...

---

1. Ces lettres sont publiées dans mon édition de la *Correspondance inédite de d'Alembert avec Cramer, Lesage, Clairaut, Turgot, Castillon, Béguelin*, etc. Rome, Paris, Gauthier-Villars, in-4°.
2. *Correspondance inédite de Condorcet et de Turgot*, publiée par M. Charles Henry. Paris, 1883, Charavay, 1 vol. in-8°.

Dimanche, 8 avril 1770. — Elle dort mal.

Dimanche de Pâques, 15 avril 1770. — La fièvre a ressaisi mademoiselle de Lespinasse depuis quelques jours, soit pour avoir pris du quinquina, soit à cause du jubilé.

Ce dimanche, 2 décembre 1770. — Mademoiselle de Lespinasse a eu jeudi et vendredi derniers des douleurs de rhumatisme effroyables; hier ce n'était plus qu'un torticolis supportable pour elle qui a beaucoup de courage.

Dimanche, 30 décembre 1770. — Mademoiselle de Lespinasse a eu avant-hier, pendant la nuit, une toux convulsive très violente...; elle a pris de l'opium...; elle s'est couchée hier avec la fièvre.

Je viens d'apprendre que mademoiselle de Lespinasse est encore souffrante et qu'elle a eu la fièvre toute la nuit.

1er janvier 1771. — Mademoiselle de Lespinasse a eu hier et avant-hier au soir un mouvement de fièvre et elle a toujours eu beaucoup de malaise *et de courbature*. Elle n'a point dormi cette nuit et est sans fièvre ce matin.

Dimanche, 6 janvier 1771. — Est sans fièvre depuis plusieurs jours, mais elle se sent encore beaucoup fatiguée ; elle dort mal et a *mal à la tête* tous les soirs.

27 janvier 1771. — Est aussi bien qu'elle puisse être ; mais je voudrais qu'elle fût beaucoup mieux.

Mardi (février ou mars 1771.) — Ne peut écrire ; elle était souffrante et abattue hier au soir.

Dimanche, mars 1771. — Mademoiselle de Lespinasse comptait vous écrire hier au soir, mais elle était accablée et je me suis offert.

(Sans date, mais suivant la précédente.) — A mal au pied ; elle est moins souffrante.

Vers juin 1771. — A eu hier un frisson très violent, suivi d'une forte fièvre ; c'est le septième accès depuis la rechute. On avait jusqu'ici laissé agir la nature, mais hier on a ordonné les eaux de Sedlitz.

21 juillet 1771. — N'écrit pas aujourd'hui; elle est souffrante depuis quelques jours.

Dimanche, 2 août 1771. — Ne vous écrit point ; elle est encore souffrante, moins, à la vérité, mais elle ne dort point la nuit et elle s'endort le jour.

Ce dimanche, 18 août 1771. — Elle souffre toujours. Les douleurs sont moins fréquentes, moins durables, mais aussi vives et, lorsqu'elles sont passées, il lui reste une douleur très incommode aux deux côtés de la tête. Son médecin dit que cela ne provient que de sensibilité dans la vessie, que les douleurs se passeront à la longue et qu'il n'y a rien à craindre.

Lundi au soir, 26 août 1771. — Ne sent pas si elle est mieux ou moins bien. Ses douleurs sont, à ce qu'elle croit, un peu diminuées.

Dimanche, 1er septembre 1771. — Elle s'est baignée ces deux jours, ce qui prouve que ses douleurs de vessie sont augmentées.

Ce mardi, 3 septembre 1771. — Elle est encore fort souffrante et les maux de nerfs ont pris là une tournure bien douloureuse.

Lundi, 9 septembre 1771. — Elle n'écrit pas parce qu'elle a beaucoup souffert.

Mardi, 10 septembre 1771. — Mademoiselle de Lespinasse ne vous écrit point; elle est triste, souffrante, abattue. Je lui répète tous les jours qu'il faut qu'elle consulte un médecin : elle ne m'écoute point et je suis au désespoir de la laisser dans cet état.

24 mai 1772. — Toussait hier beaucoup et était fort souffrante.

26 mai. — A une toux qui l'a empêchée de dormir depuis deux jours ; elle lui a donné de la fièvre et a résisté à l'opium.

Dimanche, 31 mai. — Emploie encore toutes les nuits à tousser et cette toux, moitié rhume et moitié convulsion, la brise horriblement.

Ribemont, 11 août 1772. — Mademoiselle de Lespinasse tousse. Le départ de M. de Mora, qu'elle aime beaucoup, l'a vivement effectée.

27 novembre 1772. — Tousse toujours.

Dimanche, 22 novembre 1772. — Elle est toujours très souffrante et tourmentée *par des insomnies* et une toux continuelle.

Mardi, 18 décembre 1772. — Va un peu mieux, mais son état est toujours affligeant. Le Dr Roux répond de sa poitrine.

Lundi, fin décembre 1772. — On ne peut rien dire de mademoiselle de Lespinasse. J'espère beaucoup de l'oymel-scillitique qu'on lui fait prendre.

juin 1773. — La santé de mademoiselle de Lespinasse me paraît passable.

Lundi, 27 décembre 1773. — Est plus fatiguée de sa toux que jamais.

26 avril 1774. — A souffert depuis votre départ, mais elle va mieux.

Août 1774. — Mademoiselle de Lespinasse est toujours souffrante : elle n'en est que plus ardente à tirer les malheureux de peine.

Fin 1774.—Mademoiselle de Lespinasse est mieux; mais elle ne pourra encore vous aller chercher.

V[1]

LETTRES INÉDITES DE M. DE MORA A CONDORCET

I

Je reçois, Monsieur, avec un plaisir sensible, l'excellent ouvrage que vous avez la bonté de m'envoyer, et dont je vous suis infiniment reconnaissant. Ce que vous dites sur le sort de l'humanité est malheureusement si vrai qu'on ne saurait trop estimer et l'ouvrage et l'auteur qui en défend les droits opprimés. Mais il faut bien le cacher de la vue perçante des ennemis de la vérité. Comptez donc sur mon profond secret. Si tout le monde abhorrait comme moi les tyrans et les persécuteurs, on ne serait pas obligé d'en garder de cette espèce et nous

---

1. Bibliothèque de l'Institut. Copies conservées dans le dossier des lettres de mademoiselle de Lespinasse à Condorcet et à d'Alembert.

jouirions tous du bien inestimable de la liberté ; mais les hommes ne sont pas faits pour ce bonheur : leurs sottises et leurs folies les attachent à la chaîne de l'esclavage.

J'irai sûrement ce soir chez M. Turgot, où j'aurai l'honneur de vous répéter tous mes remercîments, que je vous prie de recevoir de la part de votre plus sincère et dévoué serviteur.

De Mora.

II

A Paris, ce 1er juillet [1772].

Il m'a été impossible, Monsieur, de faire réponse hier à votre lettre, que j'ai reçue avec le plus sensible plaisir. Cette marque de votre amitié est précieuse à mon cœur, qui en sent tout le prix et qui ne désirerait que de mériter les sentiments que vous voulez bien m'accorder et dont vous n'avez cessé de me donner des preuves. Croyez, Monsieur, que la tendre et vive reconnaissance que je vous dois n'est pas le lien le plus fort de ceux qui m'attachent à vous. Elle ne fait qu'ajouter à mon sentiment pour vous le plaisir de remplir, en m'y livrant, les devoirs que vos bontés m'ont imposés. Le temps ni l'éloignement ne peuvent jamais me faire oublier un ami à qui je voue le plus sincère attachement. De votre côté, vous en avez trop fait pour ne pas achever votre ouvrage en me conservant toujours le bienfait de votre amitié. Ma santé est parfaitement rétablie et je suis au point où j'étais avant ce dernier accident. Je crois même que mon régime actuel vaut mieux que celui que j'observais auparavant et j'en espère un effet plus assuré. Vous serez bien charmé d'apprendre que l'exclusion est levée pour MM. Suard et Delisle. Les voilà déclarés orthodoxes solennellement. Il est assez plaisant qu'il faille presque faire preuve de bêtise pour entrer dans les compagnies des savants. Voilà comme est faite cette belle horloge, dont Vaucanson ne voudrait pas avoir été l'inventeur. Vous aurez peut-être vu *les Systèmes* de Voltaire. En vérité, cet homme est un vrai phénix. Le voilà de nouveau poëte, comme il était à vingt ans. Le nom des Pyrénées que je lis dans votre lettre me fait trembler en voyant déjà si près ce cruel mois de septembre. Je ne saurais assez vous dire la douleur que me cause ce départ... Je ne pourrais jamais m'y réduire si je n'étais assuré de mon retour, qui comblera mes vœux et remplira toutes mes espérances. Vous pouvez en être aussi sûr que de la sincérité des sentiments que je vous ai voués et que je vous conserverai toute ma vie.

De Mora.

V

ACTE DE DÉCÈS DU MARQUIS DE MORA.

Cet acte de décès a été gracieusement transcrit pour nous aux Archives de la mairie de Bordeaux, sur le registre des mariages et décès de la paroisse Notre-Dame de Puy-Paulin, de 1757-1785, par M. Roborel de Climens, archiviste-adjoint de la Gironde; il précise relativement l'âge du marquis et nous apprend de manière certaine son veuvage, qu'il était d'ailleurs permis de supposer par la durée de son séjour à Paris. L'église de Puy-Paulin a disparu et la seule trace du marquis que M. Roborel de Climens ait trouvée à Bordeaux est cette phrase de l'Intendant Esmangart au duc d'Aiguillon : « J'ai l'honneur de vous envoyer la notte des circonstances de la mort du marquis de Mora pour la faire insérer si vous le jugez à propos dans la *Gazette de France.* » (28 mai 1774. Archives départementales de la Gironde. C. 207). Qu'est devenue cette note? Ni les Archives de Bordeaux, ni les Archives du Ministère des Affaires étrangères, ni la *Gazette de France* ne l'ont conservée.

ACTE DE DÉCÈS DU MARQUIS DE MORA

L'an mille sept cent soixante et quatorze et le vingt et septième jour du mois de mai est décédé dans cette paroisse après avoir reçu les sacrements, très-haut et très-puissant seigneur Joseph de Pignatelli et Gonsaga, marquis de Mora, gentilhomme de la chambre de Sa Majesté Catholique, avec exercice, âgé d'environ trente ans, fils légitime et premier né de son Excellence le comte de Fuentes et de dame Marye-Louise de Gonzaga, veuf de très-haute et très-puissante dame Marie Ignace Abarca de Bolca, et le lendemain son corps a été pompeusement enterré dans l'église, présants : Mrs Ducastaing et Duviala, prestres habitués, en foy de quoi.

BALETTE, vicaire de Puy Paulin.

SANDRÉ, curé de Puy-Paulin, approuvant les ratures et additions faites dans ledit acte, ce 19 juillet 1774.

Voici les ratures et additions auxquelles fait allusion cette note du curé: on avait écrit d'abord au lieu de « très-haut et très-puissant seigneur »— « Son Excellence Monsieur »; après le titre de marquis de Mora on a supprimé ensuite « Grand d'Espagne de la 1re classe »; enfin, au lieu de très-haute et très-puissante dame Marye-Ignace Abarca de Bolca » on avait mis d'abord : « dame de Bolca-Ximénès, fille légitime de monsieur le comte d'Aranda. »

VII

LA SUCCESSION DE MADEMOISELLE DE LESPINASSE.

I. Son testament [1]

Ceci est mon testament, et mes dernières volontés, au nom du Père, du Fils et du Saint-Esprit.

Je veux que six heures après ma mort, on me fasse ouvrir la tête par un chirurgien de la Charité, ou d'un autre hôpital. Je veux être enterrée comme les pauvres, et sans être exposée sous la porte. Je prie M. d'Alembert

---

1. Cet important document, conservé à l'étude de M⁰ Carré, a été publié dans le *Moniteur* du 5 Mai 1876 par M. Eugène Asse et dans l'édition de la Librairie des Bibliophiles: c'est le complément nécessaire de la lettre à d'Alembert. Des documents qui suivent le premier a été publié avec suppressions par M. Asse (*Mademoiselle de Lespinasse et madame du Deffant*, 1877, pages 83-86); le second est inédit.

au nom de l'amitié qu'il a toujours eue pour moi de vouloir bien exécuter ce testament.

Je donne à madame Joinville, qui est une pauvre femme que j'aime, trois cents livres une fois payées, et à son fils, de même trois cents livres une fois payées ; je demande que ce soit le plus tôt possible après ma mort, parce qu'ils sont dans le besoin. Je donne à madame Saint-Martin, ma femme de chambre, qu'il y a longtemps qui est à moi et dont je suis très contente ; je lui donne toute ma garde-robe, habits, linge, dentelle, etc. Je lui donne son lit et tout ce qu'il y a de meubles dans sa chambre.

Je donne à mon laquais une année de ses gages, ses habits, et son lit, ses draps et couvertures.

Monsieur le comte d'Anlezy m'a permis de lui laisser une marque de mon amitié, je le prie de recevoir l'édition de Molière et de Racine in-quarto, avec le dictionnaire de Moreri. Je prie monsieur de Guibert de recevoir tout ce que j'ai de livres anglais et tout ce que j'ai de livres français in-quarto, et autres de belles éditions.

Je prie M. de Saint-Chamans [1] de recevoir, comme une marque de ma tendre amitié, tous mes manuscrits, tant ceux qui sont reliés que ceux qui ne le sont pas. Je prie madame de Saint-Chamans de recevoir par une suite de la bonté et de l'amitié qu'elle a toujours eue pour moi, ma toilette de bois de rose en bibliothèque, j'espère que comme cela était à mon usage de tous les jours, cela lui rappellera quelquefois mon tendre sentiment.

1. Joseph-Louis vicomte de Saint-Chamans, mestre-de-camp commandant au régiment de la Fère-Infanterie, est mort le 22 juillet 1785, rue de Clichy (Archives nationales).

Je prie M. Suard de recevoir, par amitié pour moi, mon secrétaire à cylindre de bois satiné.

J'espère que monsieur de Condorcet voudra bien recevoir une marque de mon amitié : je lui donne le buste de M. d'Alembert et les buste et statues de Voltaire et toutes celles de mes estampes qui pourront lui plaire, tant en portrait qu'en sujet.

Je prie madame Geoffrin qui m'a comblé de tant de bontés, et que j'aime si tendrement, de vouloir bien recevoir mon petit oiseau de marbre avec son pied d'or moulu.

Je prie monsieur Roux [1], de qui j'ai reçu tant de soins et de marques de bontés, de vouloir bien recevoir comme une bien faible preuve de ma reconnaissance ma montre et ma pendule.

J'espère que monsieur d'Alembert voudra bien accepter comme une marque de ma tendre amitié mon secrétaire de bois de rose à dessus de marbre, une grande armoire de bois de rose où sont mes livres et une chiffonnière de bois de rose à neuf tiroirs, je lui ai ouï dire qu'il aimait les tiroirs. Je le prie avec instance de veiller à ce que j'aie la tête ouverte peu de temps après ma mort. Je demande à monsieur l'archevêque de Toulouse la permission de disposer de son portrait en faveur de monsieur de Vaines, je sais le prix qu'il y mettra, et je suis ravie de lui donner cette marque de mon amitié.

Je prie monsieur d'Alembert de payer toutes mes det-

---

[1]. Le docteur Augustin Roux est mort le 28 juin 1776, rue de Seine. (Archives Nationales.)

tes avec l'argent des rentes qui me seront dues à ma mort ; si les dettes excédaient ce qui me sera dû et la vente du reste de mon mobilier, je veux qu'on envoie une copie de mon testament à monsieur le marquis de Vichy, mon neveu : il y verra que je compte assez sur son honnêteté pour le prier d'achever de payer mes dettes ; cette somme ne saurait le gêner et je lui prouve mon estime et mon amitié en m'adressant à lui de préférence aux d'Albons de qui j'aurais dû recevoir ce secours, non pas à titre de générosité, mais de restitution pour le dépôt qu'il m'a volé à la mort de ma mère, et de la sienne. Si au contraire après avoir payé mes dettes, il restait quelque argent, je le donne à madame Saint-Martin en surplus des legs que je lui ai faits. Telles sont mes volontés que j'espère qui seront fidèlement exécutées. Fait à Paris, ce 11 février 1776.

JULIE DE LESPINASSE.

Ce 11 février 1776.

Je prie monsieur d'Alembert de vouloir bien, aussitôt après ma mort, chercher dans mes poches ou dans mes tiroirs deux portraits de feu M. le Marquis de Mora, il me fera ôter une bague de cheveux que j'ai toujours au doigt, il ôtera de ma montre deux petits cœurs qui tiennent à la chaîne, l'un est de cheveux, l'autre est d'or : il mettra tout cela dans une petite boîte, et il y joindra un billet à madame la duchesse de Villa-Hermosa qui lui apprendra que c'est moi en mourant qui est (*sic*) chargé que cette boîte lui fût remise avec soin. Il faudra en charger M. d'Aranda.

Je prie encore monsieur d'Alembert de vouloir bien faire brûler devant lui tous les papiers où j'ai écrit dessus *pour être brûlé* et c'est presque tout ce que j'ai d'écrit, sans y comprendre pourtant mes manuscrits dont j'ai disposé. Je lui demande pardon mille fois de tout l'embarras que je lui donnerai, mais je le prie de se faire beaucoup aider pour les détails.

J'ai un petit portefeuille de poche de maroquin rouge à serrure d'or que je veux qui soit envoyé cacheté à M. le comte de Schonberg, ainsi qu'une bague de cheveux où il y a une S. C. L. J.

Lespinasse.

On lit sur l'enveloppe cachetée : *Ceci est le testament de mademoiselle de Lespinasse pour être ouvert au moment de sa mort.*

II. Délivrance de legs

(6 juillet 1776).

Aujourd'huy est comparu devant les Conseillers du Roy, notaires à Paris soussignés.

P. Urbain Rouillé, bourgeois de Paris, y demeurant, rue Saint-Antoine, paroisse Saint-Paul, au nom et comme curateur, créé par sentence du Châtelet de Paris en date du jour d'hier, dûment collationnée, signée, scellée, et insérée à Paris, ce jourd'huy par Caqué, à la succession de demoiselle Jeanne-Julie-Eléonore Lespinasse, fille majeure, devenue vacante par le désistement de MM. Geoffroy de Montjay et Binet de la Bretonnière, receveurs généraux des domaines et bois de la généralité de Paris, en date du trente mai dernier, contrôlé à Paris le même jour par Boitieux, joint à la minute de l'inventaire fait par M⁰ Lambot, *l'un des notaires soussignés*, et son confrère, le trente-un dudit mois de mai dernier, après le décès de la dite demoiselle Lespinasse, des droits que le Roy avait sur la succession de ladite demoiselle Lespinasse, comme dévolue à Sa Majesté, faute d'héritiers : laquelle charge de curateur le dit sieur Rouillé a acceptée par ladite sentence, dont la minute est au registre de Jaquotot, greffier dudit Châtelet.

Lequel après avoir pris communication du testament et codicille olographe de ladite feue demoiselle Lespinasse, le testament daté à Paris le onze février dernier et le codicille sans date, l'un et l'autre déposés audit M⁰ Lambot, notaire de l'ordonnance de M. le lieutenant civil au Châtelet de Paris, du vingt-deux dudit mois de mai dernier, porté au procès-verbal d'ouverture desdits testament et codicille faits par mondit sieur le lieutenant civil, le même jour, et insérée au procès-verbal d'apposition des scellés après le décès de ladite demoiselle Lespinasse, par M. le commissaire Leseigneur aussi en date du même jour vingt-deux mai dernier.

A audit nom par ces présentes consenti l'exécution pleine et entière desdits testament et codicille, en conséquence fait délivrance aux légataires, ci-dénommés des legs universel et particuliers y portés en leur faveur ; pour par eux en jouir conformément et aux termes desdits testament et codicille : même consent spécialement par lesdites présentes qu'il soit payé, acquitté par ledit M*e* Lambot, notaire, sur les deniers comptants, à lui déposés par l'inventaire susdaté, dépendant de la succession de ladite demoiselle Lespinasse, savoir : 1° Au nommé Eloy Raimbault, domestique à Paris, ci-devant au service de la défunte, la somme de quinze cent quatre-vingt-dix-huit livres dix sols, dont cinquante-quatre livres quatorze sols pour dépenses de bouche et autres, par lui faites pour ladite demoiselle Lespinasse, tant avant que depuis son décès, savoir quarante-six livres quinze sols pour le montant de deux arrêtés des quatorze et vingt mai dernier portés sur le livre de la dépense de la maison; deux livres quatorze sols pour ports de lettres, aussi suivant le même livre ; et cinq livres cinq sols pour mêmes dépenses, depuis ledit décès.

Soixante-une livres seize sols, aussi à lui dus pour gages, nourriture et habillement, dont dix-huit livres dix-huit sols pour reste de ceux du mois d'avril dernier, et quarante-deux livres dix-huit sols pour ceux du mois de mai suivant, échus jusques et compris le vingt-deux dudit mois, jour du décès de ladite demoiselle Lespinasse.

Soixante-dix-huit livres pour la quarantaine due après le décès de ladite demoiselle Lespinasse audit Raimbault, sur le pied de cinquante-huit livres dix sols par mois, et ses gages, nourriture et habillement, faisant sept cent deux livres par an.

Et quatorze cent quatre livres, savoir : sept cent deux livres pour le legs d'une année de gages, nourriture et habillement, fait audit Raimbault par ladite demoiselle Lespinasse, suivant son dit testament, et pareille somme aussi pour une année desdits gages, nourriture et habillement que ladite demoiselle Lespinasse a chargé verbalement M. d'Alembert, exécuteur desdits testament et codicille, de lui donner.

2º A Marie-Geneviève-Sylvain Beaujeux ou Beaujean, cuisinière à Paris aussi ci-devant au service de ladite demoiselle de Lespinasse, la somme de trente livres pour gratification des quinze jours qu'elle a été à son service, avant son décès.

3º Et à Marie Plainchant, femme de Charles Collot, ci-devant cocher, et Philippe-Gabriel Collot, son fils, la somme de huit cent soixante-six livres huit sols, savoir : *à ladite femme Collot* cinq cent-quarante une livres douze sols, dont dix-sept livres douze sols pour gages à elle dûs, sur le pied de vingt-quatre livres par mois, depuis le premier mai dernier jusques et compris le vingt-deux dudit mois, jour du décès de ladite demoiselle de Lespinasse; trente-deux livres pour la quarantaine à elle dues après ledit décès, *sur le même pied de vingt-quatre livres par mois*. Cent quatre-vingt-douze livres pour le paiement de pareille somme à elle due par ladite succession et qui dans le cours de l'inventaire fait après le décès de ladite demoiselle Lespinasse s'est trouvée dans un sac de toile, avec une étiquette sur laquelle était écrit de la main de ladite demoiselle de Lespinasse : « *Cet argent est à Madame Joinville* » nom *sous lequel elle connaissait ladite femme Collot, et de laquelle somme ledit M⁹ Lambot s'est chargé par ledit inventaire, à titre de dépôt.* Et enfin trois cent livres pour le paiement et acquit du legs de pareille somme, à elle fait sous le nom de madame Joinville par ladite demoiselle de Lespinasse par son testament surdaté.

Et tant à elle qu'audit Philippe-Gabriel Collot, son fils, celle de trois cent vingt-quatre livres seize sols pour gages à lui dûs, sur le pied de douze livres par mois, depuis ledit jour premier mai dernier, jusques et compris le vingt-deux du dit mois, jour du décès de ladite demoiselle Lespinasse, seize livres pour la quarantaine, à lui dues après ledit décès, sur le même pied de douze livres par mois. Et trois cents livres aussi pour le paiement et acquit du legs de pareille somme, à lui fait par ladite demoiselle Lespinasse, suivant ledit testament.

4° Et finalement vingt-quatre livres au nommé Vionnet et sa femme, portiers en la maison où demeurait la dite demoiselle Lespinasse, pour gratification et récompense des services par eux rendus à ladite demoiselle.

Consentant pareillement audit nom qu'en faisant les paiements auxdits susnommés, et ceux des autres legs portés auxdits testament et codicille, ensemble des remises et délivrances de ceux des legs en nature, aux personnes à qui ils sont faits, mondit sieur d'Alembert l'exécuteur desdits testament et codicille, ledit M⁹ Lambot, notaire, et tous autres soient et demeurent bien et valablement quittes et déchargés envers ladite succession de ladite demoiselle Lespinasse et de toutes choses à ce sujet.

Dont acte fait et passé à Paris en l'étude, le six juillet mil sept cent soixante-seize. Et a signé

Rouillé,

Dupré, Lambot.

Et le vingt-cinq novembre audit an, est comparu devant les Conseillers du Roy, notaires à Paris soussignés, lesdits Rouillé audit nom, lequel encore que par ledit testament de ladite demoiselle Lespinasse, elle n'ait point fait proprement à la dame Saint-Martin, sa femme de chambre, de legs universel absolu, lui ayant seulement légué, par legs particuliers les effets mobiliers y désignés, et prié M. d'Alembert, qu'elle a nommé son exécuteur testamentaire, de payer toutes ses dettes avec l'argent de ses rentes et la vente de son mobilier, avec clause que si, après avoir payé ses dettes, il restait quelque argent, elle le donnait à ladite dame Saint-Martin, en surplus desdits legs qu'elle lui avait faits, ce qui paraîtrait par les termes se borner à ce qui resterait du recouvrement des rentes et prix de la vente du mobilier, et ne point comprendre les deniers comptants ni la vaisselle d'argent, néanmoins sur la réquisition dudit sieur d'Alembert, et la considération que, par le désistement énoncé en l'acte ci-dessus de MM. les Receveurs généraux des domaines qui en ont référé audit sieur d'Alembert de l'exécution dudit testament, et que les termes du testament ne comprendraient pas nommément dans les dispositions y insérées au profit de ladite dame Saint-Martin, demeureraient sans destination, et par conséquent à celle de M. d'Alembert, dont l'intention était en ce cas que tout ce qui resterait en toute nature, les dettes, legs et frais payés demeurerait à ladite dame Saint-Martin, à la charge cependant qu'elle en prélèverait pour elle-même, ou pour la remplir de ce qui pourrait lui être dû par la succession, tant pour gages et nourritures *au décès* de ladite demoiselle Lespinasse, quarantaine, garde des scellés et effets depuis le décès jusqu'à la vente, ensemble pourvoir à sa subsistance jusqu'aux premières échéances des revenus l'emploi qu'elle ferait du produit des dispositions de Mlle Lespinasse, conformément à la condition apposée par le sieur Guérin, son mari, dans son autorisation à elle donnée pour recueillir lesdites dispositions portées par acte passé devant ledit Me Lambot, l'un des notaires soussignés, qui en a la minute et son confrère, le trois juin d'une somme de sept cent soixante livres seize sols neuf deniers, faisant le montant de la vaisselle d'argent par elle remise audit sieur d'Alembert sur celle dont elle avait été chargée comme gardienne par l'inventaire, et dont le surplus, consistant en trois couverts et six cuillers à café, lui était demeuré, laquelle somme faisant comme dit est le montant de ladite vaisselle, par elle remise audit sieur d'Alembert, et tant cédée que retenue par lui, sur le pied de cinquante-deux livres le marc, au lieu du prix porté par l'inventaire, elle toucherait par ses mains en vertu de ladite autorisation de son mari pour lui demeurer ainsi que les adjudications à crédit à elle faites lors de la vente, et lesdits trois couverts et six cuillers à café, sans être par elle tenue d'en faire emploi comme du surplus, nonobstant ladite condition d'emploi apposée à l'autorisation de son mari.

Consent par ces présentes, que tout ce qui resterait non-seulement sur recouvrement des rentes et ventes du mobilier, mais encore des deniers comptants et vaisselle d'argent de ladite Demoiselle Lespinasse, déduction faite des legs particuliers, dettes et frais, notamment de ce qui a été assigné par l'acte ci-dessus par ledit Rouillé aux y dénommés, demeure compris dans les dispositions de ladite D^{lle} Lespinasse en faveur de la dite Dame Saint-Martin à la charge qu'il en demeurera distrait ladite somme de sept cent soixante livres seize sols neuf deniers, faisant le montant de ladite vaisselle, et qui lui sera payée et délivrée par mondit sieur d'Alembert sur sa simple quittance pour les causes et motifs ci-dessus, sans qu'elle soit en conséquence tenue d'en faire emploi, non plus que desdites adjudications à crédit, des trois couverts et desdites six cuillers à café, nonobstant ladite condition d'emploi insérée en ladite autorisation de son mari, dont acte a été fait et passé à Paris en l'étude, lesdits jour et an, et a signé.

DESHERAIN　　　　　　　　　　ROUILLÉ

　　　　　　LAMBOT

III. Quittances a la succession
(6 juillet 1776).

En présence des Conseillers du Roy, notaires au Châtelet de Paris, soussignés.

Eloy Raimbault, domestique à Paris, y demeurant rue du Bacq, paroisse Saint-Sulpice, ci-devant au service de feue demoiselle Jeanne-Julie-Eléonore Lespinasse, fille majeure.

Lequel a reconnu avoir reçu de M. Jean Dalembert, secrétaire perpétuel de l'Académie française, membre de l'Académie des Sciences, demeurant à Paris, au Louvre, paroisse Saint-Germain-l'Auxerrois pour ce présent qui, au nom et comme exécuteur du testament et codicille olographes de la feue demoiselle de L'Espinasse, le testament daté à Paris le onze février dernier et le codicille sans date, l'un et l'autre déposés à M. Lambot, l'un des notaires soussignés de l'ordonnance de M. le lieutenant civil au Châtelet de Paris, du vingt-deux mai aussi dernier, portée au procès-verbal d'ouverture desd. testament et codicille, faite par mond. S. le lieutenant civil le même jour, et insérée au procès-verbal de l'apposition des scellés de M. le commissaire Le Seigneur après le décès de lad. demoiselle de Lespinasse aussi du même jour, lesd. testament et codicille contrôlés à Paris le trente-un mai dernier et insinués à Paris le vingt-six juin aussi dernier par Boiteux; et en conséquence du consentement donné tant à l'exécution desd. testament et codicille que spécialement à l'effet du présent payement, suivant l'acte passé devant led. M. Lambot notaire et son confrère ce jourd'huy, en minute par S. Urbain Rouillé, bourgeois de Paris, y demeurant, au nom et comme curateur créé par sentence du Châtelet de Paris du jour d'hier étant au registre de Jacquotot greffier dud. Châtelet, contenant l'acceptation de lad. charge dûment collationnée, signée, scellée, et insinuée à Paris ce jourd'hui par Caqué, à la succession de lad. demoiselle L'Espinasse devenue vacante par le désistement de MM. Geoffroy de Montjay et Binet de la Bretonnière, receveurs généraux des domaines et bois de la généralité de Paris, en date du trente dud. mois de mai dernier, contrôlé à Paris le même jour par Le Boiteux, demeuré annexée et a minute de l'inventaire fait par led. M. Lambot notaire, qui en a minute, et son confrère, le trente-un dud. mois de mai, après le décès de lad. demoiselle Lespinasse, des droits que le Roy avait sur sa succession comme dévolue à Sa Majesté faute d'héritiers :

Lui a présentement payé en écus et monnoie ayant cours à la vue des notaires soussignés, des deniers représentés à cet effet par led. M. Lambot, l'un d'eux, faisant partie de l'argent comptant dépendant de lad. succession à lui déposés par l'inventaire de lad. demoiselle Lespinasse.

La somme de quinze cent quatre-vingt-dix-huit livres dix sols, dont cinquante-quatre livres quatorze sols pour dépenses de bouche, et autres faites par led. Raimbault pour lad. demoiselle de L'Espinasse, tant avant que depuis son décès, savoir quarante-six livres quinze sols pour deux arrêtés des quatorze et vingt mai dernier portés sur le livre dépense de la maison ; deux livres quatorze sols pour ports de lettres aussi suivant le même livre ; et cinq livres quinze sols pour mêmes dépenses depuis led. décès.

Soixante-une livres seize sols aussi dus aud. Raimbault pour gages, nourriture et habillements, dont dix-huit livres dix-huit sols pour reste de ceux du mois d'avril dernier et quarante-deux livres dix-huit sols pour ceux du mois suivant échus jusques et compris le vingt-deux dud. mois, jour du décès de lad. demoiselle de L'Espinasse.

Soixante dix-huit livres pour la quarantaine due après led. décès de mad. demoiselle, aud. Raimbault, sur le pied de cinquante-huit livres dix sols par mois, faisant sept cent-deux livres par an.

Et quatorze cent-quatre livres : Savoir, sept cent-deux livres pour le legs d'une année de gages y compris les habits fait aud. Raimbault, par lad. demoiselle de Lespinasse, par son testament sur daté, et pareille somme aussi pour une année desd. gages, nourriture habillement que lad. demoiselle a chargé verbalement led. Sr Dalembert de lui donner.

De laquelle première somme de quinze cent quatre-vingt-dix-huit livres dix sols led. Raimbault est content en quitte et décharge mond. Sr Dalembert, la succession de lad. demoiselle Lespinasse et tous autres et de toutes choses à ce sujet. Et au moyen dud. payement led. M. Lambot demeure bien et valablement, d'autant quitte et déchargé sur les deniers comptants à lui déposés par led. inventaire. Et mond. S. Dalembert en sad. qualité l'en quitte et décharge en tant que de besoin par ces présentes.

Fait et passé à Paris en l'étude de l'an mil sept cent soixante-seize le six juillet, et ont signé ces présentes où sont rayés quinze mots comme nuls.

 C. Rimbault   J. d'Alembert
   Menjaud   Lambot.

Et le huit dud. mois de Juillet aud. an est comparu devant les Conseillers du Roy, notaires à Paris soussignés Marie-Geneviève-Silvain Beaujean, cuisinière à Paris, y demeurant, barrière Saint-Jacques, paroisse Saint-Jacques-du-Haut-Pas.

Laquelle a reconnu avoir reçu dud. S. Dalembert dénommé, qualifié et domicilié en la précédente quitance, pour ce présent qui, en sad. qualité d'exécuteur testamentaire de lad. demoiselle Lespinasse, et en conséquence du consentement donné tant à l'exécution des testament et codicille et de lad. demoiselle que spécialement à l'effet du présent payement, ainsi que le tout est plus au long énoncé en la quittance de l'autre part ; lui a présentement payé en écus et monnoie ayant cours à la vue des notaires soussignés, des deniers représentés à cet effet par led. M. Lambot l'un d'eux, faisant partie de l'argent comptant, dépendant de la succession de mademoiselle de L'Espinasse, à lui déposé par l'inventaire fait après son décès relaté en lad. quitance de l'autre part.

La somme de trente livres pour gratification des quinze jours qu'elle a été au service de mad. demoiselle de Lespinasse peu de temps avant son décès. De laquelle somme lad. fille Beaujean est content en quitte et décharge mond. S. d'Alembert, la succession de lad. demoiselle Lespinasse et l'ouverture et led. M⁰ Lambot demeure d'autant quitte envers lad. succession, des deniers comptants à lui déposés par led. inventaire.

Fait et passé à Paris en l'étude led. jour et an il a signé.

Jean D'Alembert
Marie-Geneviève-Silvain Beaujean
Menjaud   Lambot.

Et le dix dud. mois sont comparus devant les Conseillers du Roy, notaires à Paris, soussigné, demoiselle Marie Plainchant, femme de Charles Collot, ci-devant cocher demeurant à Paris, rue de Bourgogne, paroisse Saint-Sulpice, et Philippe-Gabriel Collot son fils, demeurant à Paris, au Louvre, paroisse Saint-Germain-l'Auxerrois.

Lesquels ont reconnu avoir reçu de mond. S. Dalembert dénommé, qualifié et domicilié en la première quittance des autres parts pour ce présent qui, en sad. qualité d'exécuteur testamentaire de lad. demoiselle Lespinasse, et en conséquence du consentement donné tant à l'exécution des testament et codicille de lad. demoiselle que spécialement à l'effet des présentes, ainsi que le tout est plus au long énoncé en lad. première quittance des autres parts, leur a présentement payé en écus et monnoie ayant cours à la vue des notaires soussignés, des deniers représentés à cet effet par led. M. Lambot l'un d'eux, faisant partie de l'argent comptant trouvé après le décès de lad. demoiselle Lespinasse et à lui déposés par l'inventaire fait après led. décès, énoncé en lad. première quitance des autres parts.

La somme de huit cent soixante-six livres, huit sols, savoir à ladite femme Collot cinq cent quarante une livres douze sols, dont dix-sept livres douze sols pour gages à elle dus sur le pied de vingt quatre livres par mois, le premier may dernier jusques et compris le vingt deux dud. mois, jour du décès de lad. D^{lle} Lespinasse ; trente-deux livres pour la quarantaine à elle dus après led. décès sur le même pied de vingt quatre livres par mois ; cent quatre vingt douze livres pour le payement de pareille somme à elle due par succession de lad. D^{lle} Lespinasse et qui dans le côurs de l'inventaire fait après son décés s'est trouvé dans un sac de toile avec une etiquette sur lequel étoit écrit de la main lad. feue D^{lle} Lespinasse cet argent est à M^{de} Joinville, et de laquelle somme led. M. Lambot s'est chargé par led. inventaire, à titre de dépôt. Et enfin trois cent livres pour le payement et acquit du legs de pareille somme à elle fait par lad. D^{lle} Lespinasse, suivant son testament daté et énoncé en la quitance des autres parts sous le nom de M^{de} Joinville.

Et tant à elle qu'aud. Philipes Gabriel Collot son fils celle de trois cent vingt quatre livres seize sols, dont huit livres seize sols pour gages à lui dus sur le pied de douze livres par mois, depuis led. jour premier may dernier jusques et compris le vingt-deux dud. moi, jour du décès de lad. D^{lle} Lespinasse ; seize livres pour la quarantaine à lui due après led. décés sur le même pied de douze livres par mois, et trois cent livres aussy pour le payement et acquit du legs de pareille somme à lui fait par lad. D^lle Lespinasse suivant sond. testament.

De laquelle somme de huit cent soixante six livres huit sols lad. femme Collot et sond. fils sont *chacun* a leur égard contrat et en quittent et déchargent led. sieur D'Alembert en sad. qualité, la succession de lad. D^lle Lespinasse et en tant que de besoin led. Me Lambot notamment de lad. somme de cent quatre vingt douze livres à lui déposée par led. inventaire comme appartenant à lad. femme Collot, et de toutes choses à ce sujet

Fait et passé à Paris en l'étude led. jour et an que dessus et a led. Collot fils signé, et sad. mère a déclaré ne savoir écrire ny signer de ce enquis suivant l'ordonnance.

Lambot Menjaud Collot J. D'Alembert.

Et le vingt-cinq novembre de la même année est comparu devant les Conseillers du Roy, notaires à Paris soussignés.

Louis Vionnet, portier de M. Messager, dans la maison duquel lad. feue D^lle Lespinasse occupoit un appartement, et Genevieve Viard, sa f^e qu'il autorisa à l'effet des présentes, demeurant à Paris, rue Saint-Dominique, paroisse Saint-Sulpice.

Lesquels ont reconnu avoir reçu de mond. sieur d'Alembert, dénommé qualiffié et domicilié en la première quitance des autres parts pour ce présent, qui en sad. qualité d'exécuteur testamentaire de lad. D^lle Lespinasse et en conséquence du consentement donné tant à l'exécution des testament et codicile de lad. D^lle, que spécialement pour ces présentes ainsi que le tout est plus au long énoncé en lad. première quitance des autres parts, leur a présentement payé en écus et monnoye ayant cours à la vue des notaires soussignés des deniers représentés à cet effet par led. M. Lambot, l'un d'eux faisant partie de l'argent comptant trouvé après le décès de lad. D^lle Lespinasse et à lui déposé par l'inventaire fait après led. décès, énoncés en lad. première quitance.

La somme de vingt-quatre livres pour gratiffication et récompense des services par eux rendus à lad. feue D^lle Lespinasse, depuis le commencement de la présente année jusqu'à son décès.

De laquelle somme de vingt-quatre livres lesd. Vionnet et sa f^le sont contens, en quittent et déchargent led. sieur d'Alembert en sad. qualité, la sucession de lad. D^lle Lespinasse et tous autres et en tant que de besoin led. M. Lambot.

Fait et passé à Paris en l'étude led. jour et an, led. Vionnet a déclaré ne savoir écrire ny signer de ce enquis suivant l'ordonnance et sad. femme a signé.

G. VIARD J. D'ALEMBERT LAMBOT MENJAUD.

IV. INVENTAIRE DE MADEMOISELLE DE LESPINASSE [1].

31 may 1776.

L'an mil-sept-cent-soixante-seize, le vendredi trente et un may, trois heures de relevée.

A la requête de M. Jean Dalembert, secrétaire perpétuel de l'Académie françoise, membre de l'Académie des sciences, demeurant à Paris, au Louvre, paroisse Saint-Germain l'Auxerrois, au nom et comme exécuteur des testament et codicille olographes de feu demoiselle Julie de Lespinasse, fille majeure, le testament daté à Paris le onze février dernier, et le codicille sans date, l'un et l'autre déposés à Lambot, l'un des notaires soussignés de l'ordonnance de M. le lieutenant civil au Châtelet de Paris du vingt-deux may présent mois, portée au procès-verbal d'ouverture desdits testament et codicille faite par mondit s^r le lieutenant civil le même jour, et insérée au procès-verbal de l'apposition des scellés de M. le commissaire Le Seigneur, après le décès de ladite demoiselle Lespinasse aussi du même jour ; lesdits testament et codicille visés au greffe de l'insinuation du Châtelet

---

1. Nous réimprimons l'inventaire de mademoiselle de Lespinasse, conservé dans l'étude de Me Carré, sur le texte original, ayant été assez heureux pour lire certains mots laissés en blanc par M. Asse dans son édition de ce curieux document (*Mademoiselle de Lespinasse et la Marquise du Deffand*, p. 65).

de Paris, et contrôlés par le Boitieux, ce jourd'huy.

Et en cette qualité, ledit sieur Dalembert, subrogé par acte de M^es. de Montjay et de la Bretonnière, receveurs généraux des domaines et bois de la généralité de Paris du jour d'hier, contrôlé à Paris aussi le jour d'hier par Le Boitieux, représenté par ledit sieur Dalembert et demeuré cy-annexé, préalablement certifié véritable signé et paraphé par ledit sieur Dalembert en présence des notaires sus-nommés : aux droits de Sa Majesté pour la succession de ladite demoiselle de Lespinasse, dévolue à S. M. faute d'héritiers, desquels droits et de toutes actions sur ladite succession, lesdits sieurs de Montjay et de la Bretonnière en leur dite qualité se sont désistés par ledit acte cy-annexé par mondit sieur Dalembert de remplir les dispositions portées audit testament.

A la conservation des droits et actions de mondit sieur Dalembert ès dites qualités et de tous autres qu'il appartiendra, il va être, par les conseillers du roi, notaires du Châtelet à Paris soussignés, procédé à l'inventaire et description de tous les meubles meublans, effets mobiliers, papiers, etc., dépendant de la succession de ladite demoiselle Lespinasse, trouvés et étant dans les lieux cy-après désignés dépendant d'une maison sise en cette ville, rue Saint-Dominique, vis-à-vis le couvent de Bellechasse, de laquelle M. Messager, bourgeois de Paris, est propriétaire, et dans lesquels lieux ladite demoiselle de Lespinasse est décédée le 22 du présent mois ; s'étant assuré de la représentation qui en sera faite par Eloy Raimbault, domestique, et Louise-Agnès Saint-Martin, femme de chambre, tous deux au service de ladite demoiselle de Lespinasse, gardiens des scellés cy-après, après serment par chacun d'eux fait ès mains de Me Lambot, l'un des notaires soussignés, de tout représenter.

DALEMBERT.

I. LES MEUBLES, LES OBJETS D'ART ET LES CHIFFONS.

Dans la chambre à coucher, ayant vue sur la rue, à gauche de l'antichambre :

Deux chenets, une double grille, pelle et pincette de fer poli garnies d'ornemens de cuivre argenté, une cheminée à la prussienne de tôle, deux bras de cheminée à double *bronze* de cuivre en couleur, prisés vingt-quatre livres . . . . 24 »

Une grande armoire de bois de rose à quatre battans, fermant à clef, une chiffonnière aussi de bois de rose à neuf tiroirs, prisés quatre-vingts livres . . 80 »

Un bureau de bois noirci, couvert de cuir noir, une table à *cadrille*, couverte de drap vert, une table de nuit de bois de noyer à deux tablettes de marbre, une commode de bois de placage, à deux grands et deux petits tiroirs, garnis de leurs *mains* et entrées de serrures de cuivre en couleur, un corps de tiroirs de bois noyer, prisé le tout ensemble la somme de quatre-vingt-dix livres . . . . 90 »

Deux fauteuils couverts de damas cramoisi, une bergère garnie de coussins et dossier couvert de gourgouran vert rempli de crin, un fauteuil en cabriolet couvert de velours d'Utrecht cramoisi, un fauteuil couvert de tapisseries à l'aiguille fourré de crin, un fauteuil en confessionnal couvert de velours d'Utrecht cramoisi, prisé le tout ensemble la somme de soixante-dix livres. . 70 »

Un tableau peint sur toile dans sa bordure ovale de bois sculpté, doré, représentant le portrait de M. l'archevêque de Toulouse, prisé la somme de vingt-quatre livres . . . . 24 »

Un lit composé d'une couchette à deux dossiers, fond sanglé, de quatre pieds de large, d'un sommier de crin, deux matelas remplis de laine, couverts de toile et futaine, un lit et un traversin de coutil remplis de plumes. La housse dudit lit à l'Impériale, grands rideaux, chantourné sur les soubassemens, et courte-pointe de damas cramoisi et deux rideaux d'alcove de damas cramoisi, prisé la somme de quatre cents livres. . . . . . 400 »

Vingt lés[1] sur deux aunes de haut, de damas cramoisi servant de tenture, prisé cent quatre-vingts livres. 180 »

Douze lés sur deux aunes de haut de camelot cramoisi servant de tenture à l'alcove, un rideau de croisée en deux parties aussy de camelot cramoisi avec sa tringle, prisé ensemble la somme de trente-sept livres. . 37 »

Six estampes sous verre, dans leurs bordures de bois doré et noirci, représentant différens sujets, prisées vingt-quatre livres. . . . . 24 »

---

[1] Le lé est d'environ 75 centimètres.

Dans ledit antichambre ayant vue sur ladite rue et sur la cour, une petite fontaine à laver les mains et sa cuvette de cuivre, six chaises de bois fourrées de paille, six bois de fauteuil, de bois de noyer, une petite table sur ses pieds tournés garnie d'un tiroir, prisé le tout ensemble la somme de quarante livres. . . . . . 40 »

Deux rideaux de croisée en quatre parties de siamoise bleue et blanche, deux banquettes couvertes de moquette de pareille couleur, une poêle de terre marbrée, deux réverbères de fer blanc, un chandelier de cuivre, trois cafetières, prisé le tout ensemble la somme de trente-six livres. . . . . 36 »

Cinq petites estampes sous verre, dans leur bordure de bois doré et noirci, prisées six livres . . . . . 6 »

Dans la chambre du nommé Henry, domestique de la défunte :

Un lit de sangle, deux matelas remplis de laine, couverts de toile à carreaux, un traversin de coutil rempli de plume, une couverture de laine blanche, deux draps de grosse toile, prisé le tout ensemble la somme de vingt-quatre livres. 24 »

Dans la cuisine au troisième étage, ayant vue sur la rue :

Deux chenets à double grille, pelle et pincette de fer

poli, trois fers à repasser le linge, une poêle à frire, trente pièces de poterie, verrerie et fayence, ne méritant description, prisé le tout ensemble six livres. . . . 6 »

Un grand chaudron de cuivre, une baignoire et son cylindre aussi de cuivre, dans son châssis de bois de hêtre, une fontaine de grès garnie de son robinet d'étain et de la chemise d'osier, prisé le tout ensemble quarante-huit livres. . . . . 48 »

Une armoire de bois de sapin à deux battans, fermant à clef, deux malles couvertes de cuir, une table ovale de bois de sapin sur son pied ployant et plusieurs drogues et vieux bois ne méritant description, prisé le tout ensemble la somme de quinze livres. . . . . 15 »

Une petite chiffonnière à quatre tiroirs de bois de mérisier avec son dessus de marbre prisée douze livres. 12 »

Dans la chambre de madame Saint-Martin ensuite de ladite cuisine ayant vue sur la rue de Bellechasse :

Un lit composé d'une couchette avec dossier, deux matelas remplis de laine, un traversin de coutil rempli de plume, une couverture de siamoise bleu et blanc piquée, deux draps de toile de ménage, un miroir de toilette dans sa bordure de bois peint, une armoire de bois de chêne à deux battans brisés, prisé le tout ensemble la somme de cinquante livres . . . . 50 »

Dans l'armoire étant dans ladite cuisine, sur laquelle

étoient les scellés dudit Sieur commissaire, s'est trouvé :

Un petit coffre de bois de noyer, fermant à clef, garni de six flacons de verre, un autre petit coffre de bois de sapin, aussi fermant à clef, garni de quatre boîtes à tabac d'étain, prisés ensemble la somme de neuf livres . 9 »

Six paires de draps de maître, soixante-six serviettes et quatre nappes de toile ouvrée, six paires de vieux draps de domestiques, prisé le tout ensemble la somme de cent cinq livres . . . . 105 »

Soixante-dix chemises, cinquante-trois mouchoirs de toile blanche, prisé le tout ensemble la somme de deux cent dix livres. . . . . 210 »

Huit tabliers de femme de chambre, huit torchons, et deux chemises de bain, une camisole de bain de flanelle d'Angleterre, douze bonnets piqués et un paquet de vieux linge ne méritant description, prisé le tout ensemble la somme de neuf livres . . . . 9 »

Six vieilles paires de chaussettes de fil, neuf pièces d'estomac, de futaine, vingt-cinq vieux bonnets ronds et cornettes de nuit, douze serre-tête de toile blanche, six paires de poches de basin, trois jupons de futaine, trois autres de basin, un de garas, trois autres de mousseline piquée, six pièces d'estomac de toile blanche piquée, un sultan couvert de taffetas, prisé le tout ensemble comme vieux la somme de trente livres. . . . . 30 »

Un caraco et jupon de taffetas blanc à petites raies, gorge de pigeon, un caraco et jupon de taffetas mordoré, un caraco et jupon d'écorce d'arbre, une robe et jupon de pékin peint, fond mordoré, une robe et jupon de dauphine noir et blanc, une robe et jupon de poult de soie noir, et une robe et jupon de taffetas des Indes noir et blanc et différens ajustemens et rubans, blondes et gazes, ne méritant description, prisé le tout ensemble la somme de deux cents livres . . . . 200 »

Dans l'armoire inventoriée dans la chambre de madame Saint-Martin, sur laquelle armoire étoient apposés les scellés dudit commissaire, s'est trouvé :

Une robe et jupon d'angloise fond blanc, une robe et jupon de Mexicaine, rayée gris et blanc, une robe et jupon d'Ecosse fond blanc, une robe et jupon de satin rayé et broché fond blanc, une robe et jupon de lampassé ponceau et blanc, une robe et jupon d'angloise, à colonnes fond blanc, une robe et jupon à la polonoise de gaze brochée et rayée vert et blanc, doublée de taffetas blanc, une robe et jupon de satin blanc garni de velours chiné, un manchon de pareil velours, une robe et jupon de satin vert et blanc broché, une robe et jupon de Musulmane rayée bleu et blanc, une robe et jupon de satin à grandes raies ponceau et blanc, une robe et jupon de taffetas jaune garnis de gaze, une robe et jupon de taffetas lilas garnis en fillet, une robe et jupon de taffetas blanc, une robe et jupon de gaze blanche, une robe et jupon de taffetas noir, une robe et jupon de gaze noire, une robe et jupon de satin rayé noir et blanc, une robe et jupon d'étoffe de Lyon noir et blanc, une robe et jupon de Roy de Saint-Cyr noir prisé le tout ensemble la somme de mille livres . . . . 1000 »

Deux paniers d'effets couverts de toile grise, prisés quatre livres . . . . 4 »

Dans une pièce au fond d'un corridor aussi au troisième étage, ayant vue sur une cour voisine, sur la porte de laquelle étaient les scellés, du dit Sieur commissaire :

Une robe à la Polonoise et jupon de satin blanc, un caraco et jupon d'étoffe de Marseille blanc, un caraco et jupon de petit satin rayé vert et blanc, un jupon de satin blanc piqué, une camisole à coqueluchon aussi de satin blanc, un caraco et jupon de taffetas noir, une robe à la polonoise et jupon de mousseline garnis de mousseline, une robe et jupon de Roy de Saint-Cyr noir, prisé le tout ensemble, comme vieux, soixante-douze livres . . . . 72 »

Une baignoire en sabot de cuivre rouge, un sac de nuit de tapisserie, un petit écran à coulisse, couvert de taffetas vert, une toilette de bois de noyer, une cage à perroquet sur son pied de bois, une malle couverte de peau de sanglier, trente-six carafons de gros verre vides et plusieurs drogues ne méritant description, prisé le tout ensemble la somme de cinquante livres. . 50 »

Une couverture de coton tricoté, un couvre-pied de damas blanc, une couverture de toile de coton piquée, prisé le tout ensemble vingt-quatre livres . . . . 24 »

Deux oreillers de coutil remplis de plume recouverts de taffetas cramoisi, prisés quinze livres . . . . . 15 »

Dans la malle ci-dessus inventoriée s'est trouvé :

Deux carrés de toilette, deux boîtes à poudre et deux coffrets de bois peint, un trou-madame et trois bâtons à perroquet, une rôtisseuse de fer blanc, prisé le tout ensemble six livres. . . . . 6 »

Du mardi 4 juin, 8 h. du matin.

Dans le salon ensuite dudit antichambre, sur la porte duquel étoient les scellés dudit sieur commissaire :

Une toilette de bois d'acajou à dessus de marbre, une table de bois de rose en bibliothèque, prisés ensemble la somme de quatre-vingts livres . . . . 80 »

Un secrétaire à cylindre de bois satiné, garni d'ornemens de cuivre doré d'or moulu, prisé cent vingt livres. . . . . 120 »

Un buste représentant ledit sieur Dalembert, un autre buste représentant M. de Voltaire, une statue représentant aussi M. de Voltaire et deux estampes sous verre représentant, l'une le portrait de M. d'Alembert et l'autre M. Turgot, dans leurs bordures de bois doré, prisé le tout ensemble la somme de quarante-huit livres . 48 »

Un petit oiseau de marbre sur son piédestal de cuivre doré d'or moulu, prisé quatre-vingt-seize livres . . . . 96 »

Une pendule de cheminée faite par Masson à Paris, marquant heures et minutes, dans sa boîte, sur son pied doré d'or moulu, prisée la somme de cent cinquante livres . . . . 150 »

Un secrétaire en armoire de bois de rose, à dessus de marbre, prisé la somme de soixante livres. . . . 60 »

Deux chenets à double grille, pelle, pincettes et tenailles de fer poli, garnis d'ornements de cuivre en couleur, deux bras de cheminée à double *bronze* de cuivre doré, d'or moulu, deux chandeliers de cuivre doré, deux autres chandeliers de cuivre argenté, un bougeoir, un martinet, un petit chandelier à mèche, un martinet de lit et son garde-vue, un chandelier de pupitre à deux branches, le tout de cuivre argenté, prisé le tout ensemble soixante-douze livres . . . . 72 »

A l'égard de quatre glaces de deux parties chacune, tant dans ledit salon dans leur parquet de bois sculpté et doré il n'a été fait aucune prisée ni estimation, comme dépendant de la maison et étant inhérentes à la boiserie dudit salon.

Une petite armoire de bois de placage à dessus de marbre, à deux battans, fermant à clef, une table ronde de bois d'acajou, une table à livres aussi de bois d'acajou, une petite chiffonnière de bois de merisier avec son dessus de marbre, un petit coffre de bois de rose, fermant à clef, prisés ensemble la somme de soixante-douze livres . . . . 72 »

Deux commodes à la Régence de bois de rose, à deux grands tiroirs chacune et à dessus de marbre, une petite table avec une couverture de velours vert, un petit écran à coulisse couvert de taffetas vert, un petit coffre et un pot-pourri de laque, prisés le tout ensemble, avec un autre écran aussi à coulisse, couvert de taffetas vert, la somme de cent dix livres. . . . . 110 »

Deux estampes sous verre dans leurs bordures de bois doré, représentant la *Lecture* et la *Conversation espagnole*, de Beauvarlet, deux autres estampes sous verre d'après Diétrich dans leurs bordures de bois doré, représentant des *Ruines romaines*, deux autres estampes sous verre aussi dans leurs bordures en bois doré et noirci, l'une représentant le *Paralytique* et l'autre l'*Accordée de village*, de M. Greuze, une autre estampe sous verre, gravée à la manière noire, représentant le *Chevalier Bayard*, deux autres estampes aussi sous verre dans leurs bordures de bois doré représentant l'une *Un enfant avec un chien*, et l'autre *Une petite fille pleurant la mort de son oiseau*, une autre estampe aussi sous verre, représentant le *Siège de Calais*, une autre estampe aussi sous verre, représentant *Bélisaire* dans leurs bordures de bois doré, douze autres estampes aussi sous verre, dans leurs bordures de bois doré, représentant différens sujets et portraits, prisé le tout ensemble la somme de cent livres. . . . . 100 »

Une bergère garnie de deux carreaux couverts de damas vert remplis de crin, six fauteuils à la reine couverts de damas cramoisi remplis de crin, un grand fauteuil aussi couvert de damas cramoisi, deux fauteuils en cabriolet et un à la reine, et une ottomane couverte de velours d'Utrecht cramoisi, deux autres bergères couvertes de dauphine fond blanc, prisé le tout ensemble la somme de deux cent cinquante livres . . . . 250 »

Un fauteuil de bureau couvert de maroquin rouge, deux couvertures de toile piquée, une vieille couverture de laine blanche, un couvre-pied en satin blanc, un réchaud de fer poli sur son pied, deux fauteuils et trois chaises de bois fourrées de paille, quatre tablettes à livres, un petit tabouret couvert de velours d'Utrecht cramoisi, prisé le tout ensemble quarante-huit livres. . . . 48 »

Huit hauteurs de rideaux de taffetas cramoisi de deux

les chacune, sur deux aunes et demie de haut avec deux tringles, prisées cent cinquante livres . . . . . . 150 »

Une vieille robe défaite de toile brodée, une robe et jupon de toile brodée, une robe et jupon et un caraco d'angloise à fleurs, une autre robe défaite de dauphine fond rose, une autre robe aussi défaite de dauphine fond blanc, prisé le tout ensemble comme vieux soixante-dix livres . . . . 70 »

Un petit pupitre de bois de noyer, un petit rouet de cuivre à filer de la laine, un carton rempli de différentes estampes, prisé le tout ensemble la somme de trente-six livres . . . . 36 »

Un mantelet de taffetas blanc, mantille de taffetas noir, quatre sacs à ouvrage de taffetas de différentes couleurs, onze éventails de bois et ivoire de différens papiers, prisé le tout ensemble trente livres . . . 30 »

Deux portefeuilles de maroquin rouge à serrure d'argent, une écritoire couverte de maroquin noir à serrure d'argent, prisés ensemble la somme de trente-six livres. 36 »

Trente-neuf paires de gants de peau, prisées quinze livres . . . . 15 »

Deux paires de bas de soie noire, deux paires de manchettes à trois rangs de mousseline festonnée et un paquet de différentes étoffes ne méritant description, prisés la somme de quinze livres . . . . 15 »

Dans un petit cabinet de toilette à côté de la chambre à coucher, sur la porte duquel étoient les scellés du dit commissaire :

Une chaise de propreté à dossier de bois fourrée de paille garnie de sa cuvette de faience et d'une seringue d'étain, un bassin de commodité aussi d'étain, un écran à coulisse couvert de damas vert, une chaise d'aisance garnie de son sceau de faience, une petite table de nuit de bois noyer, deux chaises et un tabouret de bois fourrés de paille, deux coussins couverts de moquette cramoisie et verte, prisé le tout ensemble, avec une tablette de livres de bois peint, dix-huit livres. . . 18 »

Sept estampes sous verre dans leurs bordures de bois noirci, une bassinoire de cuivre rouge, prisé le tout ensemble la somme de huit livres. . . . . 8 »

Deux rideaux de croisée et un rideau de garde-robe de siamoise bleue et blanche garnis de leurs anneaux et de leurs tringles, prisés la somme de huit livres . 8 »

Quatre paniers couverts de toile jaune, un jupon de toile blanche piquée, un jupon de mousseline à carreaux, un jupon d'écorce d'arbre, une robe à la polonoise et jupon de satin rayé vert et blanc, un manteau de lit et jupon de pékin broché et rayé cramoisi et blanc, une robe et jupon d'angloise fond blanc à petit ramage, une autre robe et jupon d'indienne rayée vert et blanc, une robe à la polonoise et jupon de mousseline rayée doublés de taffetas rose, une robe et jupon d'étoffe de soie abricot, garnie de gaze bleue, une robe et jupon de gaze rayée jaune et blanc, une robe et jupon d'étoffe de Marseille fond blanc rayée rose et gris. Une robe et jupon de mousseline avec fond blanc à petits bouquets, une robe et jupon de gros de Tours, broché rayé cramoisi et blanc, prisé le tout ensemble la somme de quatre cent cinquante livres. 450 »

Six manteaux de lit de mousseline, quatorze corsets de basin, huit mantelets de différentes mousselines, dix autres mantelets de taffetas blanc ouatés, une pelisse de satin fauve garnie de petit-gris, une garniture de robe de fausse martre, une pelisse de satin blanc doublée de renard blanc, un mantelet de satin blanc doublé de fausse martre, une pelisse de satin noir doublée d'hermine, un manchon de renard bleu, un manchon de coq rouge, un manchon de martre du Canada, un manchon de grèbe, vingt paires de souliers de différentes étoffes, quatre chemises, prisé le tout ensemble la somme de cent vingt livres. . . . . 120 »

Dans un chiffonnier, sur lequel étoient apposés les scellés dudit sieur commissaire.

Différens ajustemens en bonnets et manchettes de gaze et blonde ne méritant description, prisés la somme de quinze livres. . . . . 15 »

Dans le corps de tiroir de bois de noyer et sur lequel étoient les scellés dudit sieur Commissaire :

Un manteau de lit et son jupon de toile de coton garni de mousseline, un autre manteau de lit et son jupon de mousseline garni de mousseline, un autre manteau de lit et son jupon de basin aussi garni de mousseline, quatre jupons de basin garnis de mousseline, deux autres jupons de mousseline aussi garnis de mousseline, un autre jupon de mousseline ouatée, un manteau de lit et jupon de prussienne mordoré, un jupon de droguet blanc, un jupon de taffetas blanc, un manteau de lit et jupon de taffetas des Indes rayé puce et blanc, une robe à la polonoise et jupon de petite étoffe à carreaux rouges et blancs, prisé le tout ensemble la somme de cent cinquante livres. . . . . 150 »

Dans le dit corps de tiroirs :

Un plateau, une tasse et sa soucoupe, une théière, une tasse à thé et sa soucoupe, le tout de porcelaine de Sèvres, bleue et blanche, une autre tasse et sa soucoupe aussi de porcelaine blanche à filets d'or, deux tasses à thé et leurs soucoupes aussi de porcelaine de Sèvres blanche à bordure d'or, un petit pot à lait aussi de porcelaine de Sèvres blanche à fleurs, une petite tasse et sa soucoupe aussi de porcelaine de Sèvres blanche à filets d'or, un sucrier et son plateau aussi de porcelaine de Sèvres blanche, une petite écuelle, deux assiettes, une corbeille à fruits de porcelaine de Chantilly, prisés le tout ensemble la somme de quarante livres . . . . 40 »

Fini à 2 heures.

Mardi, 4 juin, 3 heures de relevée.

Cinq peignoirs de toile blanche, six dessus de toilette de futaine, garnis de mousseline, et six serviettes de toile blanche, prisé le tout ensemble vingt quatre livres. 24 »

Cinq paires de manchettes de mousseline garnies de différentes dentelles, une paire de manchettes à trois rangs de mignonnette montées sur entoilage, une autre paire de manchettes d'entoilage, une autre pièce aussi d'entoilage, une autre paire de manchettes aussi d'entoilage garnie d'une petite mignonnette, une autre paire de manchettes de mousseline à trois rangs garnis d'ancien point, une paire de manchettes à trois rangs et un tour de gorge de point d'Argentan, une autre paire de manchettes à trois rangs de mousseline garnie d'ancien point, deux autres paires de manchettes à trois rangs de Malines brochée, montée sur entoilage, une paire de manchettes à trois rangs et une garniture de filet brodé, prisé le tout ensemble la somme de deux cents livres . . . . 200 »

2. LES BIJOUX.

Une montre à boîte et aiguille d'or et à répétition, faite par Masson, à Paris, portant le n° 2146, garnie de sa chaîne à crochet d'acier, d'un cachet d'or et d'une clef de cuivre, prisé cent soixante livres . . . . 160 »

Quatre cachets d'argent représentant différentes armes, un garde-vue de cuivre argenté, une paire de boucles de souliers d'acier, prisé le tout ensemble vingt livres. 20 »

Une paire de boucles de souliers de pierres fausses montées en argent, une tablette de maroquin rouge, une autre tablette d'ivoire garnie de charnières et boutons d'or, une paire de lunettes garnie en acier, une autre paire de lunettes montée en or, un clavier garni d'un étui d'écaille à cercle d'or, d'une paire de ciseaux d'acier, d'un porte-crayon d'ivoire garni en or, d'un petit couteau à manche d'ivoire garni en or, tous ces dits objets dans leurs étuis de galuchat vert, un porte-crayon d'ivoire garni d'une plume d'or, un étui d'almanach de galuchat garni en or, deux paires de ciseaux d'acier dans leurs étuis de galuchat, un couteau à manche de nacre de perle garni en or, un petit œuf de faisan, garni en or dans son étui de galuchat, une petite cave de deux, flacons garnis de boutons d'or, une lunette d'approche d'ivoire, une loupe montée en argent, une autre petite lorgnette d'ébène, une petite boîte à manche de laque doublée d'or, un flacon de terre bleu garni d'un dé d'argent, un autre flacon de cristal garni d'un dé d'or, une petite écritoire de bois de rose, un collier de *bois* rouge de grenat, un petit compas d'argent, deux petites médailles d'argent, prisé le tout ensemble la somme de cent vingt livres . . . . 120»

Une bague représentant le portrait de Louis Quinze, montée en or, une boîte en bois peint, doublée d'écaille, une boîte de bois, une boîte de corne rouge, une boîte d'écaille garnie d'un médaillon représentant deux enfants nus entourés d'un cercle d'or, une boîte de carton doublée d'écaille, garnie de quatre cercles d'or, une navette d'acier dans son étui de galuchat, une autre navette de nacre de perle, un baguenaudier et un solitaire, deux petites broches d'argent, prisés le tout ensemble quarante-deux livres . . . . 42 »

Deux portraits de feu M. de Mora, une bague, deu[x] petits cœurs, dont un d'or, prisé le tout ensemble [la] somme de quinze livres.   15

Un petit portefeuille de poche de maroquin rouge serrure d'or, une bague où il y a une S. C. L. J., pris[é] ensemble la somme de quatorze livres 14

3. L'ARGENTERIE

Sept cuillers et sept fourchettes à bouche, d'argen[t] poinçon de Paris, pesant ensemble quatre marcs sep[t] onces un demi gros, fixées à juste valeur et sans crue[,] comme vaisselle pour table à raison de cinquante livres[,] treize sols, six deniers le marc, revenant ladite quantit[é] audit prix à la somme de deux cent quarante-sept livre[s] huit sols, huit deniers 247. 8. 8

Deux cuillers à ragoût aussi d'argent poinçon de Pari[s] pesant ensemble sept onces trois gros, fixées à just[e] valeur et sans crue, comme vaisselle plate à raison d[e] cinquante livres treize sols, six deniers le marc, revenan[t] ladite quantité audit prix, à la somme de quarante-si[x] livres, quatorze sols, trois deniers 46. 14. 3

Un gobelet en timbale et son couvercle ; une autr[e] petite timbale et un entonnoir, le tout aussi d'argen[t] poinçon de Paris pesant ensemble un marc fixé à juste valeur et sans crue comme vaisselle plate à raison de cinquante livres, treize sols, six deniers le marc.   50. 13. 6

Une écuelle et son couvercle et son assiette, le tout

aussi d'argent poinçon de Paris pesant ensemble cinquante-deux onces, quatre gros et demi, fixé à juste valeur et sans crue comme vaisselle montée à raison de cinquante livres, deux sols, quatre deniers le marc, revenant ladite quantité audit prix, à la somme de deux cent soixante-six livres, douze sols, sept deniers . 266. 12.7

Deux casseroles aussi d'argent poinçon de Paris pesant ensemble quatre marcs, deux onces, sept gros et demi, fixées à juste valeur et sans crue comme vaisselle montée à raison de cinquante marcs, deux sols, quatre deniers le marc, revenant ladite quantité audit prix, à la somme de deux cent dix-huit livres, neuf sols, quatre deniers . . . . 218. 9. 4.

Six cuillers à café aussi d'argent poinçon de Paris pesant ensemble cinq onces, trois gros et demi fixées à juste valeur et sans crue comme vaisselle plate à raison de cinquante livres, treize sols, six deniers le marc, revenant ladite quantité audit prix à la somme de trente-quatre livres, onze deniers. . . . . 34. 0. 11. »

4. LES DENIERS COMPTANTS

S'est trouvé en argent comptant la somme de deux mille cinq cent quatre-vingt-douze livres en cent huit louis de vingt-quatre livres 2. 592

Plus quarante-six livres, dix huit sols, en écus de six livres, de trois livres et monnoie . . . . 46. 18.

Plus dans un petit sac, soixante-dix-huit livres en écus de six livres et de trois livres . . . . 78 »

S'est pareillement trouvé un sac de toile contenant la

somme de cent quatre-vingt-douze livres en écus de six livres, et sur lequel étoit une étiquette où étoit écrit de la main de ladite feue demoiselle de Lespinasse : *Cet argent est à madame Joinville,* laquelle étiquette pour être constatée, a été à l'instant paraphée par ledit Me Lambot et ladite somme de cent quatre-vingt-douze livres a été ici inventoriée . . . . 192 »

Jusqu'à 9 heures.

5. LES LIVRES.

Mercredi 15 juin, 3 heures de relevée.

Suivent les livres dépendant de ladite succession prisés à juste valeur de l'avis de sieur Jean-Baptiste Dessain *junior*, libraire à Paris, y demeurant, rue Gît-le-Cœur près Saint-André-des-Arts, pour ce présent, lequel a promis comme sondit avis en son âme et conscience et a signé.

Cinquante-trois volumes in-quarto dont *Œuvres de Cochin,* prisés deux cent-cinquante livres. . . . 250 »

Quarante-quatre volumes in-octavo, *Œuvres de Voltaire,* prisés ensemble la somme de quarante-huit livres . . . . 48 »

Quarante-sept volumes in-octavo et in-douze dont *Caractères de Théophraste,* prisés ensemble la somme de soixante livres.. . . . . 60 »

Cinquante-un volumes in-octavo et in-douze dont *Œuvres de Quinault,* prisés ensemble la somme de trente-six livres . . . . 36 »

Douze volumes in-quarto dont *Histoire de Charles-*

Quint, prisés ensemble la somme de quarante-cinq livres
. . . . 45 »

Trente-neuf volumes in-octavo et in-douze dont *Contes Moraux,* prisés ensemble la somme de quarante-deux livres . . . . 42 »

Quarante-trois volumes in-douze, dont *Lettres de Sévigné,* prisés ensemble la somme de vingt-quatre livres
. . . . 24 »

Quarante volumes in-douze dont *Histoire de Clarisse,* prisés ensemble la somme de trente-six livres. . 36 »

Quarante-un volumes in-octavo et in-douze dont *Bibliothèque de Campagne,* prisés la somme de quarante-huit livres . . . . 48 »

Quarante-un volumes in-douze dont *Doyen de Killerine,* prisés ensemble la somme de vingt-sept livres. 27 »

Trente-six volumes in-octavo et in-douze dont *Cours d'Études du Prince de Parme,* prisés soixante livres. 60 »

Quarante-trois volumes in-octavo et in-douze dont *Dictionnaire de Bomare,* prisés quatre-vingt-seize livres
. . . . 96 »

Cinquante-neuf volumes in-f°, in-q° et in-douze, tant anglois que françois, dont *Dictionnaire de Moreri,* prisés ensemble la somme de cent cinquante livres . . 150 »

Six vol. in-8° manuscrits et un paquet de différens manuscrits non-reliés, prisés vingt-quatre livres . . 24 »

6. LES PAPIERS.

Vendredi, 17 juin, 3 heures de relevée.

Les grosses de quatre contrats de rentes viagères sur

le Roy au profit de ladite demoiselle de Lespinasse, le 1ᵉʳ de 600 livres de l'emprunt de novembre et décembre 1757, passé devant Mᵉ Bontemps, notaire à Paris, le 26 may 1758.

Le second de 2000 livres de rentes viagères de l'emprunt de novembre 1761, passé devant Dupré le jeune, notaire à Paris, le 6 octobre 1763.

Le troisième de 80 livres de rentes viagères, originairement sur la compagnie des Indes, de l'emprunt par forme de loterie du 9 février 1770, passé devant Fourcault de Pavant, notaire à Paris, le 11 août 1770.

Le quatrième de 1800 livres de rentes de l'emprunt fait sur lettres patentes du 11 juin 1771 et l'arrêt du conseil du 27 octobre suivant, passé devant Boulard, notaire à Paris, le 21 juillet 1773.

La grosse d'un contrat passé à Paris devant Doyen, notaire à Paris, le 16 juillet 1754, portant constitution au profit de ladite demoiselle de Lespinasse par monseigneur le duc d'Orléans, de 692 livres viagères, exemptes de retenue sur la tête de ladite demoiselle de Lespinasse.

La grosse d'un contrat passé devant Patu, notaire à Paris, le 5 octobre 1764 portant constitution par Jean-Joseph de La Borde, écuyer, seigneur de La Ferté au Vidame, au profit et sur la tête de ladite demoiselle de Lespinasse de 2000 livres de rentes viagères sans retenue payable de quartier en quartier.

Extrait délivré par Vernon et son confrère, notaires à Lyon, du testament de dame Julie-Claude-Hilaire d'Albon, princesse d'Yvetot, épouse de M. Claude d'Albon de Saint-Marcel, du 3 août 1746, déposé audit Vernon le 16 avril 1748, insinué à Lyon le 23 du même mois, par lequel ladite dame d'Albon a légué à ladite demoiselle de Lespinasse une pension annuelle et viagère de trois cents livres exemptes de retenue et a institué pour son légataire universel messire Camille-Alix-Eléonore d'Albon, son fils.

Deux pièces dont la première est l'expédition du bail fait à ladite demoiselle de Lespinasse par le sieur Messager, maître menuisier à Paris, devant M⁰ Desmeure, notaire à Paris, le 6 octobre 1767, pour neuf années commencées le 1ᵉʳ du même mois, de l'appartement où ladite demoiselle de Lespinasse est décédée au second étage de ladite maison, rue Saint-Dominique, moyennant 5o livres de loyer par an et 42 livres 10 sols pour contribution aux gages du portier.

La seconde est le double d'un état de lieu fait entre ledit Messager et ladite demoiselle de Lespinasse, le même jour 6 octobre 1767.

47 pièces qui sont mémoires quittancés, et quittances opérant les décharges de ladite succession.

SAINT-MARTIN, D'ALEMBERT, RAIMBAULT, VALLET, LAMBOT.

VIII

MADEMOISELLE DE LESPINASSE AU CHATELET.

Ce document provient des Archives Nationales (V. 11776) : c'est à l'amitié de M. Emile Campardon que nous en sommes redevable. Nous avons trouvé encore l'acte d'apposition des scellés (V. 14561): mais ce document n'offrirait aucun intérêt après la publication de l'inventaire.

A MONSIEUR LE LIEUTENANT CRIMINEL.

Suplie humblement Louis Brice Gaultier de Guiterville, avocat en Parlement cy devant secrétaire du sieur Dangé, fermier général.

Disant qu'il a demeuré et travaillé six années entières en qualité de secrétaire chez le sieur Dangé : il en a remply les fonctions avec un zèle et une exactitude dont le sieur Dangé a luy-même donné au supliant nombre de témoignages tant de vive voix que par écrit : Le supliant n'y avoit au surplus aucun maniement de deniers, les fonds et revenus du sieur Dangé étant administrés tant par luy-même que par un caissier particulier.

Le sieur Dangé avoit deux neveux, M^r. Dangé, Conseiller au Parlement de Metz, majeur, et le sieur Dangé d'Orsay, Mestre de Camp de Cavallerie et ayde maréchal général des Logis des armées du Roy, aprochant de la Majorité, auxquels le supliant a dans leurs premiers besoins prêté de l'argent à différentes reprises et sans nul intérêt.

Leurs besoins augmentant, faute de recevoir des secours proportionnés et tels qu'il convenoit à leur état, le supliant, en conséquence tant de leurs procurations des dix-sept juillet, dix-huit septembre mil sept cent cinquante-six, deux avril et vingt-un octobre mil sept cent cinquante-sept, que des différentes lettres d'eux à luy, a emprunté pour eux en s'obligeant même solidairement avec eux à concurrence d'environ quatre-vingt mille livres.

Toutes les lettres de la correspondance du supliant aux neveux du sieur Dangé et que ce dernier a tirées des mains du supliant par les voyes qui vont être expliquées, certifient que c'est aux instantes sollicitations des deux sieurs Dangé neveux que le supliant s'est porté à leur procurer lesdits emprunts, qui en eux-mêmes n'ont rien de criminel ny d'illicite, encore moins étoient-ils capables d'intéresser et d'offenser le sieur Dangé, oncle, de façon à en prendre droit de se livrer aux excès et aux délits dont le supliant se voit aujourd'huy forcé de rendre pleinte après avoir épuisé tous les procédés de bienséance, capables de les ramener à la justice que le supliant avoit droit d'attendre de luy :

Les sieurs Dangé neveux, pour se mettre en état de régler avec les créanciers, vers lesquels ils s'étoient engagés dans le cours des années mil sept cent cinquante-cinq, mil sept cent cinquante-six et mil sept cent cinquante-sept, reçurent du supliant un état de leur situation, accompagné d'une lettre d'envoy; état et lettre qu'ils firent depuis passer au sieur de Darseval, fermier général, lequel n'en donna communication de concert avec le sieur de la Borde, autre fermier général, au sieur Dangé oncle, que sur la promesse que fit le sieur Dangé qu'il viendroit au secours de ses neveux sans faire aucun état pour des emprunts, qui réduits à quatre-vingt mille livres dans le cours de quatre années pour ses deux neveux ne formaient que des objets relatifs aux légitimes secours qu'exigeaient leurs états respectifs.

Voicy néanmoins les violences, voyes de fait, spoliations et injustices criantes que le sieur Dangé a épuisé à cette occasion contre le supliant, duquel elles ruinent tout à la fois la réputation et la fortune sans ressource, tant qu'il n'en obtiendra pas de la justice même la satisfaction qu'il en demande vainement au sieur Dangé depuis dix mois par la médiation des personnes respectables que le sieur Dangé a osé compromettre :

Ces faits sont si multipliés et si incroyables que pour en acquérir la preuve par les voyes de droit acquises au supliant, il est obligé de les ranger sous différentes classes pour plus d'ordre et d'intelligence.

PREMIÈRE CLASSE DE FAITS.

Le trois février mil sept cent cinquante-huit, le supliant a été arrêté de l'ordre du roy et constitué prisonnier au fort l'Evêque par le nommé Coutailloux, inspecteur de police, mis et enfermé au secret, sans feu, dans un espèce de cachot, après avoir été rigoureusement fouillé et dépouillé par les guichetiers de tous les papiers, clefs, et autres effets qu'il avoit sur luy jusqu'à son mouchoir.

Si le supliant avoit été assés malheureux ou assés criminel pour encourir cette disgrâce de la part du ministère ou de la police pour cas qui eussent mérité quelque instruction la première formalité à épuiser eut été de mettre les scellés sur ses effets et papiers, pour ensuite les lever et décrire en sa présence tant à charge qu'à décharge.

Mais comme l'objet du sieur Dangé en surprenant cet ordre et en abusant, étoit précisément de s'emparer des papiers du supliant, afin de faire retomber sur luy seul tout le poids de ces emprunts en en débarassant ses neveux; ce préliminaire, indispensable à la défense du supliant, fut obmis, omission dont le sieur Dangé a depuis cruellement abusé.

Le même jour, trois février après midi, le supliant fut traduit devant le commissaire Chesnon pour subir un premier interrogatoire dont la matière roula uniquement sur l'état de situation des sieurs Dangé neveux et sur la lettre d'envoy de cet état, par le supliant à eux, des mains desquels ils avoient passé en celles du sieur de Parseval, et de celuy-cy au sieur Dangé, oncle, qui les avoit remis au commissaire à l'effet dudit interrogatoire, avec un mémoire d'interrogats écrit de sa propre main.

Quand le commissaire Chesnon et l'exemt Coutailloux, qui luy servit d'assesseur à cet interrogatoire où il fut toujours présent, sans doute pour en reporter plus sûrement le résultat au sieur Dangé, oncle, n'auroit pas pris la précaution préliminaire de prévenir le supliant que ledit sieur Dangé étoit le seul moteur de l'emprisonnement et l'unique partie du supliant, la matière et la forme de l'interrogatoire l'en eussent aisément convaincu, sa liberté ayant été plusieurs fois attachée au sacrifice qu'on exigeoit de luy des papiers concernant les emprunts faits par les sieurs Dangé, neveux, que le supliant n'avoit pas chez luy lorsqu'il fut arrêté.

Tout ce que le supliant put faire fut de protester contre une aussi odieuse et insolite inquisition, de requérir 1º qu'on luy déclara sa partie et qu'il en fut fait mention 2º que l'exempt Coutailloux eut à se retirer. 3º que le commissaire notifia à quel titre et en vertu de quoy il interrogeoit un citoyen sur faits purement civils, de particulier à particulier. 4º qu'on annexat au procès-verbal d'interrogatoire le mémoire d'interrogats, écrit de la main du sieur Dangé, oncle et les autres pièces qui le déceloient comme partie.

Second interrogatoire, en tout semblable, exigé du supliant le surlendemain, cinq du même mois de février, lors duquel le supliant n'ayant pu être induit à sacrifier la foy du mandat qu'il tenoit des sieurs Dangé, neveux, et dont il n'étoit comptable qu'à eux, le sieur Dangé, oncle, qui disposoit seul en maître de l'emprisonnement du supliant, toujours au secret, luy fit apporter par le clerc du commissaire Chesnon une lettre meslée de promesses et menaces qui ne produisit qu'une continuation de refus dans la réponse que le supliant eut la liberté de faire avec papier et encre qu'un guichetier fut authorisé de luy laisser passer à cet effet.

Alors le sieur Dangé craignit que le supliant ainsi détenu, et par luy, sous le voile de l'authorité Royale, dans une prison du ressort des tribunaux ordinaires jusqu'auxquels le supliant pouvoit faire entendre sa voix, n'eut recours à leur authorité pour faire cesser un tel scandale. Alors, pour luy ôter cette ressource le sieur Dangé le fit par le même exemt, Coutailloux transférer au château de Vincennes, emmenotté comme un criminel.

SECOND ORDRE DE FAITS.

Sur l'avis de l'emprisonnement du supliant, un de ses amis, et une dame de cette ville, de la connoissance de sa famille, se transportèrent pour en sçavoir les causes chez le sieur Dangé, en la maison duquel il avoit été arrêté et qu'ils ne soupçonnoient point encore d'en être l'auteur; mais le sieur Dangé ne le leur laissa pas longtemps ignorer, car sur l'humeur que le sieur Dangé prit de leur visite et qui alla jusqu'à vouloir mettre dehors par les épaules la dame qui croioit avec celuy qui l'accompagnoit instruire le sieur Dangé de l'emprisonnement de son secrétaire et du lieu où il étoit détenu, le sieur Dangé leur répondit en fureur : — Parbleu, je le sçais bien puisque c'est moy qui l'ay fait mettre en prison. C'est un coquin, un misérable, un scélérat ; c'étoit votre amy, détachés vous-en. C'est un homme perdu, je le feray périr : il est heureux que je ne l'aye pas mis entre les mains de la justice ; mais je ne l'en feray pas moins périr, ah ! le gueux ! le scélérat ! le misérable !

Le sieur Dangé étoit même si entêté et préoccupé de son crédit qu'il prostituoit aussi criminellement, que le jour même de la translation du supliant au château de Vincennes, ayant mandé l'amy supliant auquel il avoit fait une première fois la réception dont on vient de parler, il crut jetter la terreur dans l'esprit de ceux qui réclamoient en faveur du supliant en disant à cet amy que c'étoit luy, sieur Dangé, qui avoit fait transférer le supliant à Vincennes pour que les tribunaux ordinaires ne prissent point connoissance de son affaire, et à quelques jours de là, que si ceux qui s'intéressoient au supliant ne finissoient point leurs clabauderies à Versailles, ou le supliant luy sacrifieroit le secret et les papiers de ses neveux, ou luy, sieur Dangé le feroit périr en prison.

Au surplus les faits subséquens vont achever de démontrer que le supliant n'a jamais été prisonnier du Roy ; mais du seul sieur Dangé, tout à la fois partie, officier instrumentaire par ses affidés, juge et exécuteur de ses injustes décrets.

TROISIÈME ORDRE DE FAITS.

Le supliant à Vincennes fut bientôt interrogé une troisième fois, avec aussy peu de décence et de succès que les deux précédentes, toujours par le commissaire Chesnon, recordé de Coutailloux, son second ne cessant un moment d'y assister et toujours sur les seuls faits concernant les emprunts des sieurs Dangé neveux, auxquels le supliant a persisté comme il le devoit, de conserver une foy entière et inviolable.

Le sieur de Guyonnet, lieutenant de Roy de ce château, dont les vertus sont connues, instruit du genre de vexation qu'essuyoit le supliant, eut la bonté de le visiter dans sa prison, de le consoler et de chercher avec luy les moyens de la faire finir ; il détermina le supliant, qui y consentit, à faire faire un inventaire en règle aux frais du sieur Dangé, de tous ses papiers, y compris ceux concernant les sieurs Dangé neveux, ou de faire remettre au supliant par son amy tous lesdits papiers à l'effet de dresser son compte des affaires faites par lesdits sieurs Dangé, neveux.

Le sieur de Guyonnet en écrivit de conformité au sieur Dangé, oncle, auquel la lettre parvenue, le sieur Dangé se fit fort d'obtenir la permission que cet amy vit le supliant pour luy remettre ses papiers en la présence et compagnie dudit sieur Dangé.

Les choses ainsy convenues, l'amy du supliant, une

demoiselle de condition qui vouloit bien s'intéresser à son sort, et un jeune abbé son parent, se rendirent avec le carton cacheté enfermant les papiers chez le sieur Dangé, oncle, qui, à la vue du carton s'en empara, *brisa les cachets*, l'ouvrit et, sous prétexte d'en examiner tous les papiers, — examen qui dura depuis neuf heures du matin jusqu'à six heures du soir, y prit *deux lettres de change montant ensemble à neuf mille livres tirées et endossées de ses neveux, ensemble six à sept lettres d'eux au supliant et plusieurs autres* papiers; après quoy le carton fut recacheté et enfermé dans une armoire chez le sieur Dangé, le tout de sa volonté suprême nonobstant les oppositions et remontrances des trois personnes sus indiquées.

Le lendemain, le sieur Dangé et l'amy du supliant aportèrent le carton de papiers, ainsy spolié, au donjon de Vincennes, où ayant été ouvert en présence du sieur lieutenant de Roy et du major, le supliant se récria sur la spoliation des deux lettres de change, lettres missives et autres papiers que le sieur Dangé exhiba sans vouloir les remettre, se contentant de dire au supliant qu'il n'en eut aucune inquiétude et qu'il reconnoissoit que c'étoit aux instances et sollicitations de ses deux neveux, que le supliant les avoit aidés dans les quatre vingt mille livres d'emprunt dont il s'agissoit de dresser le compte d'eux au supliant.

Le supliant dans les fers du sieur Dangé ne pouvoit les rompre qu'en suivant aveuglément ses volontés ; il travailla donc à ce compte, comme il put, dans le trouble et les horreurs de sa prison, aidé de son amy et sous les yeux du Major du Château toujours présent et toujours saisy des pièces.

De ce compte incapable en soi de rien prouver à la charge du supliant, attendu l'état d'oppression et de troubles dans lequel il a été fait, il est résulté que des emprunts faits par les neveux du sieur Dangé sur les engagemens solidaires du supliant, il paroîtroit en être resté au supliant huit mille sept cent soixante onze livres quatorze sols, outre sa portion contributoire aux pertes des dits emprunts, fixée à six mille trois cent vingt-deux livres dix sols, compte qui, ainsy dressé fut remis avec les pièces au sieur Lieutenant de Roy, chargé de le faire passer ès mains du sieur Dangé sur une reconnoissance qu'il refusa d'en donner.

Enfin, le vingt février, le sieur Dangé revint au Donjon de Vincennes, où introduit dans la prison du supliant, assisté du sieur de Guyonnet lieutenant de Roy et de l'amy du supliant, voicy ce qui se passa.

1º Il remit au supliant un double de son compte, gardant l'original écrit de la main du supliant, double laissé au supliant sur lequel il est important d'observer qu'il y a aux Fº six et huit Rº, des calculs de la main du sieur Maugis, Receveur de la barrière de Saint-Jacques, homme de confiance et protégé du sieur Dangé, oncle, en même tems qu'au pied des folº Rº et Vº quatre, cinq, six, sept, et huit, se trouvent des calculs de la main dudit sieur Maugis; ce qui seul prouve bien disertement que le compte signé et arrêté en prison le même jour, vingt février mil sept cent cinquante-huit, est nécessairement l'effet à l'injuste empire que le sieur Dangé avoit si tiraniquement et contre toutes loix usurpé sur le supliant.

2º L'arrêté du même compte, sous la datte du vingt février est dit fait double au Château de Vincennes, en présence du sieur Lieutenant de Roy, et signé du supliant sans que le sieur Dangé ait voulu le signer. 3º Pour solde de ce dont le sieur Dangé a voulu que le supliant resta débiteur à raison de *huit mille sept cent soixante onze livres quatorze sols* pour sa part personnelle aux deniers provenus desdits emprunts d'une part, et de *six mille trois cent vingt-deux livres dix sols*, pour sa portion contributoire aux pertes, en même proportion. L'arrêté dudit compte porte, comme il n'est que trop vray, que le supliant a signé au profit et ordre du sieur Dangé personnellement une double lettre de change de chacune de de ces deux sommes payables, la première dans *dix-huit mois* et la seconde dans *trois ans*, toutes deux qui, quoique signées le vingt, ont été postdattées du vingt huit dudit mois de février mil sept cent cinquante huit, tems où le sieur Dangé, qui disposoit souverainement du supliant étoit bien sûr qu'il ne seroit plus en prison.

4º Ce compte ainsy signé du seul supliant fut remis d'authorité, avec plus de trois cent pièces et les deux lettres de change extorquées du supliant au sieur Dangé, qui non-seulement refusa, comme on l'a dit, de signer le double laissé au supliant; mais encore de donner du tout aucune reconnoissance.

5º Comme le supliant étoit sans secours livré à la discrétion du sieur Dangé, le sieur Dangé, sous prétexte de voir s'il ne restoit au supliant aucuns papiers concernant les sieurs Dangé, neveux, exigea la remise des clefs des armoires et secrétaire du supliant étant en la maison de luy, sieur Dangé, dernière vérification qui devoit être faite en présence de l'amy du supliant.

C'est après la consommation de tous ces actes si inouïs et presques incroyables si le supliant n'en avoit commencement de preuves par écrit, qui seront jointes à la présente requête, que le supliant a obtenu du sieur Dangé sa liberté le vingt et un février mil sept cent cinquante-huit.

QUATRIÈME ORDRE DE FAITS.

On vient de voir que le sieur Dangé, sous prétexte d'une nouvelle vérification dans les papiers du supliant, avoit exigé pour dernier sacrifice et prix de la liberté qu'il luy accordait, la remise des clefs de ses armoires, bureaux et secrétaire ; mais lors de l'ouverture qu'il en fit *il enleva des billets actifs* appartenant au supliant, des reconnoissances de sommes payées et acquittées, des mémoires et états d'autres à recouvrer ; ainsy qu'un nombre considérable de lettres particulières aux affaires du supliant, de sa famille, et d'autres personnes avec lesquelles il étoit en correspondance : il fit plus, et au lieu de remettre au supliant ses meubles, effets, et papiers conformément à la parole d'honneur qu'il en avoit donnée au sieur Guyonnet Lieutenant de Roy de Vincennes, il les a gardés obstinément près de *quatre mois* au delà sous différens mauvais prétextes comme le justifient deux lettres du sieur de Guyonnet, et autres pièces qui seront jointes a la présente requête. — Encore ledit sieur Dangé à force d'importunités n'en a-t-il postérieurement rendu que ce que bon luy a semblé après avoir épuisé une troisième et dernière spoliation sur les papiers du supliant, enlevant les uns, déchirant les autres : Excès commis et épuisés sur quelques cartons cachettés renfermant des papiers de famille, et étiquettés pour être remis au frère du supliant en cas de mort.

CINQUIÈME ORDRE DE FAITS.

Non-seulement pendant les dix-sept jours de la détention du supliant; mais encore trois mois au delà, le sieur Dangé oncle a porté le viol de la foy publique jusqu'à *intercepter les lettres* du supliant qui s'addressoient toutes en la maison du sieur Dangé où le supliant avait demeuré six ans en qualité de secrétaire, déchirant les unes, gardant les autres et n'en faisant remettre au supliant que ce que bon luy sembloit, ce qui a apporté nécessairement un tort irréparable à la fortune du supliant par l'interruption de la correspondance de ses affaires, et de celles qu'il pouvoit avoir pour des tiers.

SIXIÈME ORDRE DE FAITS.

Le Sieur Dangé ne s'est pas borné à se répandre contre le supliant en injures atroces les plus graves et les plus offencentes à l'honneur du citoyen vis-à-vis de ceux qui s'interresoient auprès de luy en faveur du supliant et telles quelles ont été reprises sur le second ordre des précédents faits; il les a réitérées et promulguées tant à la cour qu'à la ville; et surtout dans la portion de la société si importante aujourd'huy qui forme le cercle de la finance où le supliant a toujours jouy d'une réputation entière qu'il ne doit point perdre au gré du sieur Dangé pour le seul malheur de luy avoir très-injustement déplu, et que le supliant a au contraire droit et intérest de rétablir dans son intégrité en obtenant des réparations proportionnées à l'excès et aux suites d'une aussi enorme et immeritée diffamation : ces faits ainsi expliqués présentent à la justice les délits les plus privilégiés et qui interressent avec la foy et sûreté publique la conservation des justes droits des citoyens chacun dans leur Etat : quelque que soit l'extrême opulence du sieur Dangé; il n'en est que plus coupable d'avoir pour des objets qui luy sont étrangers, modiques en soy relativement à l'immensité de sa fortune; sacrifié par une subvertion de toute règle de l'ordre judiciaire, comme de tout devoir de la société civile, la liberté, le patrimoine, la réputation, en un mot l'état entier du supliant au gré de ses caprices et de ses humeurs.

Ce n'est qu'à la dernière extrémité et après avoir vainement tenté et épuisé toutes les voies possibles d'instances et de sollicitations pour obtenir justice du sieur Dangé luy-même que le supliant se voit forcé de la demander aux Magistrats qui par leurs vertus plus encore que par l'éminence de leurs fonctions sont préposés pour réprimer l'injuste oppression de ceux qui croient ne devoir suivre d'autres loix que celles de leurs passions, et maintenir chacque citoyen dans ses véritables droits et places, police constitutive de l'état de chacque gouvernement qu'il importe plus que jamais de maintenir.

Ce considéré, monsieur, il vous plaise donner acte au supliant de la pleinte qu'il vous rend par la présente requête de tous les faits y exposés et détaillés, en conséquence luy permettre d'en faire informer *attendu la nature d'aucuns des faits* pardevant qui il vous plaira ordonner : luy donner pareillement acte de ce qu'il joint à la présente Requête pour servir de pièces de conviction celles cy après : la première du troisième février mil sept cent cinquante-huit, est l'écrou de la personne du supliant au fort l'Evêque en vertu d'ordre du Roy dont étoit porteur le nommé Coutailloux porteur d'autre ordre du Roy du même jour : la seconde, est un état de compte fait et fourny en double par le supliant au sieur Dangé fermier général des objets y repris et signé, quoique fait double, du seul supliant audit Chateau de Vincennes les dix-neuf et vingt-unième mois de février, aux f° six et huit R° duquel sont des calculs du sieur Maugis homme de confiance du dit sieur Dangé fermier général, de la main duquel sieur Maugis sont aussi écrits les arrêtés en chiffre de chacque f° R° et V° quatre, cinq, six, sept et huit du même double de compte : les troisième et quatrième, sont deux lettres du sieur Chaslon aussi homme de confiance dudit sieur Dangé l'une sans datte, et l'autre du vingt-neuf avril dernier relatives au double du même compte cy-dessus remis audit sieur Dangé fermier général : les cinquième et sixième des vingt-six mars et vingt-sept may mil sept cent cinquante-huit, sont deux lettres du sieur de Guyonnet Lieutenant de Roy de Vincennes au supliant, justificatives d'aucun des faits de la présente requête :

Ce faisant ordonner que pour procès verbal dressé de l'État d'ycelles en la forme de l'ordonnance elles demeurent déposées au greffe et jointes à la présente Requête pour servir d'autant ainsi que dit est à conviction, les quelles seront préalablement paraphées de vous pour première et dernière.

Pour ensuite ladite information faite, ensemble les susdites pièces jointes à la présente Requête communiquées à Monsieur le procureur du Roy dont le supliant requiert la juridiction pour la Vindicque publique, être par luy requis, par le supliant conclus, et par vous, Monsieur, ordonné ce qu'il appartiendra, sous la réserve expresse au supliant de tous les droits et actions du supliant contre qui et ainsy qu'il appartiendra; et vous ferez bien.

GAUTIER

DE SARTINES   GRÉQUEL

Acte de la plainte, permis de faire informer desd. faits contenus en la présente requête, circonstances et dépendances, par devant le commissaire Rousselot, par nous commis à cette effet, et de déposer au greffe criminel lesd. six pièces détaillées en la présente requête dès qu'elles seront préalablement paraphées par nous.

Fait le 12. janvier 1759.

DE SARTINES

A monsieur le Lieutenant criminel,

Supplie humblement Louis Brice Gaultier de Guiterville, avocat en Parlement et cy devant secrétaire du Sr Dangé fermier général Qu'il vous plaise, vu la réponse du sieur Guyonet et de la Boissière, Lieutenant du Roy et major du Chateau Royal de Vincennes, qu'ils ne peuvent quitter sans ordres de sa Majesté, permettre au supliant de faire transporter au dit Chateau de Vincennes C^{ller} Rousselot, commissaire par vous commis, par vostre requeste du douze du présent mois, pour procéder à l'information que le supliant entend faire contre le dit Sieur Dangé et vous ferez justice.

GRÉQUEL

Permis de faire transporter le Cons^{er} Rousselot au château de Vincennes à l'effet de recevoir les dépositions dont est question.

Fait le 30 janvier 1759.

DE SARTINES

INFORMATION

Information faitte pardevant nous Nicolas Rousselot conseiller du Roy, commissaire enquesteur, examinateur au Chatelet de Paris. A la Requeste de M⁰ Louis Brice Gaultier de Guiterville, avocat en Parlement, cy devant secrétaire du sieur Dangé fermier général, contre le sieur Dangé

En exécution de l'ordonnance de Monsieur le lieutenant criminel, du douze janvier mil sept cent cinquante neuf, sans ensuitte de la requeste contenant plainte, qui luy a été présentée par le dit sieur Gaultier.

Au sujet des faits contenus en la ditte requeste, circonstances et dépendances [1].

Les témoins assignés de notre ordonnance étant comparus pardevant nous en notre hostel, nous les avons entendus séparément les uns des autres et rédigé leurs dépositions ainsi qu'il suit :

. . . .

Du samedi trente un et dernier du dit mois de mars mil sept cent cinquante neuf, trois heures et demie de relevée.

Demoiselle Julie de l'Espinasse âgée de vingt six ans, fille, demeurante en la Communauté des dames de Saint-

1. En marge, l'annotation suivante : Le 30 may remis une expédition au greffe criminel.

Joseph, rue Saint-Dominique, faubourg Saint-Germain, paroisse Saint-Sulpice, assignée par la place du dit Renous du trente du présent mois dont elle nous a fait apparoir, après serment par elle fait de dire vérité, a dit n'estre parente, alliée, servante ny domestique des parties lecture à elle faitte de la ditte requeste.

Dépose quelle ne scait autre chose sinon que dans le cours du mois de février de l'année dernière un jour dont elle n'est pas mémorative entre huit et neuf heures du matin la Demoiselle Dlureux, femme de chambre de Madame la Marquise du Deffand vint trouver la déposante qui était encorre alors dans son lit, luy dit que le sieur Gaultier son parent, secrétaire de M. Dangé avoit une affaire terrible et qu'il étoit en prison, luy dit quelle avoit ses papiers et engagea la déposante d'aller chez le dit sieur Dangé pour y porter les dits papiers avec deux autres personnes de la connoissance du dit sieur Gaultier, que quoy qu'elle déposante connût très peu le sieur Dangé elle voulut bien avoir égard à la prière que luy fit la Demoiselle Dlureux, qu'en conséquence elle se leva sur le champ, s'habilla et monta dans le carosse de Madame Du Deffand, avec deux particuliers qu'elle ne connaissoit point, dont un étoit vestu en abbé et l'autre s'appelle Duclos, ainsy qu'elle l'a entendu nommer par la ditte Demoiselle Dlureux, qu'ils ont été tous trois ensemble chez M. Dangé et sont arrivés chez luy entre neuf et dix heures, que le sieur Duclos étoit porteur de papiers, quelle ne se souvient pas si ils étoient dans un carton et si ils étoient cachetés, qu'ayant été introduits dans le cabinet de M. Dangé où il étoit alors, après quelles que politesses, elle, déposante, luy a demandé ce qu'il vouloit faire des papiers que le Sieur Duclos apportoit et pourquoy le sieur Gaultier étoit en prison, que M. Dangé luy répondit à l'égard des papiers qu'il vouloit les examiner pour savoir l'état de ses neveux et qu'à l'égard du sieur Gaultier il lui dit différens faits et choses dont elle n'est pas mémorative, qu'ensuitte monsieur Dangé s'est mis à examiner les papiers que le sieur Duclos avoit apporté et placé sur le bureau du dit sieur Dangé et que le dit sieur Duclos lut au dit sieur Dangé tous les dits papiers, peu de temps après que les sieurs Dangé et Duclos ont eu commencé l'examen des dits papiers elle, déposante, est sortie de chez M. Dangé pour aller chez madame de Betz et a laissé le dit sieur Duclos et l'abbé avec monsieur Dangé, dans son cabinet, qu'elle a rencontré la ditte dame de Betz dans la rue a laquelle elle a parlé très peu de tems dans son carosse et qu'en quittant madame de Betz elle est retournée chez monsieur Dangé, qu'elle y est restée jusqu'à cinq ou six heures du soir, que pendant ce tems les sieurs Dangé et Duclos ont continué à feuilleter, parcourir et lire les papiers, qu'elle n'a aucune connoissance de leur qualité, que pendant le cours de l'examen elle a entendu monsieur Dangé parler de lettres de change qui étoient dans les dits papiers, qu'elle ne scait pas et ne se souvient pas de quelle valeur pouvoient estre les dittes lettres et si M. Dangé les a retenu et a aussy retenu et pris d'autres papiers, qu'après l'examen fait les papiers ont été mis dans un carton, que ce carton a été cacheté de l'empreinte de la bague de la déposante et mis dans une armoire qui a été fermée et dont la clef a été remise au sieur Duclos et qu'elle, déposante, remit aussy au sieur Duclos sa bague, pour le mettre en état de reconnoitre le cachet et que le sieur Duclos luy a remis cette bague quels que jours après ; qu'elle croit que monsieur Dangé a retenu quelques papiers et que le sieur Duclos en a pris la notte, mais qu'elle ne peut rien asseurer à cet égard ; qui est tout ce que la déposante a dit sçavoir.

Lecture a elle faitte de sa déposition a dit seule contenir vérité, y a persisté, n'a requis salaire et a signé.

ROUSSELOT

LESPINASSE.

IX

LE PORTEFEUILLE DE MADEMOISELLE DE LESPINASSE.

On a remarqué que mademoiselle de Lespinasse lègue à M. de Saint-Chamans tous ses manuscrits, tant ceux qui sont reliés que ceux qui ne le sont pas. L'inventaire signale six volumes in-8° manuscrits et un paquet de différents manuscrits non reliés, prisés 24 livres. M. de Saint-Chamans était le père de madame de Meulan; M. Guillaume Guizot a hérité ainsi de quatre volumes, reliés vers 1830, avec ce titre imprimé sur le dos : « *Manuscrits légués par mademoiselle de Lespinasse* » — et de quelques liasses de papiers.

C'est d'abord un volume petit in-folio, renfermant : trois chants de la *Pucelle*, un *Mémoire sur l'Agriculture* de Voltaire, qui est l'article *Fertilisation* du *Dictionnaire philosophique*; un Mémoire par M. l'Archevêque de Toulouse, sur la conduite qu'il a tenue avec M. le Duc de Fitz-James; un Mémoire sur le caractère de ceux qui peuvent influer à Rome dans les affaires; un *Éloge du Silence* par le Président Hénault; une *Lettre sur l'é-*

ducation *physique des enfants, depuis leur naissance, jusqu'à l'âge de trois ans,* par W. Cadogan; un état de la population en Europe; enfin la traduction d'extraits des *Loyd' Evening Post,* renfermant un appel de la Condamine à la nation anglaise, sur un attentat dont il avait été la victime. Ce volume ne présente aucune trace de l'écriture de mademoiselle de Lespinasse.

Il en est de même d'un volume in-4°, intitulé : *Festes de Chastenay,* qui renferme les divertissements donnés par M. de Malezieu, à sa maison de campagne, divertissements d'ailleurs insipides.

Ces deux volumes n'ont rien en eux qui prouve qu'ils aient appartenu à mademoiselle de Lespinasse.

Restent deux manuscrits in-8°, le premier intitulé : *Recueil de différents morceaux en prose et en vers;* le second : *Suite des lettres de M. de Voltaire à M. D'Alembert avec lettres de la Czarine.* Le second est bien de la même famille que le premier et, comme le premier, renferme (pages 225-231) des vers de M. Bernard à une demoiselle, et une pièce de Voltaire sur l'usage de la vie transcrits par mademoiselle de Lespinasse; ils proviennent bien tous deux de mademoiselle de Lespinasse.

Viennent ensuite des liasses de papiers, dont M. Guillaume Guizot a retiré quelques autographes de mademoiselle de Lespinasse, mais qui ne proviennent certainement point tous d'elle, puisque plusieurs de ces papiers lui sont postérieurs.

Où sont les autres volumes dont M. de Saint-Chamans avait dû certainement hériter? Pour n'être pas parvenus entre les mains de M. Guillaume Guizot, ils ne sont pas perdus : un d'entre eux est arrivé à la Bibliothèque Nationale dans sa reliure ancienne; quatre ont passé récemment, avec une reliure moderne, dans une vente et font maintenant l'ornement de la Collection de M. Minoret. Si à ces cinq manuscrits nous ajoutons les deux volumes de M. Guillaume Guizot qui proviennent sûrement de mademoiselle Lespinasse, nous avons sept manuscrits, un de plus qu'il n'en faut pour retrouver le compte de M. de Saint-Chamans : ce qui prouve que la reliure moderne a dédoublé au moins l'un d'eux.

I

LE PREMIER VOLUME

DE LA COLLECTION DE M. GUIZOT

Partie d'une lettre du Roy de Prusse à M. de Voltaire. Publiée (tome V, page 248) dans la *Correspondance,* et datée : A Postdam, le 13 février 1749.

Lettre de M. de Voltaire au Roy de Pologne, qui vient de lui envoyer un ouvrage de sa façon contre les athées. Publiée page 557, du tome VIII de la *Correspondance* de Voltaire, édition Beuchot, datée : Aux Délices, le 14 août.

Lettre de Voltaire à M. l'évêque de Mirepoix, que ce dernier a exigé qu'il rendît publique. Lettre non datée, contre des calomnies dont il avait été l'objet. Imprimée, tome IV de la *Correspondance,* pages 518-520, édition Beuchot.

Lettre écrite de Berlin par M. de Voltaire. Du 5 janvier 1753.

Lettre de M. de Voltaire à M. Clairaut en réponse à celle que M. Clairaut luy avoit écrit en lui envoyant son ouvrage sur la comète. Publiée page 160 du tome VIII de la *Correspondance,* avec la date du 27 août, datée du 10 août 1759.

Lettre de M. de Voltaire au Père Menoux, jésuite. Publiée page 401, du tome VI de la *Correspondance*, datée: A Colmar, le 17 février 1754.

Réponse à la lettre précédente.

Copie de la lettre de M. de Voltaire à l'Académie françoise, du 21 décembre 1755. Publiée page 807, du tome VI de la *Correspondance*.

Lettre de Voltaire au Roy de Prusse. Juillet 1742. Publiée page 452, du tome IV de la *Correspondance*.

Réponse de M. de Voltaire à la lettre de M. l'abbé Trublet, du 20 avril 1761, qui luy avoit envoyé son discours de réception à l'Académie françoise. Au château de Ferney, le 27 avril 1761. Publiée page 402, du tome IX de la *Correspondance*.

Lettre de M. Pankouke à M. de Voltaire. Paris 16 mai 1764.

Réponse de M. de Voltaire au Sieur Pankouke, libraire de l'*Année littéraire*, du 24 may 1764. Aux Délices. Publiée page 448, du tome XI de la *Correspondance*.

Lettre de M. Le P. H. à M. de Voltaire. Du 5 may 1761.

Copie de la lettre de M. de Voltaire à M. du Bellay. 6 mars 1765. Publiée page 236, du tome XII de la *Correspondance*.

Réponse de M. Du Bellay.

Lettre de M. de Voltaire à M. Bergier, 25 février 1765. Au château de Ferney. Publiée page 213, tome XII de la *Correspondance*.

Lettre de M. de Voltaire à M. Thomas, 22 septembre 1765. Publiée page 439, du tome XII de la *Correspondance*.

Réponse de Voltaire à M. le Duc de Bouillon qui luy avoit écrit une lettre en vers, au sujet de l'Edition qu'il fait faire des Œuvres de Corneille au profit de Mlle Corneille. Au château de Ferney, le 31 juillet 1761. Publiée page 524, du tome IX de la *Correspondance*.

Extrait d'une lettre d'Abbeville, du 7 juillet 1766 sur la condamnation de la Barre. Se trouve dans une lettre de Voltaire au maréchal de Richelieu, du 18 juillet 1766. Publiée en note, pages 227-229, du tome XIII de la *Correspondance*.

Autre extrait sur le même sujet. Se trouve dans la même lettre que le précédent et à la suite. Aussi publié page 229, du tome XIII de la *Correspondance*, à la suite de la note précédente.

Autre à M. de La Harpe. Du 22 décembre 1763. Publiée page 237, du tome XI de la *Correspondance*.

Autre à Madame de Luxembourg. Du 9 janvier 1765. Publié page 170, du tome XII de la *Correspondance*.

Copie de la lettre écrite par M. de Voltaire à M. D'Amilaville, le 3 novembre 1766. Publiée page 410, du tome XIII, de la *Correspondance*.

« A Ferney le 5 janvier 1767. » A M. de Pezay. Publiée page 536, du tome XIII de la *Correspondance*.

Lettre de M. de Voltaire à madame Geoffrin, du 5 juillet 1766, publiée page 200, du tome XIII, de la *Correspondance*.

Réponse de madame Geoffrin à M. de Voltaire, en date du 25 Juillet, de Varsovie. Publiée page 243, du tome XIII de la *Correspondance*.

Copie du billet de Sa Majesté. Envoyé par madame

Geoffrin à Voltaire, dans la lettre précédente et publié textuellement.

Lettre de M. de Voltaire à l'abbé de Voisenon, qui lui avoit envoyé *Isabelle et Gertrude*, comédie de M. Favart, tirée du conte de Voltaire. A Ferney, le 28 octobre 1765. Publiée page 469, du tome XII de la *Correspondance*.

Réponse de l'abbé de Voisenon. Se trouve à la suite de la précédente.

Copie d'une lettre du Roy de Prusse à M. le marquis d'Argens, datée du quartier du Roy à Hamsdorff près de Breslau, le 27 août 1760. Œuvres de Frédéric-le-Grand. Berlin 1852. (Tome XIX, page 191). Elle est imprimée page 487, du tome XII de la *Correspondance*.

Lettre de M. de Voltaire à M. Dumarsais. Aux Délices, le 12 octobre 1755. Imprimée tome VI.

Lettre de M. de Voltaire à M. le Comte de Tressant. Aux Délices, le 12 janvier 1759. Imprimée page 10, tome VIII.

Lettre de M. de Voltaire à M. le Comte de Tressant. Au château de Ferney par Genève, le 23 septembre 1760. Imprimée page 32, du tome IX.

Lettre de M. de Voltaire à M. de Saint-Lambert. A Shuissengen près Manheim, le 9 juillet 1758. Imprimée page 571, du tome VII.

Lettre de M. de Voltaire à M. Tronchin, 18 avril 1756. Imprimée page 56, du tome VII.

Lettre de M. de Voltaire à M. de Vaux. A Postdam, le 8 may 1715. Imprimée page 596, du tome V.

Lettre de M. de Voltaire au Prince Louis de Wurtemberg. Aux Délices, près Genève, le 14 juin 1756. Imprimée page 81, du tome VII de la *Correspondance*.

Lettre du roy de Prusse à M. le Comte de Saxe. A Chalottembourg, le 3 novembre 1746. Commençant : « M. le Maréchal, la lettre que vous m'avez fait le plaisir de m'écrire, » finissant : « Je suis avec bien de l'estime, V. aff. amy. Frédéric. »

Lettre du même au même, commençant : « J'aurais désiré, mon cher Maréchal, » finissant : « Qui a pour vous, mon cher Maréchal, la plus parfaite estime. » Publiées toutes deux, *Œuvres de Frédéric-le-Grand*, tome XVII, pages 307-308.

Lettre du même au roy de Pologne, duc de Lorraine et de Bar. Commençant : « Monsieur mon frère, j'ai reçu avec bien du plaisir... » finissant : « Je suis avec les sentiments de la plus haute estime et de l'amitié la plus sincère, Monsieur mon frère, de votre Majesté le beau frère, Frédéric roy. A Freyberg, le 10 février 1760. »

Lettre de M. de Voltaire à M. de Saint-Lambert. Aux Délices. Editée par Beuchot, dans le tome IX de la *Corpondance* de Voltaire, pages 126-128.

Lettre de M. de Voltaire à Brossette. Imprimée dans le tome I de la *Correspondance*, pages 265-266, édition Beuchot.

Discours du Roy de Prusse au prince de Hesse. Imprimé dans la *Nouvelle Revue* du 15 avril 1881.

Interrogatoire singulier sur les Parlements en Bretagne.

Vers de M. de Voltaire, en réponse à la Marquise d'Antremont. La lettre et la réponse se trouvent dans le *Journal Encyclopédique* du 1er mai 1768, page 119.

Chanson : « Que ne suis-je encore un enfant ? »

Lettre de M. de Voltaire écrite à M. Desmahis. Imprimée dans le tome VII de la *Correspondance de Voltaire*, pages 108-110. Edition Beuchot. Elle renferme une épitre en vers.

Lettre de M. de Voltaire à M. le baron de Breteuil. Imprimée pages 100-107, du tome I de la *Correspondance*, avec la date de : décembre 1723.

Copie d'une lettre de M. de Voltaire, le 27 janvier 1764 : Aux Délices. A Madame du Deffand. Imprimée page 293, du tome XI de la *Correspondance*.

A Mademoiselle de Clermont. « Tout cela est imprimé dans l'édition de Trévoux sous le nom de Londre en 1742. » (Note de Turgot.)

Exhortation faite au curé de Courdimanche en son agonie. En vers, commençant par : « Curé de Courdimanche et prêtre d'Apollon... » finissant : « J'en aime mieux leurs portraits. »

Lettre de M. le Comte de Saxe. Au nom de M. de Rochemaure, en lui présentant le recueil de ses Œuvres. M. de Rochemaure avoit été l'ami du Maréchal et avoit beaucoup soupé avec lui chez la Lecouvreur. Dans ces soupers, il faisoit beaucoup de vers et de chansons. Commençant par : « Je goûtois dans ma nuit profonde... » finissant : « s'il en faut prier les grands hommes. » Imprimée pages 183-184, du tome II des Poésies mêlées. Edition Beuchot.

Epître à Madame de... pour lors au château de Dampierre, en septembre 1744. Commençant : « Je vous quittai, flatté de l'Espérance... » finissant : « le souvenir est l'ombre des plaisirs. »

Epitre écrite de Sully, le 18 octobre 1744. A. M. D... à Paris. Commençant par : « Toy qui vis philosophe... » finissant : « Il sut dompter l'Europe et se vaincre luy-même. »

Vers à mademoiselle G***, commençant : « La fabuleuse antiquité... » finissant : « l'Amour, Vénus, et les trois Grâces. »

Epître à un homme de robe. Janvier 1746. Commençant : « A vous, monsieur le sénateur... » finissant : « par les plaisirs, non par le tems. »

Dialogue entre le duc d'Aumont, Lekain et M. d'Argental. Commençant par : « Le duc d'Aumont... » finissant : « la nouvelle à ma fille. »

Vers de M. de Bernard à une demoiselle de Lespinasse, commençant par : « Tendre fruit des fleurs de l'aurore... » finissant : « Garde une épine à mes rivaux. »

Sur l'usage de la vie, par M. de Voltaire. Autographe de mademoiselle de Lespinasse, commençant : « Sachez, mes chers amis... » finissant : « Je serai moins misérable. » Satire imprimée pages 141-143, du tome III des *Poésies mêlées*. Edition Beuchot.

La tentation de Saint-Antoine par M. Sedaine. Air : *Plus inconstant que l'onde et le nuage.*

Réponse d'un solitaire de la Trappe, à la lettre de l'abbé de Rancé. Cette réponse est M. de La Harpe. L'Épitre de l'abbé de Rancé est de M. Barthe.

Vers de M. de Voltaire : « Ne point sentir les tourments de l'absence. »

Vers de M. de Voltaire à M. Tiriot, de Cirey : « Gens dont le cœur s'explique avec esprit. » Commençant : « Votre lettre, mon cher ami... » finissant : » Pollion de la Poplinière. » Imprimés tome LII, page 98.

Vers du même à madame du Bocage, à son départ pour l'Italie : « Muse nouvelle, aimable grâce. »

Vers de M. Voltaire à M. l'abbé Franquini, au bas d'une lettre de M. Algarotti : « Votre ami, qu'en tout genre il est si doux d'entendre... »

Vers de M. de Voltaire à M. Tiriot, à qui Madame du Châtelet avoit écrit de la part de M. de Voltaire.

Vers de M. de Fontenelle à madame Tencin, en lui envoyant le *Traité du bonheur*.

Conte de M. de la Poplinière : « Absens ont tort, chez une Toulousaine. »

Épître de M. de Voltaire à M. de Saint-Lambert : « Tandis qu'au dessus de la terre... » finissant : « et que Newton ne connut. » Imprimée dans le tome II des *Poésies mêlées*, de l'édition Beuchot, pages 198-200.

La Bastille : « Or ce fut donc un matin sans faute... que quelque jour le bon Dieu vous le rende. » Imprimé tome I des *Poésies mêlées*, page 3, à la date de 1719. — Edition Beuchot.

Épître de M. de Voltaire à M. le comte, le chevalier et l'abbé de Sade. « Trio charmant que je remarque... d'un vin brillant et savoureux. » Imprimée avec variante, tome I, de la *Correspondance*, page 382.

Vers : Champs fortunés, séjour tranquille... Je ne puis plus cesser de l'être. »

Vers de Voltaire sur la reine Marie-Thérèse de Hongrie. Imprimés tome XIV, page 439.

Hymne aux tetons : « Plein du feu voluptueux.... je renais. »

Chanson de M. Marmontel à madame de Seran, sur l'air de la Baronne : « Adélaïde.... Adélaïde. »

Couplets sur le même air, pour madame la marquise de Saint-Simon : « Qui peut égaler Saint-Simon?.... qu'elle est charmante. »

Au château de la T... par Chollet, Anjou, 25 décembre : « Dans une église de Saint-Pierre... et je serai trop fortuné. » Vers adressés à mademoiselle de Lespinasse. Imprimés par M. Eugène Asse dans son étude *La marquise du Deffand et mademoiselle de Lespinasse*.

Épître de M. Marmontel à mademoiselle Guimard : « Est-il bien vrai... qu'on fut bienfaisant. »

Conversation du roy de Prusse avec M. Michel, ministre d'Angleterre en 1762.

Bon mot du roi de Prusse sur le champ de bataille de Lissa.

Autre. Sur la désertion d'un grenadier.

« Dans un bosquet, près d'un hameau. » 2 strophes.

Sur l'air : *M. le Prévost des marchands*. « Le ver à soie est à mes yeux. » 2 strophes.

La curiosité. 6 couplets.

De M. de Maupertuis : « Trompeuse philosophie.... chagrin. »

Sur l'air : *Janneton, l'amour lui-même*, 4 couplets.

Couplet de M. de Boufflers : « Madame de Caramant... »

Autre chanson en 2 couplets : « Fidèle ensemble et volage.

« De vous voir on est enchanté. » 3 couplets.

« Babet m'a sçu charmer. » 4 couplets.

« Sur l'air des *Bergers de Maintenon*. Pour mademoiselle de Lespinasse. » Vers imprimés par M. Eugène Asse. (*La marquise du Deffand et mademoiselle de Lespinasse*, page 99.)

Pour mad. la Maréchale de Mirepoix. Sur l'air des *Bonnes odeurs*.

Pour mad. du Deffand. Même air.

Pour M. de Lavoir. Même air.

Chanson du Port Mahon. 6 couplets. « Ces braves insulaires.... »

« Vous amans, que j'intéresse. »

M. Conty : « En vain, sous l'habit d'Orithie. »

Sur l'amour : « Sur l'amour, j'entends que tout le monde glose. »

La ceinture de Vénus. Air d'*Annette et Lubin :* « Savez-vous l'aventure.... » 8 couplets.

De Blot. Impromptu à M. qui le renvoyoit de sa maison.

Sur le traité de Versailles. Même air : « Bernons Bernis... »

Vers de Voltaire à madame : « Le tendre Auteur de l'Eneide. »

2 Couplets de Blot : « Qu'un beau pigeon à tire d'aile... »

De Voltaire sur madame du Châtelet : « Lorsque vous me parlez.... cette vie. »

A madame du Châtelet. M. de Voltaire devoit dîner avec elle au collége, et la veille, ils avoient soupé à la campagne. — Quatrain imprimé page 367, du tome II des *Poésies mêlées*, édition Beuchot.

A la même. Sur le Temple du Goût.

A la même, qui soupoit avec des prêtres. Tome XIV, page 355.

A la même, sur sa connoissance avec Maupertuis. Imprimé dans le tome II des *Poésies mêlées*, de l'édition Beuchot, p. 94.

A la même lorsqu'elle apprenoit l'algèbre. Imprimé avec variante, tome XIV, page 356.

A la même, qui faisoit collation sur une montagne appelée Saint-Blaise, près de Montjeu. Tome XIV, page 354.

A la même : « Vous m'ordonnez de vous écrire... » Tome XIV, page 355.

A la même, en recevant son portrait. Tome XIV, page 374.

A la même : « Mon cœur est pénétré... » Tome XIV, page 374.

A la même, de Cirey, où il étoit pendant son exil et où madame du Châtelet luy avoit écrit de Paris. Imprimés page 764 du tome III des *Poésies mêlées*, édition Beuchot.

A la même, sur deux arbres du jardin de Cirey, qui formoient un canapé par l'entrelacement des branches.

A la même, en revenant à cheval avec elle, au clair de la lune, de la Neufville à Cirey. Un quatrain. Il est écrit en marge : Cette pièce est beaucoup plus longue et composée de plusieurs quatrains.

A la même dans un accès de fièvre : « Ne craignez rien... »

A une jolie femme en lui envoyant une brioche.

A mademoiselle D. « Vous objectez toujours votre âge.... » 6 strophes.

De M. Desmahis à M. de Magenci, Epître à un ami, octobre 1747.

Vers de Roi contre l'abbé Chauvelin à l'occasion des éloges que celui-ci faisoit de Sémiramis.

Epigramme. « Chez un seigneur un moine fut... »

Vers à madame D... 1er mai : « Dans votre château si vanté ! »

A madame de Polignac, dans un bal où elle étoit masquée en cavalier.

La vraie Philosophie, sur la Philosophie du bon sens, de M. le marquis d'Argens.

Couplets par M. le Comte de Tressan, et par M. le duc d'Ayen. Air de Joconde. « Si j'avois du grand Dumesnil.... »

Sur mademoiselle *** : « En vain, princesse. » 2 Couplets.

Sur l'air du *Prévost des Marchands* : « De votre mère et de ses sœurs... »

« Avare, escroc et poltron. »

« De l'amour le tendre langage.... »

« Je voudrais que Chatelleraut.... »

A madame de Forcalquier, qui demandoit ce que c'étoit que l'amour.

De M. de Tressan : « Dans le poulailler de Cythère. »

Fable de l'abbé de Grécourt : « Chenille, vilain animal. » Epigramme contre l'abbé Desfontaines.

De Laynez. « Que le jour du grand vendredi. »

Chanson : « Tu toi, bien, ton... »

De l'abbé de Boufflers. Air : *Réveillez-vous*. « Chacun doit voir... »

Epître d'un prieur à mademoiselle Chéré : « O bel objet désiré... Que n'êtes-vous où nous sommes ! »

Epître à M. le Président Hénault, 22 août 1751. « De cet agréable hermitage.... que la douleur ou le plaisir. »

Epître à une dévote : « Cruelle Eglé, daignez m'entendre.... faire éclore des fleurs. »

Epître à M. de Vottaire : « Je naquis au pied du Parnasse..... Entre la gloire et l'amitié. »

Chanson de M. le Chevalier de Beauvau, chantée à M. le duc de Chartres à la Comédie Italienne. Air : *Lire lon...* Une femme chante. « Mes yeux ont découvert l'aurore... tambour battant. »

« Un chartreux vivoit depuis 25 ans.... referma sur le champ la porte. » (Petite anecdote sur un chartreux.)

Réflexions sur le Bonheur par madame la marquise du Châtelet.

Réquisitoire contre l'inoculation.

Conversation du Roy de Prusse avec M. Gellert. Extrait d'une lettre de Leipsik, du 27 janvier 1761. (*Nouvelle Revue* du 15 avril 1881.)

Lettre à M. de Voltaire par un gentilhomme ordinaire et un de ses amis... Longue lettre en prose entremêlée de morceaux de vers.

Réponse de Voltaire en prose et en vers. Aux Délices le... 1759.

Vers attribués à M. de Voltaire : « *Stuard chassé par les Anglois... Epiphanie.* »

Autres vers sur le caractère des différents peuples de l'Europe.

Epigramme. — La vérité chassée par la Sorbonne, avec corrections de Turgot.

N.-B. — Les lettres pour lesquelles je ne donne pas de renvoi bibliographique dans la suite de cette analyse sont, pour la plupart, inédites et insérées dans mes deux publications sur d'Alembert.

II

LE DEUXIÈME VOLUME

DE LA COLLECTION DE M. GUIZOT

Lettre de Voltaire à d'Alembert du 9 novembre 1764. — Éditée tome XII, page 85 de la *Correspondance*, avec cette variante : « Pas plus philosophique que les autres testaments » au lieu de : « pas plus philosophe. »

Du 19 décembre 1764. — Éditée tome XII, page 133

Du 26 décembre 1764. — Éditée tome XII, page 147

Du 9 janvier 1765. — Éditée tome XII, page 167.

Du 15 janvier 1765. — Éditée tome XII, page 179.

Du 25 janvier 1765. — Éditée tome XII, page 192.

Du 5 février 1765. — Éditée tome XII, page 203; mais le manuscrit porte après ces mots: « Je suis bien vieux et bien malade » la phrase : « mais je dirai jusqu'à mon dernier soupir *Ecr. l'Inf.* »

Du 25 mars 1765. — Éditée tome XII, page 260.

Du 26 mars 1765.

Du 3 avril 1765. — Éditée tome XII, page 281.

Du 16 avril 1765. — Éditée tome XII, page 295.

Du 1er mai 1765. — Éditée tome XII, page 319; avec cette variante: indignation *puissante*, au lieu de *plaisante*.

Du 27 mai 1765. — Éditée tome XII, page 341.

Du 24 juin 1765. — Éditée tome XII, page 365.

Du 5 auguste 1765. — Éditée tome XII, page 399.

Du 28 auguste 1765. — Éditée tome XII, page 417.

Du 18 septembre 1765. — Éditée tome XII, page 436.

Du 16 octobre 1765. — Éditée tome XII, page 461.

Du 2 décembre 1765.

Du 20 janvier 1766. — Éditée tome XIII, page 30; avec cette variante : « Vous êtes un sage » au lieu de : « Vous êtes sage. »

Du 12 mars 1766. — Éditée tome XIII, page 93; avec cette variante : « Les Fréron pullulent » au lieu de: « Les frelons pullulent. »

Du 5 avril 1766.

Du 13 juin 1766. — Éditée tome XIII, page 176.

Du 1er juillet 1766. — Éditée tome XIII, page 192.

Du 18 juillet 1766. — Éditée tome XIII, page 225.

Du 23 juillet 1766. — Éditée tome XIII, page 237.

Du 30 juillet 1766. — Éditée tome XIII, page 252.

Du 7 auguste 1766. — Éditée tome XIII, page 264.

Du 25 auguste 1766. — Éditée tome XIII, page 289.

Du 5 septembre 1766.

Du 16 septembre 1766. — Éditée tome XIII, page 333.

Du 15 octobre 1766. — Éditée tome XIII, page 375.

Du 27 octobre 1766.

Du 28 novembre 1766. — Éditée tome XIII, page 452.

Du 2 décembre 1766.

Du 29 décembre 1766.

Du 18 janvier 1767. — Éditée tome XIII, page 567 ; moins cette phrase de la fin : « La Harpe est pénétré de vos bontés. »

Du 28 janvier 1767. — Éditée tome XIII, page 578.

Du 30 janvier 1767.

Du 6 mars 1767.

Du 11 mars 1767. Lettre de d'Alembert à Voltaire.

Du 13 avril 1767. Signé : Boursieu.

Du 3 mai 1767 — Éditée tome XIV, page 205 ; moins ce mot de la fin : « car il faut que M. Necker parte. »

Du 9 mai 1767 — Éditée tome XIV, page 215.

Du 4 juin 1767 — Éditée tome XIV, page 251.

Du 19 juin 1767. — Éditée tome XIV, page 262.

Du 25 juillet 1767.

Du 27 juillet 1767.

Du 3 auguste 1767. — Éditée tome XIV, page 313.

Du 10 auguste 1767. — Éditée tome XIV, page 328.

Du 4 septembre 1767. Éditée tome XIV, page 352.

Du 30 septembre 1767. — Éditée tome XIV, page 382.

Du 4 novembre 1767. — Éditée tome XIV, page 429.

Du 26 décembre 1767. — Éditée tome XIV, page 491.

Du 5 mars 1768, avec *Post-Scriptum* du 6 mars 1768.

Lettre sans date, suivant immédiatement la lettre du 5 mars.

Du 23 mars 1768.

Du 11 avril 1768.

Du 27 avril 1768. — Éditée tome XV, page 74.

Du 1er mai 1768. — Éditée tome XV, page 81.

Du 13 mai 1768.

Du 28 juin 1768.

Du 2 septembre 1768. — Éditée tome XV, page 165.

Du 15 octobre 1768. — Éditée tome XV, de la *Correspondance*, page 200. Ce passage ne se trouve pas dans le manuscrit : « *Que des gens qui revenoient de Barèges prétendoient ces eaux souveraines pour les dérangements que les loupes et les autres excroissances peuvent causer dans la machine; je le mandai sur-le-champ à notre ami. Je lui offris d'aller le prendre à Lyon, et de faire le voyage ensemble. J'adressai ma lettre à son ancien bureau du vingtième, adresse qu'il m'avoit donnée.* »

Du 2 novembre 1768. — Cette lettre, réunie à la suivante dans l'édition, finit par « *Interim vale* » après le mot « *adeptes.* »

Du 7 novembre 1768. — Éditée tome XV, page 230.

Du 12 décembre 1768. — Éditée tome XV, page 257.

Du 23 décembre 1768. — Éditée tome XV, page 278; mais sans cette phrase qui débute : « Mille compliments au secrétaire perpétuel : je lui enverrai incessamment le fatras historique. »

Du 31 décembre 1768. — Éditée tome XV, page 296.

Du 13 janvier 1769. — Éditée tome XV, page 317. Le

dernier paragraphe : « Pardieu, vous êtes bien injuste... » ne se trouve pas dans le manuscrit.

Du 15 mars 1769. — Éditée tome XV, page 391.

Du 24 mai 1769. — Éditée tome XV, page 450.

Du 4 juin 1769. — Éditée tome XV, page 462.

Du 9 juillet 1769. — Éditée tome XV, page 503.

Du 23 juillet 1769. — Éditée tome XV, page 519.

Du 15 auguste 1769. — Éditée tome XV, page 547.

Du 4 septembre 1769. — Éditée tome XVI, page 8.

Du 28 octobre 1769. — Éditée tome XVI, page 62.

Du 22 janvier 1770.

Du 31 janvier 1770. — Éditée tome XVI, page 140.

Du 28 février 1770. — Éditée tome XVI, page 176.

Du 3 mars 1770. — Éditée tome XVI, page 181.

Du 19 mars 1770. — Éditée tome XVI, page 210.

Lettre de d'Odar, conseiller de Cour et bibliothécaire de S. M. l'Impératrice de toutes les Russies, chez S. E. M. le prince Galicin, ambassadeur extraordinaire de la Cour impériale de Russie à Vienne. De Vienne, ce 2 septembre 1762.

Réponse. Sans date.

Lettre de Nicolay. De Vienne, ce 20 novembre 1762.

Lettre de Pictet. De Saint-Pétersbourg, 4/15 aoust 1762.

Lettre de J. Schouvallow. De Saint-Pétersbourg, 9/20 aoust 1762.

Lettre de N. Panin. De Moscou, ce 13 novembre 1762.

Lettre de Catherine II. De Moscou, ce 13 novembre 1762.

Réponse. Sans date.

Lettre du président Hénault. — De Paris, jeudi, 31 janvier.

Lettre de M. d'Alembert à M. Soltikof, ambassadeur de Russie, qui lui avoit proposé de la part de la Czarine 100.000 de pension et d'autres avantages considérables pour se charger de l'éducation du jeune prince de Russie. — Sans date.

A l'Impératrice. — Lettre de d'Alembert. Sans date.

Réponse de l'Impératrice. De Saint-Pétersbourg, le 7/18 d'aoust 1763.

Lettre à l'Impératrice de Russie, du 15 octobre 1763.

Lettre à l'Impératrice de Russie, du 7 juin 1764.

Lettre à l'Impératrice de Russie, du 20 mars 1764.

Lettre de l'Impératrice de Russie à M. d'Alembert. De Saint-Pétersbourg, ce 12/23 avril 1764.

Lettre du 15 juin 1764, à l'Impératrice de Russie.

Lettre du président de l'Académie de Pétersbourg, C. C. Rasonmousky. De Saint-Pétersbourg, 10 mai 1764.

Lettre de J. Betzky. De Saint-Pétersbourg, ce 22 septembre 1764.

Lettre de l'Impératrice de Russie. De Saint-Pétersbourg, ce 20 septembre 1764.

Lettre de M. d'Alembert à l'Impératrice de Russie, de novembre 1764.

Lettre de l'Impératrice de Russie, du 27 juin 1765.

Lettre de d'Alembert à l'Impératrice de Russie, d'octobre 1765.

Lettre de l'Impératrice de Russie. De Saint-Pétersbourg, 21 novembre 1765.

Question faite par la Czarine à M. d'Alembert, dans une lettre à madame Geoffrin. Sans date.

Lettre de l'Impératrice. Du 31 aoust 1766.

Lettre de Catherine II. De Saint-Pétersbourg, ce 3 février 1767.

Lettre de M. d'Alembert au pape Benoist XIV. De décembre 1755.

III

LE MANUSCRIT DE LA BIBLIOTHÈQUE NATIONALE

Extrait de quelques lettres écrites par M. d'Alembert pendant son voyage auprès du roy de Prusse en 1763. Ces extraits sont publiés à la suite des *Opuscules* de d'Alembert.

Par le roi de Prusse. Relation de Phihihu, émissaire de l'Empereur de Chine en Europe, traduit du chinois (6 lettres).

Confession du Marquis de Maugiron, trouvée dans les papiers d'un de ses amis, copiée sur l'original en date du 18 avril 1756.

Lettre de M. de Voltaire à madame de ***. Aux Délices, le 31 août 1755.

A madame de Clermont. (Vers.)

Lettre de Voltaire à milord Littleton.

Réponse de mylord Littleton.

Lettre de M. de Voltaire à M. de Haller, membre du Conseil souverain à Berne, sur une feuille en in-8º. — Editée tome LVIII, page 34 de l'édition Beuchot.

Réponse de M. Haller, tome LVIII, page 36.

Réflexions d'un philosophe aimable. (Vers.)

Épigramme sur Piron.

Épigramme sur Dorat attribuée à Voltaire, mais qui est de La Harpe [1].

Réponse de M. Dorat, adressée à M. de Voltaire, qu'il regarde comme auteur de l'épigramme qui s'est répandue.

Autre réponse de M. Dorat.

Recueil de différentes lettres à M. d'Alembert. — Lettre de M. Tronchin.

Lettre de M. d'Alembert à M. Tronchin, du 6 janvier 1768.

Lettre de M. le Comte d'Argenson en réponse à l'épître dédicatoire que M. d'Alembert lui a adressée en 1758. Aux Ormes, 22 mai 1758.

Lettre de M. Rousseau. De Montmorency, le 15 février 1761. — Editée *Œuvres de Rousseau*, édition Auguis, 1825 : *Correspondance*, tome II, page 193.

Lettre de madame du Deffand, du 7 juillet 1763.

Lettre de madame Geoffrin à M. d'Alembert. De Warsovie, du 23 juillet. — Publiée dans les *Éloges de madame Geoffrin*, 1812, in-8º, page 133.

Lettre de M. Barthès.

---

1. Voir Voltaire, édition Beuchot, tome LXIV, page 481.

Lettre de M. Servan, avocat général au Parlement de Grenoble. De Genève, du 11 avril 1765.

Lettre de M. Servan à M. d'Alembert. De Grenoble, le 5 janvier 1767.

Lettre de J.-J. Rousseau au Consistoire de Neuchâtel.

Lettre de M. Rousseau à M. de Meuron, procureur général à Neuchâtel.

Lettre de M. l'abbé Morellet.

Lettre de M. d'Angevilliers.

Lettre de M. Diderot sur le livre intitulé : De la destruction des Jésuites. (*Œuvres complètes de Diderot*, tome XIX, page 472, édition Assézat et Tourneux.)

Lettre de M. de La Chalotais à M. d'Alembert.

Vers sur le prince Édouard. 1748.

Très humbles et très respectueuses remontrances de messieurs les Comédiens françois au roi. — *Par l'Avocat Marchant*.

RECUEIL DE CHANSONS. — *La femme du monde*. Air du *Maréchal*.

L'ordre de la Mouche. Noël sur l'air : *Où s'en vont ces gais bergers ?*

Chanson sur les Maréchaux de France. Air du *Maréchal*.

Chanson sur l'air : *M. le Prévôt des Marchands*. — Cette chanson passe en revue les membres de la société du prince de Conti. C'est d'abord le prince, puis la maréchale de Luxembourg, puis MM. de Clermont, de Pont de Veyle, un anonyme, madame de Clermont, la comtesse de Boufflers, madame du Deffand, mademoiselle de

Lespinasse, le maréchal de Luxembourg, MM. de Chabot, le baron de Benseval, le prince de Beauvau. Voici :

Madame la Marquise du Deffand.

Air : M. le Prévôt des Marchands.

On peut à tous les plats tâter,
Quand on ne fait que les goûter ;
De cette sobre gourmandise,
En vain voudrait-on murmurer,
L'excès même est chose permise
Quand on ne fait que l'effleurer.

Air : Quand le péril est agréable.

Il faut saisir l'instant qui passe,
Quoi qu'on en dise aller son train,
Quitte à doubler le lendemain
    Le clistère et la casse.

Mademoiselle de Lespinasse.

Air : Réveillez-vous.

A la fin on se dédommage
Du poids importun des vertus.
Une fille prudente et sage
Souvent à table ne l'est plus.

Air : Ne m'entendez-vous pas ?

  Sentimens délicats,
  Flatteuse sans bassesse,
  Du tour, de la finesse,
  Aimable Lespinas,
  Ne m'entendez-vous pas ?

Ronde. Air : *J'entends le moulin, tic, tic.*

Vers à madame de Pompadour, par M. de Voltaire.— Publiés édition Beuchot, tome XIV, page 390.

Épigramme de Piron contre l'abbé Desfontaines.

Généalogie de Louis XV.

Chanson sur M. de Maurepas. Air du *Prévôt des Marchands.*

Chanson sur M. de la Trémoïlle. Air : *De tous les capucins du monde.*

Chanson sur M. d'Angevilliers. Air : *De l'amour tout subit les lois.*

Chanson sur madame Boufflers. Air : *De l'amour tout subit les lois.*

Récapitulation des chansons faites sur tous les ministres. Air : *Vlà c'qu'c'est qu'd'aller au bois.*

Vers à mademoiselle de Vaudreuil sur son mariage avec M. Gentil qui étoit d'une naissance commune.

Vers du roi de Prusse.

Impromptu de Saint-Lambert à une dame qui lui envoya un bouquet, en lui mandant qu'un aveugle l'avoit fait ressouvenir que c'étoit sa fête. — On lit en marge : *Ces vers ne sont point de Saint-Lambert, mais de M. Huet, évêque d'Avranches.* Et plus bas, de Turgot : *Je doute fort que ce madrigal soit du savant et pesant M. Huet.* Enfin, on voit au crayon, au-dessous : *Ces vers sont d'un Poncet, archevêque de Tours.*

Lettre de Saint-Lambert à M. le prince de Beauvau. (Vers.)

Vers sur M. de Beaumont, archevêque de Paris, sur un refus de Sacremens.

Vers à M. le duc d'Aumont.

Chanson. Air : *Où allez-vous, M. l'abbé ?*

Étrennes de M. le duc de Luynes à la reine. Air : *Où s'en vont ces gais bergers ?*

Vers de M. Ferrand à sa maîtresse qui l'avoit quitté.

Chanson de l'abbé de l'Attaignant, sur madame de Boullongne, femme du Contrôleur général. — Imprimée plus correctement dans les œuvres de l'abbé de Lattaignant. — Air : *Quand l'auteur de la nature.*

Chanson du Président Hénault. Air : *L'Amour la nuit et le jour.*

Épigramme contre l'Académie françoise, qui ne s'étoit point assemblée à la Saint-Louis en 1756.

Épigramme contre l'Académie et contre Piron.

Épigramme sur *Candide*, de Voltaire.

Vers sur les Invalides.

Vers mis au bas du portrait de saint Bruno, par Le Sueur.

Chanson sur madame de Sassenage. Air des *Trembleurs*.

Chanson sur madame de Châtellerault. Air du *Prévôt des Marchands*.

Deux bons mots de M. de Harlay.

Vers de M. de Lauraguais après la bataille de Crevelt.

Les sept péchés mortels, par le marquis de Chauvelin. — (Ils sont représentés chacun par une femme : la Luxure, par madame de Montboisier; la Gourmandise, par madame de Chauvelin; la Colère, par madame de

Courteille; l'Avarice, par madame de Surgères la jeune; l'Orgueil, par madame de Maulevrier; la Paresse, par mademoiselle de Cicé; l'Envie, par madame Dagenois.)

Vers de Voltaire à la princesse Ulrique de Prusse, depuis reine de Suède : « Souvent un peu de vérité, etc. », suivis de la réponse qu'on attribue à Frédéric : « On remarque pour l'ordinaire... » (Voyez édition Beuchot, tome XIV, page 385.)

Chanson de la Pougcade à une demoiselle qui le trouvoit trop vieux pour l'épouser.

Chanson de M. de la Trémoïlle à madame Dupin, qui lui reprochoit de l'avoir quittée. Air : *Le démon malicieux et fin.*

Chanson à M. le président Hénault.

Chanson sur M. de Montazet, archevêque de Lyon, que la chronique accusoit d'être père d'un enfant que venoit de faire madame de Mazarin. Air de *Joconde.*

Réponse.

Épigramme sur M. de La Condamine.

Vers de Voltaire contre Fréron. (Œuvres, édition Beuchot, tome XIV, page 438.)

Lettre de M. l'abbé de Voisenon à M. l'abbé Descamps, qui, le prenant pour l'abbé de Boismont, avoit passé chez lui et lui avoit écrit sur une carte qu'il eût à le payer d'une pension qu'il lui devoit.

Chanson. Air du *Prévôt des Marchands.* — De cette chanson nous avons déjà trouvé dans les volumes de M. Guizot, le 1er couplet, publié par M. Eugène Asse (*La marquise du Deffand et mademoiselle de Lespinasse,* pages 99-100). Voici la pièce dans son intégrité :

Vous jugez de tout assez bien ;
Vous avez un fort bon maintien,
De l'esprit, de la politesse.
De la grâce, de la gaieté,
Souvent un peu de sécheresse
D'humeur et d'inégalité.

Votre âme a tant de mouvement
Qu'elle varie à tout moment.
Un rien vous courrouce et vous blesse.
Un rien vous charme et vous ravit.
La belle humeur et la tristesse
Sans cesse sont en contredit.

Pour achever votre portrait
Il y faut ajouter un trait :
Vous aimés par trop la grammaire;
Vous en parlez plus qu'il ne faut.
Tenez-vous au talent de plaire
Et laissez là monsieur Restaut.

Autre. Air de *la Béquille*.

Autre. Air de Castinat. *Malgré la Bataille.*

Autre. Air : *Vous m'entendez bien.*

Notes de la chanson précédente.

Vers à M. l'abbé de Bernis. Septembre 1758.

Vers sur le prince Édouard. 1748.

Chanson sur madame de C***. Air : '*M. le Prévôt des Marchands.*

Table.

Dissertation sur l'Immortalité de l'âme.

Lettre écrite de Loches en Touraine, à M. de Burigny.

Réponse par M*** L. M*.

Suite de la Dissertation sur l'Immortalité de l'âme.

Autre Dissertation sur le Suicide.

Conversation avec M. de la Barre, par M. Dudoyer de Gastel, Journée du Vendredi Saint. — (Insérée dans la Correspondance de Grimm, tome II, pages 382 et suivantes. Paris 1829, in-8°, c'est un des plus précieux documents sur les convulsionnaires.)

IV

LIASSE DE PAPIERS PROVENANT DE MADEMOISELLE DE LESPINASSE

I. — Copie de l'Éloge de M. de la Condamine, par M. le marquis de Condorcet.

— Copie identique du même Éloge présentant quelques variantes avec l'imprimé.

— Lettres publiées en 1820 sous le titre de *Nouvelles Lettres de mademoiselle de Lespinasse*. Nous reviendrons plus loin sur ce manuscrit dans notre *Bibliographie*.

— Copie de la lettre écrite par madame de Monthieu à M. le marquis de Monteynard, le 25 janvier 1774. C'est une supplique émue en faveur de son mari, que l'on retient en prison contre toute justice.

— Invitation à la Nation à l'occasion de l'année séculaire de la mort de M. de Turenne, tué le 29 juillet

1675, avec le programme d'une souscription. — Par le comte de Guibert.

II. — Lettre de M. de Voltaire à l'auteur du *Mercure*, du 9 juillet 1769.

— Lettre de M. de Voltaire à M. d'Alembert, du 4 février 1763.

— Autre copie de la lettre précédente, avec quelques variantes.

— Lettre de M. de Voltaire à M. d'Argental, du 24 octobre 1774. Éditée dans le tome XIX de la *Correspondance de Voltaire*, pages 86-90 de l'édition Beuchot.

— Lettre de M. de Voltaire à M. d'Argental, du 24 novembre 1774. Publiée par Beuchot, dans le tome XIX de la *Correspondance*, pages 112-115.

— Lettre de M. de Voltaire à M. d'Argental, du 9 décembre 1774. Publiée dans le tome XIX de la *Correspondance de Voltaire*, pages 130-131. Édition Beuchot.

— Lettre de M. de Voltaire à M. le comte d'Argental, du 15 septembre 1775. Publiée dans le tome XIX de la *Correspondance de Voltaire*. Édition Beuchot, pages 366-368.

— Copie d'une lettre de M. de Voltaire à madame la Comtesse du Barry. Imprimée avec la date du 20 juin 1773, dans le tome XVIII de la *Correspondance*, par Beuchot.

— Lettre de Voltaire, du 25 novembre 1773.

— Lettre de Voltaire à M. d'Argental, du 1er juillet 1775. Publiée tome XIX de la *Correspondance*, pages 295-297, édition Beuchot.

— Extrait d'une lettre de M. de Voltaire à M***, du 13 février 1768. C'est un fragment d'une lettre adressée au comte de Lewenhaupt. Publiée par Beuchot : *Correspondance*, tome XIV, pages 573-574.

— Lettre de M. de Voltaire à M. le prince de Galitzin, du 14 auguste 1767. Éditée page 337-338, du tome XIV de la *Correspondance,* édition Beuchot.

— Lettre de Voltaire, sans adresse ni date. C'est la lettre du 27 juillet 1767, adressée à l'abbé Coger et publiée tome XIV de la *Correspondance*, page 306.

— Suivent huit lettres de Voltaire au comte de Schomberg. La première, datée du 8 mai 1770, a été publiée par Beuchot, pages 267-268 du tome XVI de la *Correspondance*. La seconde, du 28 mai 1770, a été publiée dans le tome XVI de la *Correspondance*, par Beuchot, pages 286-287. La troisième, du 23 juin 1770, a été publiée par Beuchot, page 317, tome XVI de la *Correspondance*. La quatrième, du 12 juillet 1770, a été publiée par M. de Cayrol, *Lettres inédites de Voltaire*, tome II, page 206, avec la date du 13. La cinquième, du 25 auguste 1770, a été publiée dans le tome XVI de la *Correspondance*, pages 397-398, édition Beuchot. La sixième, du 28 octobre 1770, a été publiée par M. de Cayrol, tome II, page 216. La septième est datée du 31 octobre 1770, et la huitième, du 24 novembre 1770.

— Profession de foi de Voltaire, exigée par l'abbé Gautier. Publiée par Beuchot, tome I des *Œuvres*, page 430, moins ce paragraphe :

« M. l'abbé Gautier, mon confesseur, m'aïant averti
» qu'on disoit dans un certain monde que je protesterois
» contre tout ce que je ferois à la mort, je déclare que
» je n'ai jamais tenu ce propos, et que c'est une ancienne

» plaisanterie attribuée très faussement dès longtemps à
» plusieurs sçavans plus éclairés que moi. »

Signé : « Voltaire. »

III. — Fragment de lettre sans adresse et sans signature. De Saint-Pétersbourg, 9 juillet 1766. La lettre est imprimée, tome XIII de la *Correspondance de Voltaire*, page 206, sous le nom de Catherine II.

— Lettre du nommé Humain à M. le duc de Gèvres, son colonel, écrite à Saint-Denis, le vendredi veille de Noël, à 7 heures du soir, 1773. — Cette lettre est une sorte de testament ; il demande à son général protection pour son père indigent ; il mourra quand la bouteille de vin, posée sur la table à côté de ses pistolets sera vide et elle « *commence fort à diminuer.* »

— Lettre des nommés Bourdeaux et Humain, écrite à Saint-Denis, le vendredi veille de Noël, à 7 heures du soir, avant de mourir. Adieux à un ami.

— Profession de foi de Bourdeaux et Humain. Du jour de Noël 1773, à Saint-Denis. Sur la même feuille de papier, lettre de Bourdeaux à M. de Clairac, officier de dragons du régiment de Belzunce, à Guise, en Picardie, sur les motifs de son suicide. Réflexions de Bourdeaux sur l'âme, Dieu, l'existence et la mort.

— Copie de la lettre de Monseigneur l'Évêque de Soissons à madame la maréchale de Berwick, sa mère, datée du 15 août 1744. Sur la maladie de Louis XV, sur sa confession générale et publique et sur l'édification qu'il a donnée à toute la cour.

— Lettre écrite à madame la comtesse de Boufflers,

par madame Geoffrin, au sujet d'un dîner qu'elle avait fait à Montmorency, chez la duchesse de Luxembourg, qui fit un grand effet au souper du dimanche chez madame du Deffand. Voici cette lettre :

« Ce mercredy matin.

» Madame la Comtesse,

» Ce que je prévoïois, et craignois est arrivé. Mon
» voyage à Montmorency a fait grand bruit au souper
» du Dimanche.

» Il y a été annoncé avec le prélude d'une importante
» nouvelle.

» On a commencé par donner à deviner qui est-ce qui
» avoit été dîner à Montmorency.

» Quand toutes les imaginations ont été épuisées et que
» l'on a eu jeté son bonnet par dessus les moulins, on
» m'a nommée ; les uns ont crié : cela est bien extraordi-
» naire ; les autres : cela est incroïable. Enfin quand la
» chose a été constatée par plusieurs témoignages respec-
» tables, tout le monde a parlé tout bas, chacun a fait et
» communiqué des réflexions profondes sur ce grand
» événement.

» Je pourrois dire comme le lièvre de la Fontaine :
» *je suis donc un foudre de guerre.* »

» Non, je ne suis qu'un atome.

» Mais la méchanceté a une faim canine ; elle ne dé-
» daigne aucune nourriture pour s'alimenter ; comme
» la justice et la raison doivent aussi trouver partout
» leur subsistance, et leur instruction, je dois conclure

» de l'effet que je fais, qu'à mon âge on en doit point
» faire.

» Je vais donc me renfermer dans ma coquille, dont
» je ne sortirai plus, Madame la Comtesse, que pour
» cultiver vos bontés; le prix que j'y mets, ma tendre
» amitié, mon inviolable attachement m'en rendent digne »

— Lettre de l'Impératrice de Russie à M. Marmontel, datée du 7 mai 1767. Cette lettre, écrite sur un vaisseau, au milieu du Volga, pendant un orage, est un remerciement adressé à Marmontel pour l'envoi du *Bélisaire*, qui a vivement intéressé l'Impératrice.

— Extrait d'une lettre de l'Impératrice de Russie à M. de Voltaire, datée de sa maison de campagne, 6 juin 1770. La lettre est imprimée page 297, dans le tome XVI de la *Correspondance de Voltaire*.

— Autre extrait d'une lettre de Catherine II, datée de Péterkof, ce 6 juillet 1772. La lettre est imprimée dans le tome XVII de la *Correspondance de Voltaire*, page 484.

— Passage d'une lettre de l'Impératrice de Russie à M. de Voltaire, du 31 mars 1770. La lettre est imprimée dans la *Correspondance de Voltaire,* tome XVI, pages 225-228.

— Lettre du roi de Prusse à M. d'Alembert. Longue lettre datée du 15 juillet 1771, imprimée dans les *Œuvres philosophiques, historiques et littéraires de d'Alembert*, tome XVII, page 252, avec la date du 25 juillet 1771.

— Copie de la lettre de M. le Marquis de Belesta de Gardouck à M. de Voltaire, du 20 décembre 1768.

IV. — *Différents morceaux de prose.*

— Portrait d'Hortense. Petit fragment d'une page sur une jeune fille.

— Extrait du portrait de mistriss Johnson (Stella), amie du Docteur Swift, par lui-même.

— On voudrait savoir si M. D*** reconnaîtra l'original du portrait suivant. Publié dans les *Œuvres posthumes* de d'Alembert (Paris, 1799, 2 vol.), tome II, page 119-120, comme portrait de M. le marquis de Caraccioli, ambassadeur de Naples à la cour de France, en 1774. Nous croyons avoir établi que c'est un opuscule de mademoiselle de Lespinasse.

— Histoire de deux esclaves amis qui aimaient la même femme. A disposer avec tableaux sur les cinq côtés d'une boîte.

— C'est Chilady Craver qui parle. Huit pensées philosophiques sur le plaisir, l'amour, l'oisiveté, l'esprit des femmes, l'âme, le sentiment, la passion, les coquettes, la modestie, le cœur humain, qu'il compare à un chêne.

— Discours du Cardinal de Bossut au roi lorsqu'il entra dans Malines en 1746. Il rend grâces à Dieu des succès du roi en le priant de les faire cesser.

— Salluste fait parler le Roy Bocchus qui adresse la parole à Sila. Latin et traduction française.

— Singulier testament du Corinthien Eudamidas, en faveur de ses deux amis.

« Galia, vicisti, prafuso turpiter auro ;
« Armis fauca, dolo plurima, jure nihil. »

— Episode d'*Ugolin*, tiré du Dante.

— Fragment de discours académique.

— Plaintes sur une morte aimée.

— Anecdote : Avant qu'il fût question de la comédie des Philosophes, madame de Robecq affichait le plus grand goût pour mademoiselle Clairon ; elle la comblait d'amitié et de bontés. Les déclamations de mademoiselle Clairon contre la comédie que protégeait madame de Robecq lui firent perdre ses bontés. La Vision parut et mademoiselle Clairon reçut ce billet :

« Madame la princesse de Robecq désire on ne peut
» davantage d'avoir la Vision, comme on lui a dit que
» mademoiselle Clairon la vendoit ; elle lui sera fort
» obligée de lui en faire avoir un exemplaire. »

L'actrice connaissait l'écriture de la princesse ; elle feignit pourtant de croire que le billet n'était pas d'elle et répondit :

« Madame,

» Absente de Paris depuis douze jours je ne reçois que
» dans le moment le billet que j'ai l'honneur de vous en-
» voyer. Vos bontés qui me seront à jamais précieuses
» ne me permettent pas de penser qu'il soit de vous ni
» qu'on l'ait écrit par votre ordre.

» Une bassesse est si fort éloignée de mon caractère
» et de toute ma façon d'être que je craindrois de man-
» quer à tout ce que je vous dois, si je vous croyois assés
» injuste pour m'en accuser avec tant de légèreté. Mais,
» Madame, j'en suis sure, ce billet n'est point de vous :
» mon respect et, j'ose le dire, mon attachemeut vous

» sont connus. Il m'est adressé sans doute par quelqu'u[n]
» d'aussi obscur que vil, qui ne sachant ni ce qu'on do[it]
» à votre sang, ni ce qu'on doit aux âmes honestes [et]
» vertueuses dans quelque classe qu'elles soient, s'e[st]
» ôsé servir de votre nom pour me faire un outrag[e.]
» Je désire ardammant que l'écriture du billet vo[us]
» serve à en connoitre l'auteur, et si jamais vous [le]
» découvrés, je suis sure que vous me vangerés d'u[ne]
» imputation qui m'affecte d'autant plus qu'elle m[e]
» paroit vous compromettre, et vouloir jetter de[s]
» doutes sur le profond respect avec... etc. »

— Critique d'un ouvrage de M. Dentu, non signé.

— Deux couplets du chevalier de Bronsi, à l'occasio[n] de la première représentation d'*Adèle de Ponthieu*, et un[e] pièce du même auteur à madame d'Ablois, adressés, su[r] le verso du second feuillet : « De l'Archevêché. A Mon[-] sieur, Monsieur de Meulan fils. En son hôtel, rue de[s] Capucines. A Paris. »

— Critique d'une pièce dramatique du chevali[er] Goudar.

— Pièces sur les succès prévus d'un opéra, commen[-] çant par : « *L'amitié à l'épreuve* ... »

— Morceau sur l'Amitié, de M. Thomas.

— Extrait d'un sermon prononcé à Copenhague e[n] 1772. Sur l'empoisonnemeut du roi de Danemarck e[t] contre Voltaire.

— Motifs de l'arrêt tel que le Parlement doit les en[-] voyer en cour. (Affaire Goëzman.)

— Pensées diverses. 1º « *Le caractère du roi m'[a] paru très bien fait.* » 2º Sur la princesse de Galles. 3º Su[r]

M. Pitt. 4° Sur mylord Hilsborougk. 5° Sur le duc de Bedford. 6° Sur mylord Temple. 7° Sur mylord Egmont.

— Discours de M. de Malesherbes, premier Président de la cour des Aides, à M. le duc de Chartres, lors de l'enregistrement des édits nouveaux.

— Vision de l'abbé de Bernis ou l'Apocalypse française.

— Bulletin de santé.

— Attestation de la foi de Voltaire et de tout le bien qu'il a fait à Ferney, ainsi que de tous les exercices pieux qu'il a remplis fidèlement. Paroles de Voltaire à son lit de malade, le 1er avril 1769, en communiant.

— Arrêté du Parlement de Besançon, du 23 février 1771.

V. — Poème en 4 parties, intitulé : « *La Religion naturelle.* » 24 pages non numérotées.

— Poème intitulé : « *Les Quatre parties du Jour. L'Amour dicta ces vers, l'amitié vous les donne.* » 24 pages non numérotées.

— Poème intitulé *les Systèmes,* en trois pages non numérotées.

— Conte en vers, d'une seule page, intitulé : *Chacun son métier.*

— Copie du précédent, pièce de vers intitulée : *Dialogue entre le Duc d'Aumont, Le Kain et M. d'Argental.* 4 pages non numérotées.

— Poème intitulé : *Guerre de Genève.* Chant 3e. « *Le beau Robert Covelle et sa maîtresse Catherine, députés des* représentants vers *Jean-Jacques Rousseau s'embarquent sur le lac de Genève.*

VI. *Diverses Chansons.*

— Chanson sur l'air : *Ton humeur est Catherine...* A Mesdemoiselles de France : huit couplets.

— Chanson de trois couplets, sur l'air: *Philise demande son portrait.*

— Chanson sur l'*Amour* en six couplets ; — sur la même feuille, autre chanson en deux couplets : Invitation à la danse. — Sur le verso de la même feuille ; Romance en deux couplets.

Autre chanson en trois couplets : regrets d'une jeune fille. — Sur la même feuille, autre chanson en trois couplets : à une bergère.

— *Chanson sur un café mêlé de danses et de décorations.* Sur l'air : *Jusques dans la moindre chose.* En dix couplets.

— Vaudeville. *Les Revenants.* Vaudeville composé par un Revenant, sur l'air : *Chansons ! Chansons ! ou Dindons ! Dindons !* en huit couplets.

— Même vaudeville suivi d'un *couplet sur le même air*, envoyé à M. Collé à l'occasion de cette chanson.

— Chanson à une dame, sur l'air : *Si des galants de la ville*, du *Devin de village.* Cinq couplets.

— Chanson à Madame de la Millière, sur l'air : *Fournissez un canal au ruisseau* en un couplet. — *Réponse*, sur le même feuillet *de mademoiselle d'Ogiloi* en un couplet.

— Chanson sur M. de Maurepas. Air du *Prévost des*

Marchands ; deux couplets. — Sur le verso de la feuille Chanson sur le même. Air du *Mirliton ;* deux couplets.

— Chanson en trois couplets. « Air : *les Bourgeois de Chartres.* »

— Petite feuille de papier, ne contenant que huit vers avec ce titre : Air : *Or dites-nous, Marie.*

— Sept vers en un couplet sur Fréderic II et Louis XV. Air : *Un saut, deux sauts, trois sauts.*

Sur l'air des Tire-lire.

 Pourquoi se marier
 Quand les femmes des autres
 Ne se font pas prier
 Pour devenir les nôtres !
  Quand leurs ardeurs
  Quand leurs faveurs
 Cherchent nos tire-lire-lire
 Cherchent nos toure-loure-loure
  Cherchent nos cœurs.

— Un autre couplet sur le même air : *Damon depuis six mois.*

— Chanson sur l'air : *Jouez, dansez, amusez-vous :* cinq couplets sur la candeur et la fidélité.

— Une page de musique, avec un couplet : *Lise quitte un amant...* Sur le second feuillet, huit vers sur le Ministre des Finances.

— Traduction libre de la 7ᵉ Elégie d'Ovide, livre 1ᵉʳ.

— Traduction de l'Elégie 7ᵉ, Ovide, 1ᵉʳ livre.

— Imitation de la première Elégie de Tibulle.

— « *Les Rois.* Chanson sur l'air : *Pour voir un peu comment ça fera.* » 15 couplets.

— Deux couplets où le roi réclame madame Du Barry : « *L'avez-vous vu ma Du Barry ?..* »

— Mêmes couplets sur la Du Barry. — Sur le verso de la même feuille un couplet contre le Parlement.

— « Chanson patriotique, critique, ironique et métaphysique seulement, faite en l'an de grâce 1770 par un bourgeois qui a vendu ses actions des Indes à bon marché, et qui a acheté son pain cher, très cher, et trop cher. » 4 couplets.

— « *A Rosalie Dut**** » chanson sur l'air : *Avec les jeux dans le village.* Le premier couplet est un acrostiche de Rosalie : suivent deux autres couplets.

— Sur la femme rêvée, chanson en cinq couplets.

— Chanson à Thémire inhumaine. Les quatre couplets de cette chanson sont suivis de cette note explicative : « Le marquis de Rochemore, auteur de cette chanson, a
» aimé la Thémire dont il s'agit, jusqu'à mourir de dou-
» leur de l'avoir perdue. Les vers que nous allons ajou-
» ter, et qu'il fit dans les premiers moments de son dé-
» sespoir, expriment avec autant de force que de
» naturel, tout ce qu'une âme tendre et une imagination
» vive font ressentir. Il reste de lui plusieurs pièces fu-
» gitives pleines de poësie et de gaîté. Bien des gens
» d'esprit avec qui il a vécu, le regrettent presqu'autant
» qu'il a regretté sa Thémire. »

— Chanson d'un couplet, contre MM. Linguet et Gerbier.

— *Sur mademoiselle de Lespinasse.* Air : du Prévost des Marchands. Un couplet publié par M. Asse (*La Marquise du Deffand et mademoiselle de Lespinasse*, p. 99.)

— Dix couplets ayant pour titre : *Robin*.

— *Chanson faite à un souper*, sur l'air : *Ne v'là-t-il pas que j'aime*. Sur la même feuille, autre chanson intitulée : *Noël sur la cour*. Sur le verso de la seconde feuille 1° : *Chanson chantée à Chantilly par le petit Nain sortant d'un ananas et représentant un petit Amour*. Sur l'air : *Il faut quand on aime une fois*, etc. en trois couplets. 2° *Chanson adressée à madame la Duchesse d'Orléans, par un avocat masqué, qui l'avoit fort amusée au bal de l'Opéra*.

— Compliment en vers pour la fête d'une mère.

— *Chanson sur l'air : Ne v'là-t-il pas que j'aime*. On chante les délices d'un paradis terrestre qui paraît être Versailles.

— Chanson ayant pour titre : *Le Sourdon*. Sur l'air : *Lison dormait*, etc. En huit couplets définis ainsi, en marge; *1re Fiction poétique; 2e Simple nature; 3e Beau désordre; 4e Contraste frappant; 5e Eaux du Sourdon; 6e Point de vue de la Chaumière; 7e Compliment qui n'en est point un; 8e Vœux que le cœur a dictés*.

— *Couplets chantés à la Chevrette par la famille de M. de Magnanville* et pour sa fête. Le 1er couplet chanté « par madame de Pernau qui a joué cette année pour la première fois. » Le second couplet chanté « par madame de Gléon qui avait joué avec succès dans la Gageure et qui n'avait jamais joué la comédie auparavant. » Le 3e couplet chanté « par mademoiselle de Flaucourt, fille de M. de Magnanville, âgée de 15 ans et qui avait joué plusieurs rôles. » Le 4e couplet chanté « par M. de Pernau ». Le 5e « par madame de Gervilliers, qui est grosse de six mois et qui n'a pas joué. » Le 6ᵉ chanté « *par mademoiselle Lavalette, qui avait joué la vieille marquise dans Nanine et tous les rôles de soubrettes. On l'appelle Rosette.* » Le 7ᵉ chanté « *par M. de Magnanville le fils, dans le caractère d'un poète ridicule et sous le nom de M. de l'Epithète.* » Le 8ᵉ chanté « *par M. de Gervilliers qui n'avait pas joué la comédie.* » Le 9ᵉ chanté « *A madame de Magnanville par M. de Pernau.* » Le 10ᵉ « *A madame Lavalette par M. de Pernau.* » « *Couplets chantés par madame de Gléon et mademoiselle Lavalette en donnant leurs portraits à M. de Magnanville ; — par mademoiselle Lavalette sur l'air : Est-il de plus douce odeur.* » « *Couplet ajouté à la scène de madame de Beuron où elle avait joué le rôle d'une vendeuse d'orviétans. Air de la chanson d'Epreuve.* » « *Couplets chantés par mademoiselle Lavalette hors des scènes à M. de Magnanville, qui s'appelle Charles de son nom de baptême.* »

VII. *Différentes pièces de poésie.*

— Analyse des cinq actes de *Barnevelt*.
— Fragments et analyse du premier acte.
— Analyse des cinq actes d'une pièce.
— « *La Promenade des Boulevarts* ». 24 pages non numérotées.
— « *La Louiseïde, ou le héros chrétien, poème épique.* » Il n'est conservé que l' « *Epitre dédicatoire à monsieur Picquet négociant* » signée « *ton frère Lejeune.* »
— « *Vers de Voltaire au chancelier.* » Imprimés avec variantes, tome XIV, page 468.

— « Epître de M. de Voltaire à M. Marmontel. » Imprimée tome XIII, psge 326.

— « Vers de Voltaire au roi de Prusse. » Imprimés tome XIV, page 423 avec variantes.

— « *Bouts rimés.* » Sur le verso de la feuille : « *Diverses pièces de Voltaire.* » 1° *Vers à madame du Bocage partant pour Rome ;* imprimés tome LVII, page 505. 2° *Fragment ;* 3° *Epigramme ;* 4° *Au roi de Prusse, en lui renvoyant le cordon du Mérite et la clef de Chambellan ;* imprimés avec variantes, tome XIV, page 419.

— « *Réponse de M. de Voltaire à la seconde lettre de M. Diodati ;* imprimée tome XII, p. 541.

— « *Portrait de la Haine, tiré de la Réconciliation normande.* Acte II. Scène VII.

— Conte en vers sur un Gascon.

— Portrait de madame de Mirepoix, en vers.

— Conte libre.

— Huit vers commençant par : « *De deux jolis enfants,* etc. »

— Huit vers commençant par : « *Ce n'est point une vaine image.* »

— Quatre strophes sur une femme.

— Visions et réflexions mélancoliques.

— Ode Pindar-Eutrapébique. A propos de la guerre présente en Grèce, par les secrétaires du prince Dolgorouki. Juin 1770.

— Vers sur MM. de Voltaire et de Lattaignant, qui tous deux ont choisi pour se confesser M. l'abbé Gauthier, chapelain des Incurables.

— *La Prophétie de la Sorbonne*, *de l'an* 1530, tirée des manuscrits de M. Baluze, tome Ier, page 117.

RÉPONSE DE MILADI MONTAGU

à un homme qui lui reprochait son insensibilité.

Milord, cette austère froideur
Dont la vivacité me blâme,
Et que tu crois peut-être un vice de mon âme,
N'est ni l'effet de la pudeur,
Ni celui du triste scrupule
D'une sainte imbécilité ;
Sois sûr que mon sang circule
Souvent avec rapidité.
Crois que je sais qu'il n'est qu'un printemps dans la vie
Et que l'amour est dans l'humanité ;
Crois que souvent la volupté
Fait rêver mon âme attendrie ;
Mais si j'aime l'amour, je hais tous les amans ;
J'abhorre leurs perfides flames,
Et l'art trompeur de leurs sermens,
Trop puissans sur nos foibles âmes ;
Enfin je n'achèterai pas
D'un siècle de remords un court instant d'yvresse.
Mais veux-tu voir échouer ma sagesse,
Que le sort mène sur mes pas
Un homme tel qu'en ma chimère
Je m'en figure un quelquefois
Un homme dont l'esprit doux et vif à la fois,
Ne soit que l'ornement d'un heureux caractère ;
Qu'il n'entre point dans des transports
De vanité ni d'artifice.
Que sans projet et sans efforts
Ce soit le cœur qui nous unisse;
Que pour m'attacher à jamais

Il soit instruit sans jouer la science,
Sérieux sans tristesse, enjoué sans licence,
  Qu'il ne porte à l'excès,
  Sinon l'amour et la prudence;
Qu'il parle à tout mon sexe et n'adore que moi,
  Que dans le monde il contraigne sa flame ;
Je ne demande alors pour garant de sa foi,
Qu'un coup d'œil à propos où se peigne son âme ;
  Mais qu'après ces momens d'ennui,
  Je ne me trouve en un lieu solitaire
  Seule avec le mystère et lui,
Là cessant d'être sage et moi d'être sévère ;
Qu'il m'aime, me le dise, et l'entende à son tour ;
Qu'il ose tout enfin sans que je le refuse,
Et sans craindre qu'un jour mon repentir l'accuse;
  L'amour alors sert d'excuse à l'amour ;
  Que pour rendre à jamais solide
  Et doubler un bonheur si grand,
  Il me serve à la fois de guide,
  D'ami, de conseil et d'amant :
Qu'auprès de lui mon cœur s'élève et s'agrandisse,
Que je puisse en un mot répandre dans son sein
  Et mes plaisirs et mon chagrin,
Enfin qu'il les augmente, ou bien qu'il l'adoucisse.
  Oui que le ciel mène vers moi,
  Cet homme hélas peut-être imaginaire,
  Je vole au devant de sa foi,
Je brave pour l'aimer les cris du sot vulgaire,
Compagne de ses pas, en tout tems, en tout lieu,
  Dut-ce être sous une chaumière
  J'en fais et mon tout et mon Dieu :
  Mais jusques-là que m'importe de plaire;
  Tant que cet être idole de mon cœur,
  N'y viendra pas porter la flame,
  Je conserverai ma froideur,
Elle ne coute pas un soupir à mon âme,

Je ris de cet essaim d'amans
Que ma foible beauté m'attire,
Je méprise leurs sentimens
Leurs petits moyens de séduire ;
Et je bâille de leurs encens.
Qu'à des femmes foibles ou vaines
Ils aillent raconter leurs maux :
Le soufle du zéphir peut plier les roseaux,
Mais il n'agite point les chênes.

J'ai imprimé ces mauvais vers, car ils sont singulièrement dans le sentiment de mademoiselle de Lespinasse. Ce n'est pas par hasard qu'ils figurent dans cette liasse de papiers et il me semble lire entre les lignes une profession de foi de la grande amoureuse perpétuellement déçue.

— *Les Riens*. Vers dont la seule rime est *rien*.

— Quatrain ayant pour titre : « *De la même.* » Autre quatrain : « *De la même.* Epitaphe du P. de But. »

— « *Billet anonyme* » en vers.

— Huit vers commençant par « *Les dévotes en alarmes.* »

— Vers de M. le président de Ruffey à messieurs de la Société royale et littéraire de Nancy. *Sur le traité des dangers de l'esprit,* composé par le roy de Pologne et inséré dans le tome V de l'*Année littéraire*, page 262.

— Vers à madame de Gléon par mylord Palmerston qui avait assisté à une représentation de *L'Américain,* traduction libre de la pièce anglaise intitulée *the West Indian* par madame de Gléon.

— Epître en vers à *Monsieur d'Alembert* (de Voltaire).

— «*Bouts rimés* ».

— Vingt-trois alexandrins.

— « Vers sur la condamnation projetée de *Bélisaire*.

— Epigrammes de M. de La Condamine contre M. l'abbé Terray.

— « *Bouquet* » à Elisabeth.

— Quatre strophes de table.

— *Paroles inutiles, mises en vers, faits dans la manière et dans le goût de Chapelle. M. Glück mettrait ces paroles en musique, qu'elles ne réussiraient pas davantage.*

— Charade sur le mot Pantouffle. Avec cette adresse écrite sur le verso de la seconde feuille : « *A remettre au cordonnier des Percherons s'il ne devine pas là* Savetier je soupire *et même s'il le devine.*

— *Vers à madame la comtesse de Genlis.*

— *Vers de M. de La Harpe à deux de ses amis qui étaient allés le voir à sa campagne.*

— Deux copies des mêmes. La seconde porte au verso de la dernière feuille : « Vers pour être copiés sur un cahier différent. «

— *Réponse de M. de La Harpe aux vers de M. le comte de*** insérés dans le Mercure de juillet.* En marge est nommé l'auteur des vers sur Voltaire : « *Schwalow.* »

— *Vers de M. de La Harpe à la Société.*

— *Remerciement d'un Janséniste au saint diacre François de Paris.*

— *Vers de M. de Saint-Lambert sur la paix de 1748.*

— *Le temps présent par M. Joseph Laffichard, de plusieurs académies.*

On lit en note : « *Le roi Louis XVI venait d'abolir les corvées et de défendre qu'on poursuivît arbitrairement* les débiteurs du fisc. Ces deux opérations, si simples, n'ont rien coûté à la couronne et ont été le salut du peuple.

— Vers sur Henri IV.

— Vers sur le duc de Fitz-James.

— Vers de M. de Rulhière. A une nouvelle dévote.

VIII. Epîtres en vers.

— A madame Necker au Mont d'or.

— Epître à un jeune poëte qui veut renoncer aux Muses.

— Epître au roi de Danemarck, sur la liberté de la presse, accordée dans ses Etats.

— Epître à M. de Saint-Lambert.

— Epître à Horace.

— Même épître.

— Epître à Ninon de Lenclos par M. le comte Schouvaloff, chambellan de l'Impératrice de Russie.

— Copie de la même épître.

— Traduction de la septième Elégie d'Ovide : les Triomphales.

M. Guillaume Guizot a retiré de ces liasses quelques papiers plus précieux, autographes ou non :

C'est d'abord sur un feuillet, plié en deux dans sa longueur, ce synonyme de *penser* et *sentir*, dont mademoiselle de Lespinasse est certainement l'auteur (elle en avait beaucoup composé suivant Guibert) : « *penser*, c'est s'occuper d'un objet, considéré en lui-même, sans éprouver le bien ou le mal que cet objet peut nous faire ; *sentir*, c'est éprouver ce bien ou ce mal. On appelle *esprit* le principe qui pense en nous et *âme* le principe qui sent. »

Sur la seconde partie du feuillet on lit, tracées au crayon rouge, ces lettres :

j. v... a:... à l.
f..: e

Par qui ? ce n'est certainement pas l'écriture de mademoiselle de Lespinasse : ses catactères sont plus penchés ; le *j* et l'*f* surtout ne peuvent être d'elle. De qui cette déclaration ?

Vient ensuite ce sonnet :

« Con basso ciglio, e con dimesso volto
» Torbida donna in giovanil sembiante
» Vèr me muovere io vidi, e a lei davante
» Sen giva il duol di negri panni avvolto ;

» Avea seco il disprezzo, orrido, incolto
» Che lo sguardo tenea fisso alle piante ;
» V'era il timor, che pallido e tremante
» Star parea fra catene anche disciolto.

» Folto stuol di sventure afflitto e stanco
» Che parean tratte da prigion di morte
» Le fea corteggio al destro lato, e al manco.

» Chi sei, le dissi ; e qual novella apporte,
» Che qui traggi si mesta il debil fianco ?
» Rispose ella, infelice, io son tua sorte. »

suivi de cinq traductions ou imitations. C'est exactement, comme me le fait observer M. Guillaume Guizot, le passage de la lettre à Guibert, du 10 février 1775 :

« Minuit sonne, mon ami, je viens d'être frappée d'un
» souvenir qui glace mon sang. C'est le 10 février de

» l'année dernière que je fus enivrée d'un poison don[t]
» l'effet dure encore. Dans cet instant même, il altère l[a]
» circulation de mon sang, il le porte à mon cœur ave[c]
» plus de violence ; il y ramène des regrets déchirants[.]
» Hélas ! par quelle fatalité faut-il que le sentiment d[u]
» plaisir le plus vif et le plus doux soit lié au malheu[r]
» le plus accablant! quel affreux mélange ! Ne pourrai-j[e]
» pas dire, en me rappelant ce moment d'horreur et d[e]
» plaisir : je vis venir à moi un jeune homme dont le[s]
» yeux étaient remplis d'intérêt et de sensibilité ; so[n]
» visage exprimait la douceur et la tendresse ; son âm[e]
» semblait agitée par la passion. A cette vue je me senti[s]
» pénétrée d'une sorte d'effroi mêlé de plaisir ; j'osa[i]
» lever les yeux, les arrêter sur lui; j'approchai : mes sens
» et mon âme furent glacés ; je le vis devancé, et, pou[r]
» ainsi dire, environné par la douleur en habit de deuil ;
» elle tendait les bras; elle me voulait repousser, arrêter,
» et je me sentais entraîner par un attrait funeste. Dans
» le trouble ou j'étais : Qui es-tu, lui dis-je, ô toi qui fais
» pénétrer dans mon âme tant de charme et d'effroi, tant
» de douceur et tant d'alarmes ! quelle nouvelle m'ap-
» portes-tu ? Infortunée, me dit-il avec l'air sombre et
» un accent douloureux, je serai, je ferai ton sort ; celui
» qui animait ta vie vient d'être frappé par la mort.....
» Oui, mon ami, j'entendis ces funestes mots ; ils se
» sont gravés dans mon cœur ; il en frémit encore et il
» vous aime !.. » [1]

1. *Lettres de mademoiselle de Lespinasse*, par Eugène Asse. Lettre XCII, pages 178-179.

Enfin, signalons tout un cahier d'extraits de *Miss Jenny*, roman de madame Riccoboni, copiés par elle et par d'Alembert, presque tous inspirés par des sentiments qu'elle a vécus, des extraits du *Système de la Nature*, de *l'Histoire des deux Indes*, des observations sur *Garrick* de Diderot [1], les *Regrets sur ma vieille robe de chambre* et le *Conte des deux Amis de Bourbonne* du même [2], des glanes de Corneille, de La Bruyère, de Voltaire, de Marmontel, de Crébillon le père, et cette belle pensée de Saadi, par laquelle nous conclurons cette notice, trop longue peut-être : « O toi qui prétends à la perfection, apprends » d'abord à être indulgent et apprends ensuite à cacher » que tu as de l'indulgence! »

1. *Œuvres complètes de Diderot*, édition Assézat, tome VIII, page 349.
2. *Œuvres complètes de Diderot*, édition Assézat, tome IV, page 5 et tome V, page 261. La copie de ces deux morceaux devait être fort pressante : mademoiselle de Lespinasse et son aide s'étaient donné chacun une tâche à peu près égale qui a dû être réalisée en même temps, car il y a un vide entre les premiers feuillets copiés par elle et le travail du collaborateur, un vide entre la copie de l'aide et les derniers feuillets de mademoiselle de Lespinasse. Il s'agissait certainement de manuscrit, car à la page 10 de la copie elle a comblé un vide laissé par le copiste.

X

BIBLIOGRAPHIE DE MADEMOISELLE DE LESPINASSE.

1. *Les livres.*

I.

Dans le tome II des *Œuvres posthumes* de d'Alembert, en 1799, paraissent, pages 22 et 30, les deux chapitres de la suite du *Voyage Sentimental* par mademoiselle de Lespinasse.

II.

Lettres de mademoiselle de Lespinasse, écrites depuis l'année 1773 jusqu'à l'année 1776 ; suivies de deux chapitres dans le genre du Voyage Sentimental *de Sterne, par le même auteur*, Paris. Léopold Collin, 1809, 2 vol. in-8º, I-VIII,-1-320;-1-322.

III.

Lettres de mademoiselle de Lespinasse, écrites depuis l'année 1773 jusqu'à l'année 1776 ; suivies de deux chapitres dans le genre du Voyage Sentimental *de Sterne, par le même auteur ; augmentées de son éloge, sous le nom d'Eliza, par M. de Guibert, et de deux opuscules de d'Alembert.* Paris, Longchamps, 1811, 2 vol. in-18. Ces deux opuscules de d'Alembert sont ceux : *Aux mânes de mademoiselle de Lespinasse* et *Sur le tombeau de mademoiselle de Lespinasse*. Cette édition contient de nombreuses corrections et quelques suppressions.

IV.

En 1814 paraissaient dans les *Lettres de madame du Deffand à Horace Walpole,* tome I, pages XLVII et suivantes, quelques lettres de mademoiselle de Lespinasse à madame du Deffand, plusieurs fois réimprimées depuis.

V.

Essais de Mémoires sur M. Suard. Paris, Didot, 1820. On trouve dans ce livre très rare de madame Suard (pages 122-123) une lettre qu'elle reçut de mademoiselle de Lespinasse, lors de la réception de son mari à l'Académie Française. Cette lettre a été réimprimée par M. Asse.

VI.

Nouvelles lettres de mademoiselle de Lespinasse suivies du Portrait de M. de Mora et d'autres opuscules inédits du même auteur. A Paris, chez Maradan, libraire, rue des Marais, n° 16. F. S. G. 1820.

Cette publication est-elle authentique? Jules Janin l'a cru et a réimprimé dans la préface de son édition les onze nouvelles lettres. Sainte-Beuve considère le livre comme indigne de mademoiselle de Lespinasse. M. Asse, dans son édition reproduit l'opinion de Sainte-Beuve; dans sa plaquette: *Mademoiselle de Lespinasse et la marquise du Deffand,* il est plus réservé. Dans son édition, M. G. Isambert admet la parfaite authenticité du volume de 1820. Voilà les autorités. Je vais prouver, qu'aucune de ces opinions exclusives n'est exacte.

D'abord, il y a un morceau que l'on doit considérer comme authentique, puisque l'autographe a passé dans une vente le 31 janvier 1854 : c'est le portrait du marquis de Mora. Le style des lettres y est, moins l'exaltation ; c'est une page écrite froidement, dans une période de calme plat. Au premier coup d'œil, ce portrait paraît contredire l'image qui se dégage des lettres, et l'on doit même à M. Isambert cette ingénieuse hypothèse qu'il faut substituer le nom de Guibert au nom de Mora ! Une contradiction réelle existerait ; l'absence, l'éloignement, le remords expliqueraient la transfiguration du marquis dans l'âme de mademoiselle de Lespinasse ; mais nous avons rapproché le portrait et les lettres et il n'y a aucune incompatibilité.

Je considère aussi comme authentiques l'*Apologie d'une pauvre personne, accablée, opprimée par ses amis* et le *Seigneur du château*. Le premier morceau, sans doute le même que cette *Apologie de ses défauts,* adressée à Guibert et citée par lui, est un développement très personnel de ses goûts ; le second fait partie de cette suite du *Voyage Sentimental* de Sterne, dont nous connaissons bien deux fragments.

Mais où je me sépare des partisans de l'authenticité, c'est sur l'important du recueil, sur les prétendues *Nouvelles Lettres* de mademoiselle de Lespinasse. J'avais ressenti vivement l'ennui de ces pages, lorsque j'examinai le manuscrit, qui se trouve dans la liasse de papiers provenant de mademoiselle de Lespinasse, possédée par M. Guillaume Guizot. M. Asse, qui en avait eu communication, constate avec raison que le manuscrit n'est pas de la main de mademoiselle de Lespinasse : mais il n'y voit aucune rature et conclut que le manuscrit est une copie. Or il y a plusieurs ratures et ces ratures ne visent pas des inadvertances de copiste, elles modifient le style.

Exemples. L'auteur avait écrit d'abord :

Page 2. « *Il y avait deux ou trois ans que j'avais quitté madame la duchesse de***, ma tante; elle m'avait pris chez elle à la mort de mon père; c'était une femme d'esprit; mais très méchante, dont j'avais eu beaucoup à souffrir, lorsque je vis pour la première fois M. de Valsaint.* »

Il a corrigé ensuite :

« *Il y avait deux ou trois ans que j'avais quitté madame la duchesse de*** lorsque je vis pour la première fois M. de Valsaint; elle m'avait pris chez elle à la mort de mon mari: c'était une femme d'esprit, mais très méchante, dont j'avais eu beaucoup à souffrir.* »

Page 12. Il y avait d'abord : «*un surcroît dangereux* », puis « *dangereux* » est supprimé.

Page 15. D'abord il y avait : « *distance entre vous et moi* », puis on a écrit : « *distance immense entre nous.* »

Page 18. Première version : « *m'a fait souffrir* », puis « *souffrir* » est effacé et remplacé par « *mal* ».

Page 21. Première version : « *Mais, monsieur, ajouta-t-elle avec fureur, vous avez donc perdu la mémoire!* »; seconde version : « *Mais, monsieur, ajouta-t-elle avec une sorte de fureur qu'elle retenait pourtant à cause des témoins...* »

Page 22. Au lieu de : « *Je respirais, je dormais sans douleurs...* », on a écrit ensuite : « *Je respirais sans douleur, je dormais...* »

Page 23. On lisait d'abord : « *qui a pensé vous coûter la vie* », puis : « *a pensé vous être funeste.* »

Page 23 : « *Je la trouvai fort belle [et je ne sais si c'est à moi ou à elle que je dois le plaisir]*. Les mots entre crochets sont raturés.

En voilà assez pour prouver que le manuscrit est autographe et qu'il ne peut être de mademoiselle de Lespinasse. Enfin, j'ajouterai que ce document n'a aucun rapport avec M. de Mora. Dans le manuscrit, M. de Valsaint remplace toujours M. de M***. Ce n'est donc que par une supercherie indigne ou par une méprise inexplicable que l'on a pu attribuer à mademoiselle de Lespinasse des lettres qui ne la concernent en rien, et il a fallu toute la pénétration de M. Gustave Isambert pour trouver dans un certain duc de Wilfort de cette ennuyeuse rhapsodie un portrait de d'Alembert.

Il y aurait quelques différences de style et de division à noter entre le manuscrit et l'imprimé, mais ceci n'offrirait aucun intérêt.

VII.

Isographie des hommes célèbres. 1828-1830. Cette publication renferme le fac-similé d'une lettre à l'abbé Arnaud.

VIII.

Lettres de mademoiselle de Lespinasse, avec une notice biographique, par Jules Janin. Paris, 1847, Amyot, in-12, 593 pages.

IX.

Mémoires et Correspondances historiques et littéraires inédits de 1726 à 1816, par Charles Nisard ; Paris, 1858,

Michel Lévy, in-12. Ces mémoires et correspondances (le très intéressant portefeuille littéraire de Suard) renferment cette lettre autographe de mademoiselle de Lespinasse (p. 76-77.)

« Comme on ne peut vous parler, monsieur, je prends le parti de vous écrire que :

» 1º Mademoiselle de Lespinasse ne tousse presque plus ; elle a dormi cette nuit, mais elle a encore mal à la poitrine. D'ailleurs, elle a eu plus de facilité à se livrer à des choses indifférentes que je ne lui avais vu depuis longtemps.

» 2º Elle ne sera pas chez elle demain matin, parce que le dimanche elle va, aussitôt la messe, chez madame d'Aubercour où elle reste jusqu'à deux heures. Si M. Suard peut l'aller voir l'après-dîner, il lui fera bien plaisir, à condition cependant que cela ne le privera de rien. Mademoiselle de Lespinasse n'aime pas à faire son bien aux dépens de ses amis.

» 3º L'ambassadeur d'Espagne a écrit à M. de Magalhon que depuis trois jours M. le marquis de Mora reprenait sensiblement des forces. D'autres lettres de Madrid disent la même chose. Voilà un calmant qui vaut bien mieux que l'opium et qui agit plus immédiatement sur l'âme.

» 4º On a découvert encore un nouveau chapitre du *Voyage Sentimental*. Le titre est : *Que ce fut une bonne journée que celle des pots cassés*. Si M. Suard veut aller voir mademoiselle de Lespinasse lundi matin, elle lui communiquera le chapitre, qui est charmant et meilleur que beaucoup de ceux que M. de la Fresnaye a traduits.

On observe à M. Suard que mademoiselle Lespinasse n'abusera point de sa patience, qu'elle se bornera à deux chapitres de Sterne, comme madame du Bocage s'est bornée à faire deux poèmes épiques. »

X.

Lettres de mademoiselle de Lespinasse, publiées par Gustave Isambert. Librairie des Bibliophiles. 2 vol. in-18.

M. Isambert a remis dans leur véritable place, sous les numéros CXLII*bis*, CXLIV *bis*, deux fragments de lettres cités par Guibert, dans son *Eloge d'Eliza*, et il a eu la bonne fortune d'ajouter dix lettres inédites dont les copies exécutées par le Président Hénault lui ont été communiquées par M. de Goncourt. Elles sont adressées :

1º Au baron de ... Vendredi, 19 décembre [1776.]

2º A monsieur de ... Mardi, 13 janvier [1767.]

3º A madame de C... 26 mars [1767].

4º A madame *** Mercredi matin, [avril, 1767 ?]

5º A madame *** Vendredi, [1767.]

6º A madame *** Mardi, [1767 ?]

7º A madame *** Mardi, après dîner [1767 ?]

8º A madame *** 17 octobre [1767 ?]

9º Au baron *** Samedi au soir [1768.]

10º A M. Suard, au bureau de la *Gazette de France*, rue Neuve-Saint-Roch. Vendredi [1772.]

XI.

Entre le premier et le second volume de cette édition, paraissait l'édition suivante :

Lettres de mademoiselle de Lespinasse, suivies de ses autres œuvres et de lettres de madame du Deffand, de Tur-

got, de Bernardin de Saint-Pierre..., par Eugène Asse. Paris, 1876, G. Charpentier.

XII.

On doit considérer comme un complément de ce travail la brochure :

Mademoiselle de Lespinasse et la Marquise du Deffand, suivi de documents inédits sur Mademoiselle de Lespinasse, publiés et annotés... par Eugène Asse. Paris, 1877. G. Charpentier.

Voici la liste de ces documents inédits :

1º Acte de dépôt du testament de mademoiselle de Lespinasse.

2º Testament et codicille.

3º Inventaire de mademoiselle de Lespinasse.

4º Délivrance des legs.

5º Acte de notoriété des noms de baptême de mademoiselle de Lespinasse.

6º Acte de baptême de mademoiselle de Lespinasse.

7º Acte de décès.

8º Compte par M. d'Alembert de l'exécution testamentaire de mademoiselle de Lespinasse.

9º Acte de constitution de rente viagère. 5 octobre 1754.

10 Epître à mademoiselle de Lespinasse. — Pour mademoiselle de Lespinasse. — Sur mademoiselle de Lespinasse.

XIII.

Vicomte d'Haussonville. — *Le Salon de madame Necker, d'après des documents tirés des Archives de Coppet.* 1er vol. Paris, 1882, Calmann Lévy.

Ce livre, entre autres documents inédits nous apporte un billet de mademoiselle de Lespinasse : c'est une réponse à l'hommage que Necker lui avait fait de son *Bonheur des sots*.

« Ce mardi, six heures du soir.

» Vous prêchez, monsieur, la neuvième béatitude, mieux
» que l'Evangile ne fait les huit autres ; mais vous avez
» beau prêcher, votre écrit vous condamne à un malheur
» éternel ; jamais je n'ai vu tant de bonnes plaisanteries et
» de saine raison à la fois, cela est aussi philosophe et aussi
» gai que *Candide* ; je croyais l'espèce humaine bien mal-
» heureuse ; vous me faites voir bien des heureux sur la
» terre, mais, à la vérité, sans m'attacher davantage à la
» vie ; ce qui me la ferait trouver bien douce, bien pi-
» quante et bien agréable, ce serait que vous voulussiez
» bien en remplir quelques moments. Il n'y a pas plus de
» dix minutes que je possède votre paquet, je l'ai lu avec
» avidité, je vais recommencer. J'attends M. d'Alembert
» et je suis bien sûre qu'il partagera mon plaisir. »

Nous y voyons aussi que madame Necker ayant appris la mort de M. de Mora avait adressé à mademoiselle de Lespinasse ses compliments de condoléance, et c'est d'Alembert qui lui répond par une lettre touchante. Enfin, nous y trouvons une lettre de d'Alembert sur la mort de sa malheureuse amie.

2. *Les autographes.*

I.

(14 mai 1845.)

Lettre autographe à M. Marmontel. Ce 27 mai. 2 pages in-4°. — « Il est impossible, monsieur, que vous ne soyez pas tout à la fois le plus sensible et le plus raisonnable de tous les hommes, et par conséquent le plus heureux. Ce que je viens de lire de vous (le manuscrit de *Bélisaire*) est plein de sentiment, d'intérêt, de vertu, sagesse et de raison, etc. »

II

(6 juin 1849.)

A Suard. Samedi 5 heures. — Regrets de ne pouvoir aller chez lui. Elle n'a pas eu de nouvelles par ce courrier. « Le dernier j'en ai eu dix pages qui m'ont pénétrée de tendresse et de douleur. Il est bien plus malheureux que moi; il sait bien mieux aimer; il a bien plus de caractère; en un mot il a tout ce qu'il faut pour être le plus malheureux et le mieux aimé de tous les hommes. »

III

(25 mai 1852.)

Quittance signée, sur parchemin, de la somme de trois cent-quarante livres pour six mois de la rente viagère que lui fait S. A. R. le duc d'Orléans. — Paris, 3 juillet 1764.

IV
(9 décembre 1852.)

A Bernardin de Saint-Pierre. Ce jeudi au soir. Sur la demande d'une place qu'il a faite au ministre Turgot pour son frère. — Elle a lu et relu sa lettre qui l'a pénétrée de sensibilité et du plus vif regret de n'avoir aucun moyen pour soulager le malheur de ce qui lui est cher.

V
(31 janvier 1854.)

1° Portrait de M. de M. Dix grandes page, autographes, in-4°.

Le catalogue cite un fragment qui se trouve dans le Portrait imprimé à la suite des *Nouvelles Lettres* de mademoiselle de Lespinasse. Paris, 1820, Maradan.

2° Lettre autographe à M. Suard, rue Neuve-Saint Roch, mardi, 2 pages in-8°.

« Oui, elle va à la campagne aujourd'hui, jeudi et vendredi, et si elle s'était laissé faire, elle y aurait été hier et demain mercredi. » — « Vous voyez bien que pour mener cette vie-là il faudrait avoir l'âme vide comme une lanterne. J'aime mieux mes amis, mes regrets, ma tristesse que tous les plaisirs de Paris et de vingt lieues à la ronde. A demain, chez madame Geoffrin. »

VI
(10 mai 1854.)

Lettre de mademoiselle de Lespinasse, de la main de d'Alembert, à Bernardin de Saint-Pierre, Paris, 25 octobre.

VII

(7 décembre 1854.)

Quittance signée, sur parchemin, *à cause de 692 livres de rentes viagères constituées par S. A. S. Monseigneur le duc d'Orléans*, 16 juillet 1754.

VIII

(7 décembre 1854 et 16 janvier 1856.)

A Suard. Samedi matin. D'Alembert était malade loin d'elle : « Je viens de recevoir une lettre du 1er février. Il est bien, à ce qu'il dit, mais je vois que son premier soin est de me rassurer. Le mal qu'il me fait le trouble et l'inquiète et je sens avec regrets qu'il s'occupe trop du soin de me calmer... Cependant je suis un peu rassurée sur le plus important. Il est mieux et il me promet de se soigner pour moi et de m'écrire une longue lettre. Mais que de choses encore me font peur. Je ne sais, mais j'ai le pressentiment que madame de Vill. empoisonnera le reste de ma vie ! Au moins qu'elle n'empoisonne que la mienne ! »

IX

(30 avril 1860.)

Lettre autographe à Suard, rue Neuve-Saint-Roch, au bureau de la *Gazette de France*. Vendredi. 1 page.

Elle ira le prendre pour dîner chez madame Necker.

Elle aurait mille petites anecdotes à lui conter et à causer sur quelque chose qui lui déplaît souverainement. Quoiqu'elle ne soit ni opiniâtre, ni pédante, le procédé de M. Diderot est bien malhonnête, et ce manque d'usage et d'égards peut avoir de grands inconvénients pour elle; elle lui dira la vérité et l'effet de cette lecture : « En vérité, en vérité, on ne peut pas suffire aux petits chagrins et aux grands malheurs dont on est accablé. M. Diderot, d'après l'expérience qu'il a, devrait, ce me semble, s'interdire de parler ou de faire parler des femmes qu'il ne connaît point. » Il s'agit sans doute du *Rêve de d'Alembert*.

X

(5 décembre 1867.)

Lettre autographe à Marmontel; chez madame Geoffrin, 26 mai (1776). 2 pages, grand in-8º. Toute relative au manuscrit de *Bélisaire*, que Marmontel a communiqué à mademoiselle de Lespinasse. « Ce que je viens de lire de vous, dit-elle, est plein de sentiment, d'intérêt, de vertu, de sagesse et de raison. Je l'ai déjà lu deux fois sans pouvoir le quitter, et je suis persuadée que si je pouvais le lire tous les jours j'en vaudrais mieux et j'en serais plus heureuse... »

XI

(26 avril 1875.)

Lettre à Suard. 2 pages in-8º. — Sur la maladie du

maladie du marquis de Mora. Elle le conjure de la venir voir sans retard. « Les nouvelles de demain me délivreront peut-être de la vie. Cette pensée est horrible et elle ne me quitte pas. L'image de M. de M. ne se présente plus à moi que sous l'aspect de la mort. »

XII

(9 décembre 1875 et 13 juillet 1878.)

Lettre à Suard; jeudi. 2 pages in-4°, cachet.

Elle est tentée de faire comme madame Geoffrin et de se fâcher de ses bontés et de ses soins. Pourquoi envoyer, quand le bon Condorcet se serait chargé de la commission en lui donnant de ses nouvelles? Elle a un peu dormi et sa douleur devient plus forte. Elle augmente de tendresse et de passion à mesure que ses douleurs deviennent insupportables. Elle sait souffrir, mais ne sait plus aimer, et son ami aurait besoin de ce baume doux et pénétrant. Mais il est trop aimé, voilà le malheur de sa vie. Elle l'invite pour le lendemain, elle aura M. Diderot. « Amenez l'abbé Morellet... M. Diderot l'aime beaucoup. »

XIII

(11 avril 1876.)

Quatorze lettres autographes et inédites dont une incomplète à Turgot, sans millésime. 34 pages in-4° ou in-8°, cachets.

Mademoiselle de Lespinasse y parle de Condorcet,

de d'Alembert, de madame du Deffand, de Chabanon, de Frédéric II, de M. de Lally à la Bastille, de Rousseau et de son *Contrat Social*, de nominations d'évêques, de Voltaire et de sa lettre à d'Alembert sur l'affaire Calas. « Voltaire est le plus grand esprit et le plus petit des philosophes. » Fables de Dorat dont les images sont charmantes. Félicitations sur la nomination de Turgot au Ministère de la Marine.

Ces lettres sont possédées par M. Minoret.

XIV

(24 avril 1876.)

1º Pièce signée, sur vélin. 1776.
2º Lettre autographe à Suard. Dimanche, 1773 : « Ha ! mon Dieu ! pourquoi aussi a-t-on la lâcheté de vivre lorsqu'on n'espère plus rien ? et surtout, lorsqu'en recherchant bien on ne trouve ni en soi, ni dans l'univers entier de quoi consoler de ce qu'on a perdu. »

XV

(26 mai 1876.)

Lettre à Suard. Jeudi, 4 heures 1/2. 4 pages in-4º.
Elle doit plus que la vie à M. de Magallon, qui a envoyé un exprès à Fontainebleau. M. de Mora a été en danger, il est hors d'affaire. Tous les biens de la vie ne la dédommageront pas de ce qu'elle a souffert depuis lundi. Les nouvelles de demain doivent décider de son sort.

Il faut vivre pour aimer et souffrir. Depuis trois mois elle est à la torture, et elle n'en aime que davantage.

XVI
(20 mai 1878.)

Manuscrits légués par mademoiselle de Lespinasse. 4 volumes in-4°, demi-reliure veau brun, tranche dorée : les titres de volume et les tables sont autographes de d'Alembert.

Tome I : Recueil de lettres de M. de Lassay. A la suite on trouve vingt pages d'extraits ou de pensées autographes de mademoiselle de Lespinasse, une note autographe de Turgot (page 42) et des corrections de lui, et des bouts-rimés autographes de d'Alembert (page 47 avec note autographe de Turgot.

Tome II : Recueil de différents morceaux en prose et en vers, parmi lesquels des copies de lettres de Frédéric II, de Voltaire, de J.-J. Rousseau, du chevalier de Boufflers, de mademoiselle Le Couvreur, de Condillac, de madame Geoffrin, de mylord Maréchal, du maréchal de Richelieu, de mademoiselle Clairon, etc. Beaucoup de ces pièces portent des corrections ou annotations autographes de d'Alembert et de Turgot. De plus, à la page 115, on trouve sept pièces de vers de la main de d'Alembert, et, à la page 117, cinq pièces de vers de la main de Turgot.

Tome III : Lettres de Voltaire à d'Alembert et à Condorcet. Aux pages 33, 44, et 74, figurent des copies autographes faites par d'Alembert.

Tome IV : Recueil de différents morceaux en prose et

en vers, parmi lesquels des copies de lettres de l'abbé Galiani, de Frédéric II, de madame Geoffrin, de Voltaire, de d'Alembert, etc. Outre les annotations de d'Alembert qui sont dans ce volume, on remarque, à la page 396, la copie faite par lui d'une lettre de Voltaire à Condorcet.

Ces manuscrits font partie de la collection de M. Minoret.

Il reste donc encore beaucoup à glaner. Et ce ne serait pas tout. Parmi les lettres à Guibert, trop de lettres ont été laissées jusqu'ici sans dates précises et rangées en un désordre parfait. Placées autant que possible dans l'ordre chronologique et bien éclairées par l'histoire de la passion, ces lettres doubleraient d'intérêt : ce travail critique ne serait pas une des parties les moins intéressantes ni les moins difficiles d'une édition définitive du reliquaire de mademoiselle de Lespinasse.

TABLE DES MATIÈRES

Dédicace.			v
Avertissement			vii
Etude sur mademoiselle de Lespinasse.			1
Lettres de mademoiselle de Lespinasse			35
I. A Condorcet. 3 juin 1769			37
II.	—	18 juin 1769	40
III.	—	Juillet 1769	42
IV.	—	7 août 1769	45
V.	—	22 août 1769	48
VI.	—	9 septembre 1769	51
VII.	—	27 juillet 1770	54
VIII.	—	Avril 1771	57
IX.	—	4 mai 1771	60
X.	—	16 septembre 1771	63
XI.	—	28 septembre 1771	66
XII.	—	15 octobre 1771	69
XIII.	—	1er novembre 1771	71
XIV.	—	18 novembre 1771	74
XV.	—	14 juin 1772	77

XVI.	A Condorcet.	24 juin 1772	79
XVII.	—	Vendredi, juillet 1772	83
XVIII.	—	26 juillet 1772	86
XIX.	—	14 août 1772	89
XX.	—	23 août 1772	91
XXI.	—	22 septembre 1772	94
XXII.	—	Octobre 1772	96
XXIII.	—	Octobre 1772	99
XXIV.	—	5 avril 1773	102
XXV.	—	1773	105
XXVI.	—	19 octobre 1773	108
XXVII.	—	Avril 1774	111
XXVIII.	—	24 avril 1774	114
XXIX.	—	8 mai 1774	116
XXX.	—	Juin 1774	119
XXXI.	—	25 juin 1774	121
XXXII.	—	Août 1774	124
XXXIII.	—	Septembre 1774	126
XXXIV.	—	29 septembre 1774	129
XXXV.	—	8 octobre 1774	132
XXXVI.	—	Octobre 1774	136
XXXVII.	—	Novembre 1774	139
XXXVIII.	—	Janvier ou février 1775	141
XXXIX.	—	1775	143
XL.	—	1775	144
XLI.	—	1775	145
XLII.	—	1775	146
XLIII.	—	1775	147
XLIV.	—	Mai 1775	148
XLV.	—	15 mai 1775	151
XLVI.	—	21 mai 1775	154
XLVII.	—	1er juin 1775	158

XLVIII.	—	Juin 1775	161
XLIX.	—	1775	164
L.	—	25 août 1775	166
LI.	—	1775	168
LII.	—	24 septembre 1775	170
LIII.	—	28 septembre 1775	173
LIV.	—	9 octobre 1775	177
LV.	—	17 octobre 1775	182
LVI.	—	Mardi matin	185
LVII.	—	Janvier 1776	186

LVIII. Au comte de Crillon. 14 janvier 1774 . . . 188
LIX. — — 21 décembre 1773 . . 194
LX. Au comte de Guibert. 17 octobre 1773 . . . 196
LXI. Lettre sur l'*Eloge des femmes*, par M. Thomas. . 199
LXII. Histoire de Don Melos 202
LXIII. A D'Alembert. 16 mai 1776 205

LETTRES A MADEMOISELLE DE LESPINASSE. 209
   I. D'un inconnu 211
   II.   — 212
   III. De Guibert. 7 septembre 1773 213
   IV. De Guibert. 20 septembre 1773 217
   V. De Guibert. 9 octobre 1773 220
   VI. Du comte de Schomberg. 28 mai 1772 223
   VII. De Grimm. 226

DOCUMENTS COMPLÉMENTAIRES 229
I. Portrait du marquis de Condorcet avec corrections de
   d'Alember 231
II. Suite du *Voyage Sentimental* avec corrections de
   d'Alembert 243
   Chapitre XV. Que ce fut une bonne journée que celle

des pots cassés 243
Chapitre XVI. Qui ne vous surprendra pas 248
III. Portrait du marquis de Caraccioli 258
IV. La santé de mademoiselle de Lespinasse 260
V. Lettres inédites du marquis de Mora à Condorcet . . 265
VI. Acte de décès du marquis de Mora. 268
VII. La succession de mademoiselle de Lespinasse. . . 270
VIII. Mademoiselle de Lespinasse au Châtelet 314
IX. Le Portefeuille littéraire 335
X. Bibliographie de mademoiselle de Lespinasse . . . 388
   1. Les livres 388
   2. Les autographes 397

Imprimerie générale de Châtillon-sur-Seine. — A. Pichat.

PUBLICATIONS RÉCENTES DE LA LIBRAIRIE E. DENTU

GUSTAVE AIMARD
Œuvres complètes en 73 vol., chaque vol. se vend séparément. 3 »

F. DU BOISGOBEY
La Bande Rouge. 2 vol. 6 »
La Belle Geôlière. 2 vol. 6 »
Le Cri du sang. 2 vol. 6 »
Le Mari de la Diva. 1 vol. 3 »
Le Secret de Berthe. 2 vol. 6 »
Jean Coupe-en-deux. 1 vol. 3 »

EUGÈNE CHAVETTE
Aimé de son concierge. 1 vol. 3 »
Défunt Brichet. 2 vol. 6 »
Nous marions Virginie. 1 vol. 3 »
L'Oncle du Monsieur de Madame. 1 vol. 3 »
Si j'étais riche. 2 vol. 6 »

PAUL FÉVAL
Le Bossu. 2 vol. 6 »
Le Capitaine Fantôme. 1 vol. 3 »
Les Mystères de Londres. 1 vol. 3 »
Madame Gil Blas. 2 vol. 6 »

ÉMILE GABORIAU
L'Affaire Lerouge. 1 vol. 3 50
L'Argent des Autres. 2 v. 7 »
La Clique dorée. 1 vol. 3 50
La Corde au cou. 1 vol. 3 50
Le Crime d'Orcival. 1 vol. 3 50
La Dégringolade. 2 vol. 7 »
Le Dossier N° 113. 1 vol. 3 50
Les Gens de bureau. 1 vol. 3 50
Le 13ᵉ Hussards. 1 vol. 3 50
Monsieur Lecocq. 2 vol. 7 »

A. MATTHEY (Arthur Arnould)
La Belle Julie. 1 vol. 3 »
Cherchez la Femme. 1 v. 3 »
Le Duc de Kandos. 1 vol. 3 »
Les deux Duchesses. 1 v. 3 »
La Fille Mère. 1 vol. 3 »
Le Roi des Mendiants. 1 vol. 3 »
Le Passé d'une Femme. 1 vol. 3 »
Thérèse Buisson. 1 vol. 3 »
La Fête de Saint-Remy. 1 vol. 3 »
La Princesse Belladone. 1 vol. 3 »
Le Mariage d'Odette. 1 vol. 3 »

CHARLES MÉROUVEL
Cœur de Créole. 1 vol. 3 »
Dos à dos. 1 vol. 3 »
Le Gué aux Biches. 1 v. 3 »
Solange Fargeas. 1 vol. 3 »
Les derniers Kérandal. 2 vol. 6 »
Le Divorce de la Comtesse. 1 vol. 3 »
Fleur de Corse. 1 vol. 3 »
La Maîtresse du Ministre. 1 vol. 3 »
Le Krach. 1 vol. 3 »
Le Roi Crésus. 2 vol. 6 »
La Veuve aux 100 Millions. 2 vol. 6 »
La Vertu de l'abbé Mirande. 1 vol. 3 »

XAVIER DE MONTÉPIN
La Baladine. 2 vol. 6 »
La Bâtarde. 2 vol. 6 »
La Belle Angèle. 6 vol. 18 »
Le Bigame. 2 vol. 6 »
Le dernier duc d'Hallaly. 4 vol. 12 »
Le Fiacre n° 13. 4 vol. 12 »
La Fille de Marguerite. 6 vol. 18 »
Les Filles de bronze. 5 vol. 15 »
Les Filles du Saltimbanque. 2 vol. 6 »
Le Mari de Marguerite. 3 vol. 9 »
Les Maris de Valentine. 2 vol. 6 »
Sa Majesté l'Argent. 5 vol. 15 »
Le Médecin des Folles. 5 vol. 15 »
La Porteuse de Pain. 6 vol. 18 »
Son Altesse l'Amour. 6 vol. 18 »
La Sorcière rouge. 3 v. 9 »
Les Tragédies de Paris. 4 vol. 12 »
Le Ventriloque. 3 vol. 9 »
La Vicomtesse Germaine. 3 vol. 9 »
La Voyante. 4 vol. 12 »

PONSON DU TERRAIL
Œuvres complètes en 84 vol., chaque vol. 3 »

ÉMILE RICHEBOURG
Andréa la Charmeuse. 2 vol. 6 »

Un Calvaire. 1 vol. 3 »
Les deux Berceaux. 2 v. 6 »
La Dame voilée. 1 vol. 3 »
Les deux Mères. 2 vol. 6 »
Les Drames de la Vie. 3 vol. 9 »
L'Enfant du Faubourg. 2 vol. 6 »
La fille Maudite. 2 vol. 6 »
Le Fils. 2 vol. 6 »
L'Idiote. 3 vol. 9 »
Jean Loup. 3 vol. 9 »
Le Mari. 3 vol. 9 »
Les Millions de Joramie. 3 vol. 9 »
La Nonne amoureuse. 1 vol. 3 »

PAUL SAUNIÈRE
A travers l'Atlantique. 1 vol. 3 »
Le Beau Sylvain. 2 vol. 6 »
Flamberge. 2 vol. 6 »
Le Legs du Pendu. 1 v. 3 »
Deux rivales. 1 vol. 3 »
Mam'zelle Rossignol. 2 vol. 6 »
La petite Marquise. 1 v. 3 »
Le Secret de la Roche-Noire. 1 vol. 3 »

LÉOPOLD STAPLEAUX
Les Amours d'une Horizontale. 1 vol. 3 »
Les Amoureux de Lazarine. 1 vol. 3 »
La Reine de la Gomme. 1 vol. 3 »
Les Cocottes du grand Monde. 1 vol. 3 »
Les Belles Millionnaires. 1 vol. 3 »
Le Coucou. 3 vol. 9 »
Les Compagnons du Glaive. 7 vol. à 1 »
La Langue de Mᵐᵉ Z. 1 vol. 3 »
La Nuit du Mardi gras. 1 vol. 3 »
Les Viveuses de Paris. 1 vol. 3 »
Une Victime du Krach. 1 vol. 3 »
Le Capitaine Rouge. 1 v. 3 »

PIERRE ZACCONE
Les Drames du Demi-Monde. 2 vol. 6 »
Les Nuits du Boulevard. 2 vol. 6 »

Bibliothèque choisie de Romans contemporains. 1 fr. le vol.
Biblioth. choisie des chefs-d'œuvre franç. et étr. 26 vol. à 1 fr.

Paris. — Typ. Noizette.

www.ingramcontent.com/pod-product-compliance
Lightning Source LLC
Chambersburg PA
CBHW070930230426
43666CB00011B/2380